序言 xuyan

交通运输是人类文明的生命线，是国民经济的血脉和纽带，是社会和谐并充满活力、人民安居乐业的基本条件。正如经济学创立人亚当·斯密在《国富论》中指出的“一切改良，以交通运输改良最为有效”。交通运输的良性发展，已经成为一个国家现代化的重要前提和标志。

改革开放以来，各级政府始终将交通运输作为优先发展领域，交通基础设施为社会经济持续快速发展提供了重要支撑。“十一五”期间，交通运输事业实现了新的跨越式发展，交通基础设施投资特别是公路建设投资持续增长；与此同时，公路建设成本居高不下，公路工程造价中隐含着社会公共利益与小群体利益之间的矛盾和冲突，行业可持续发展与短期效益之间的矛盾和冲突，这些日益引起社会的普遍关注，公路工程造价管理重要性凸显。“十二五”是交通运输转变发展方式，促进科学发展的关键时期，以人为本、服务至上、科技支撑、提升公路工程造价管理水平，是建设现代交通运输的现实需要，是做好交通运输“三个服务”的题中之意。

俗话说“方法得当，事半功倍”。为适应持续平稳发展的交通建设形势，科学、准确、高效地核定公路工程造价，各级交通运输主管部门从体制、机制、方法、技术和手段等方面不断探索，做了大量富有成效的工作。广东省在公路工程造价管理方面的改革创新就是一个典型。他们响应交通运输部的号召，积极推行现代工程管理理念，结合公路工程造价管理实际，以全过程造价管理为目标，以“专业化、标准化、信息化”为抓手，建立起“公路工程全过程一体化”造价管理体系，贯穿项目前期设计、工程实施、竣（交）工验收等阶段，实现程序衔接、数据连贯、技术均衡的造价管理系统。该体系符合现代工程管理“五化”要求，已在广东全省高速公路建设项目中推广普及，以较少的管理投入，实现了建设造价的合理有效控制。实践证明，这套管理体系是先进的，值得在更大范围内推广。

广东省交通运输厅在公路工程造价管理方面的创新求索，先行先试，敢为人先，具有很好的示范引领作用。希望本书的出版，能促进各级交通运输主管部门和广大从业者相互交流、相互学习、取长补短、共同提高，进一步迈出改革创新的步伐，为全面提升我国公路建设投资控制和工程造价管理水平，为建设交通事业更加美好的未来而不断努力。

交通运输部公路局　局长

2012 年 1 月

公路工程全过程一体化造价管理理论与实践丛书

Gonglu Gongcheng Quanguocheng Yitihua
公路工程全过程一体化
Zaojia Guanli Daolun
造价管理导论

广东省交通运输工程造价管理站
长　　　安　　　大　　　学　编著

人民交通出版社

内 容 提 要

本书共分八部分，主要内容包括：为什么要进行公路工程造价管理，国内外工程造价管理模式，广东省公路工程造价管理的创新之路，全过程一体化造价管理的运行机制，全过程一体化造价管理的标准体系，全过程一体化造价管理的信息技术，提高政府公路工程造价监管水平的主要方法，在探索中发展在改变中前行。

本书深入浅出，语言与案例生动，密切结合行业实际，可供公路从业者、各行业的造价管理人员及在校学生学习参考。

图书在版编目(CIP)数据

公路工程全过程一体化造价管理导论/广东省交通运输工程造价管理站，长安大学编著. --北京：人民交通出版社，2012. 3

ISBN 978-7-114-09662-4

Ⅰ. ①公… Ⅱ. ①广…②长… Ⅲ. ①道路工程－建筑造价管理 Ⅳ. ①U415. 13

中国版本图书馆 CIP 数据核字(2012)第 033945 号

公路工程全过程一体化造价管理理论与实践丛书

书　　名： 公路工程全过程一体化造价管理导论
著 作 者： 广东省交通运输工程造价管理站
长安大学
责任编辑： 韩亚楠
出版发行： 人民交通出版社
地　　址： (100011) 北京市朝阳区安定门外外馆斜街 3 号
网　　址： http://www.ccpress.com.cn
销售电话： (010) 59757969， 59757973
总 经 销： 人民交通出版社发行部
经　　销： 各地新华书店
印　　刷： 北京鑫正大印刷有限公司
开　　本： 720 × 960　1/16
印　　张： 15.75
字　　数： 250 千
版　　次： 2012 年 3 月　第 1 版
印　　次： 2012 年 3 月　第 1 次印刷
书　　号： ISBN 978-7-114-09662-4
定　　价： 38.00 元

本册编写组

主　　编：贾绍明

副 主 编：王元庆　王燕平

参编人员：黄成造　吴伟彬　管　培　郭卫民
陈同生　党晓旭　伍　文　易万中
安　东　李桂香　唐景嵩　白文慧
吴洲豪

前言 qianyan

公路建设成本的合理与否直接关系到社会公众的切身利益。广东省交通运输主管部门怀着关注民生、支持社会经济发展的强烈责任感和使命感，以负责任的政府部门的工作态度，十多年来持续关注公路工程造价管理工作。1988年原交通部发出通知，要求各省、自治区、直辖市成立公路工程定额站，广东省交通运输主管部门及时成立了相关机构，从事公路工程定额管理和前期设计阶段的造价文件审查工作。十多年来，公路建设项目规模越来越大，建设标准要求越来越高，技术难度越来越大，建设条件越来越复杂，新技术、新工艺、新材料、新设备应用越来越广泛，建设市场的开放程度和多元化投资比重越来越高，加之社会公众对民主法治建设越来越敏感，对民生的关注越来越热切，公路工程造价管理的难度也越来越大。广东省实践发现，仅重视设计阶段、着重具体事务性的管理方式已经不能满足公路建设发展的形势和造价管理的要求。2000年初，广东省交通运输主管部门审时度势，提出通过完善管理与技术创新，形在将公路造价管理贯穿于项目前期立项、设计、施工及后期交竣工验收的全过程造价管理模式。按照这一理念，原广东省公路工程定额管理站已于2000年更名为广东省交通运输工程造价管理站。十多年来，广东省交通运输工程造价管理站与长安大学合作攻关，克服了设计、施工和竣工等阶段计价方式不一致，各阶段造价数据不连贯，造价管理阶段脱节、管理业务分割等众多困难，通过技术创新、规范管理，加强信息化、标准化建设，从小范围试点，到推广到全省公路工程造价管理工作中，逐步实现了公路建设各阶段造价管理全过程的串接，形成了独特的工程造价全过程一体化管理体系。

基于对社会利益最大化的行业管理目标的深刻认识和对维护

公共利益的执著，针对全过程造价管理存在的具体问题和实际困难，广东省交通运输主管部门多年来开展了多项科学研究，攻坚克难，本系列丛书是在"广东省公路建设造价管理模式研究"、"广东省公路工程造价综合管理系统开发及应用研究"、"山区高速公路建设成本控制研究"、"广东省多元化投资体制的公路造价管理体系研究"、"广东省域路用地材状况普查及其适用性研究"等多项课题研究积累的成果的基础上进一步总结提升后形成。本丛书旨在阐述和介绍全过程管理理念，运用系统的专业方法、先进的信息技术和标准化手段，构建科学的现代公路工程造价管理体系，最终实现合理控制公路工程造价水平的目的。本套丛书所述理念、技术已在广东全省公路工程建设中推广实施，效果良好。

本套丛书提出的公路工程全过程一体化造价管理模式，与交通运输部和其他兄弟省份开展的公路工程造价管理工作的总体方向一致，但在工程实际和地域特征剖析上更加丰富细致，是对我国公路工程造价管理发展方向的一次大胆探索，希望通过该丛书与行业管理者和工程造价从业者分享、交流，共同提高。本套丛书的出版也期望能为我国公路工程造价管理探索一条具有中国特色的创新道路，使造价管理更好地服务于交通运输事业，同时以求在推动中国交通运输行业现代化管理方面起到抛砖引玉的作用。

本套丛书共分三册：第一册，分析公路工程造价管理改革路径如何设计。在深入分析公路工程造价管理需求的基础上，介绍了广东省开展的卓有成效的公路工程全过程一体化造价管理的体系框架，重点对全过程一体化造价管理这一成套技术要点进行阐述和介绍，期望为交通运输主管部门、公路建设单位的领导、广大造价从业者以及关心公路工程造价的社会人士提供一个认识公路工程造价管理现状和行业前沿的简明读本。第二册，介绍公路工程造价专业化、标准化和信息化的方案、组成与应用。将详细介绍公路工程全过程一体化造价管理工作专业化、标准化、信息化的具体内容，以使为有意深入了解全过程一体化造价管理体系的读者以及公路行业管理者、工程管理者和造价从业人员提供一个简明、快速的提升能力的教材。第三册，实用案例。将以典型案例形式介绍如何利用配套的造价信息系统，按照全过程造价管理模式的要求完成造价管理各项业务，为造价从业人员深入学习、实践提供指引。

本套丛书得以出版，得到了交通运输部领导的热情鼓励和亲切关怀，得到了交通运输部公路局、交通公路工程定额站和广东省交通运输厅领导的大力支持和悉心指导，得到了兄弟省份交通行业主管部门的倾力协助和坦诚建议，得到了人民交通出版社编辑的精心策划和无私帮助，在此表示衷心感谢。由于时间仓促、水平有限，书中难免有不足之处，恳请各位专家、学者批评指正。

著者

2011 年 12 月

目录 mulu

1 为什么要进行公路工程造价管理

本章导读

1.1 公路工程造价管理与构建幸福交通的关系

1.2 公路工程造价管理与构建活力交通的关系

1.3 公路工程造价管理与构建和谐交通的关系

1.4 公路工程造价管理与构建可持续交通的关系

1.5 公路工程造价管理与构建廉洁交通的关系

1　为什么要进行公路工程造价管理

为更好的促进经济建设，提高人民生活水平，党和政府进行了30多年史无前例的改革开放，“一心一意谋发展，聚精会神搞建设”，社会生产力得到了极大地提高，人民生活水平已经进入了中等发达国家行列。2003年，中央已经认识到经济粗放型增长、人性化水平低、对民生重视不够等造成的社会矛盾正在取代物质匮乏矛盾而成为社会发展的主要矛盾。我国国家发展思路因此展开了新的战略性调整：按照科学发展观要求，贯彻“以人为本”的发展理念，构建和谐社会正在成为当前我国发展的主旋律。作为国民经济发展的重要基础设施，依托“收费还贷”这一中国式快速发展的基础性政策，公路建设在过去20多年来的发展速度也是史无前例的，为国民经济快速发展起到了重要的支撑保障作用。随着社会公众对交通运输的关注，近年来公路收费也日益成为公众议论的重要话题，百姓不仅需要优质的公路来保障通行，同时也希望出行成本尽量低。公路收费年限、收费标准的确定，与收费公路通行交通量和工程造价息息相关；百姓关注的燃油价格中也包含有非收费公路的建养资金，其燃油附加公路建养费额的高低，也与公路工程造价多少息息相关。因此，作为体现公路行业与公众利益最直接因素之一的公路工程造价的高与低，日益成为社会关注的热点。按照我国构建和谐社会的要求，作为社会发展基础设施的公路行业，需要通过构建幸福交通、活力交通、和谐交通、可持续交通、阳光交通来达到社会发展的新需求，而公路工程造价管理在其中扮演重要角色。本章将通过案例与逻辑分析，对公路工程造价管理在公路发展中的作用和地位进行系统概述。

公路工程造价是指建设一条公路或一座独立大桥或隧道使其达到设计要求而需花费的全部费用。由建筑安装工程费用、设备和工器具购置费用、工程建设其他费用等部分组成。建筑安装工程费用是指建筑物的建造及设备安装费用，包括直接费、间接费、利润和税金等。设备和工器具购置费用是指按照设计文件要求配置的达到固定资产标准的设备和首套工器具及生产家具的购置费用。工程建设其他费用是指除上述两项费用以外，建设项目必须支付的其他费用，包括征用土地及连带的迁移补偿费，建设单位管理费、勘察设计费，研究试验费，固定资产投资方向调节税、预备费，以及按有关规定纳入建设项目建设期的贷款利息等。

公路工程造价包括施工所需人工、材料、机械以及征地、拆迁等各种费用

何为造价管理？简单地说，就是合理确定和有效控制工程造价。所谓合理确定，就是在工程建设各个阶段，采取科学的计算方法和切合实际的计价依据，合理确定工程可行性研究投资估算、初步设计概算、施工图预算、清单预算、承包合同价、工程结算价和竣工决算；所谓有效控制，就是在优化建设方案、设计方案的基础上，在建设程序的各个阶段，采取有效的方法和措施把建设工程造价控制在合理范围和批准限额以内，以求合理地使用人力、物力和财力，取得更好的社会效益和投资效益，理论界一直把造价与安全、质量、进度并列为工程管理的四个关键环节。

公路工程造价管理是多个部门造价人员在多个阶段对造价编制、审查、核定与监督的过程

1.1 公路工程造价管理与构建幸福交通的关系

1.1.1 收费公路受到广泛关注

我国是世界上最大的发展中国家，据 2010 年国家统计局数据显示，人均 GDP 约为 4 506 美元，仅位居世界第 110 位。按照世行的统计结果来看，我国高速公路每公里通行费用大约在 0.06 美元，占到我国人均年收入的 0.125‰，而美国仅占到人均年收入的 0.001 7‰。可见，与发达国家相比，我国道路使用者承受的负担相对较重。正是由于使用者负担的这一显著差别，中国公路的通行费负担已经成为广大道路使用者广泛关注的问题。收费公路不得不面对道路使用者对收费标准是否合理的疑问。近年来越来越多的社会公众关注到了公路收费的问题，例如物价飞涨是近两年普通百姓感受最强烈的变化，更是成为 2011 年全国两会期间代表热议的话题。案例 2 是记者对物价上涨过快背后的高物流成本的追

踪，公路收费过高被归结为物价飞涨的重要推手之一。案例3中提到的“300m收3元，史上最贵高速路”和案例4提到的“天价”过路费事件更是成为社会热点，引起了各方的广泛争议。通过以下案例综合分析可见，公路收费高成为公众普遍十分关注的问题。

案例1:

中国的高速公路通行费比发达国家的高，大概是欧洲的9倍，与高收费相对应的是中国车主对通行费非常低的可承受性。这里引入考量汽车使用者承受能力的指标，即私人汽车行驶1 600km所付通行费在车主收入中所占的比例。数据显示，中国的通行费可承受性超过了2%，远远超过美国、日本、英国、意大利、加拿大、澳大利亚、西班牙和葡萄牙等发达国家，其中高速公路十分发达的美国则不到0.3%。

——世界银行《中国的高速公路:连接公众与市场，实现公平发展》

案例2:

成都世纪吉祥物流公司提供的一趟由成都至北京的运输单显示，其承运的酒、服装、火锅调料以及200箱蕨根粉装满一车约达48t，物流公司运输一趟收取运费共计1万元。抵达终点后，耗油共6 250元，高速公路收费4 775元，罚款400元。成本共11 425元。这意味着在不计算驾驶员工资和支线运输成本及车辆损耗的情况下，跑成都到北京一趟，净亏1 425元。车上装的蕨根粉，每箱20斤，出厂价85元，卖至餐馆约100元。通胀下各环节谨慎加价，销售商每转一次手，加价2～3元，每箱基础物流成本6.5元，其中高速公路收费和油费达4元，约占62%。单公路收费一项，占物流成本的28%。

——2011年4月15日《新京报》

案例3:

纵贯广州南北的华南快速路一期工程，行经中山大道至黄埔大道路段，里程表显示主干线300m，即使算上匝道，两个收费站间距离也只有900m，收费竟达3元，号称全球最贵的高速公路。

——2011年4月1日 中央电视台

案例4:

2011年初，河南禹州市农民时建峰利用假军车偷逃巨额过路费被判无期徒刑一事，引发了“行路贵”的社会大讨论。根据河南省高速公路联网监控收费通信服务有限公司出具的数据，两辆冒牌军车在2008年5月4日到2009年1月1日期间，共计通行2 361次，合计逃费金额为368.2万元。

——2011年1月12日《东方网》

那么，是不是收费公路管理公司营业利润低，公众利益就得到保障了呢？答案是不一定。分析发现，我国一些民营资本在公路建设项目投资过程中存在千方百计把投资做大的倾向，一些公路建设项目的中标合同价高于正常市场水平。表面上看，民营投资者的这种行为，与“花最少钱，才能投资回报最大”的常识相悖。事实却是一些投资商在项目招投标和工程建设期间，千方百计做大的投资，并不全是自己的投资，绝大多数是银行贷款。抬高造价，做大投资，可以从银行获得更多的贷款并通过暗中操作减少自己的实际出资额度，甚至将贷款资金在项目早期就变为自己实际的“利润”或挪作他用，除此之外，还能获得所投资收费公路更长时间的收费年限或(和)更高的收费标准，获取在财务报表上看不出来的超额利润。公路偿还贷款是收费的直接理由。公路建设成本最终将由纳税人或道路使用者承担，工程造价的高低，直接关系到收费标准和公众利益，道路的使用者或纳税人是超额投资的最终“买单”者。

两本账与两个利益主体

案例5:

某省某高速公路，全长约29.349km，于2004年开始动工。建设初期项目公司通过预审批批复的概算为12亿元，在建设中设计单位在施工图设计中调整设计、增加成本、提高价格，要求将概算调整为17亿元。这实际上增加了该公路的建设成本，加重了公路使用者的负担。

——广东省交通运输工程造价管理站调研报告

那么，是不是投资低就符合公众利益呢？也不一定。如果以降低设计标准甚至偷工减料为代价，必然导致公路达不到使用要求，可能存在安全、质量隐患，甚至出现如公路意外垮塌等重大安全事故，不仅影响使用者经济利益，更有可能危及行路人的生命安全。

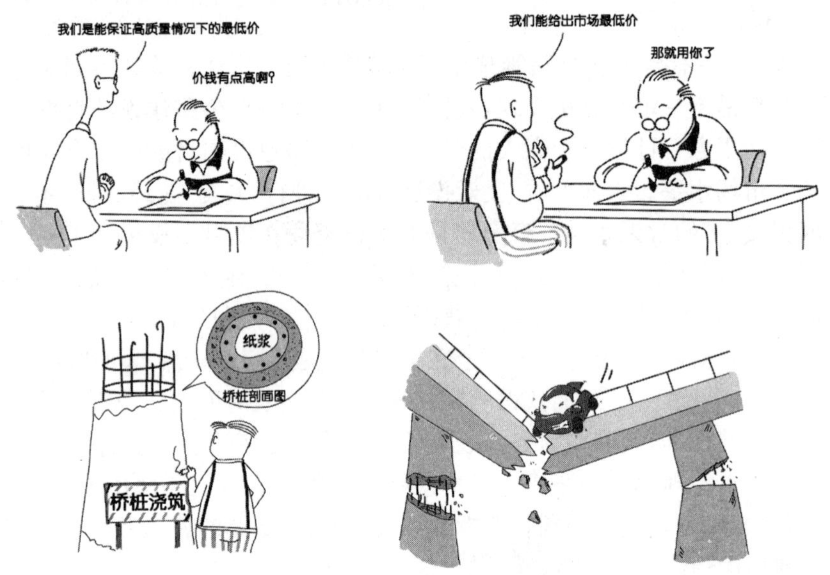

最低价，价不低；代价高，教训深

案例 6：

2007 年 8 月 13 日下午 4 时 40 分左右，湖南省湘西土家族苗族自治州凤凰县正在建设的堤溪沱江大桥发生坍塌事故，桥梁将凤凰至山江公路塞断，当时现场正在进行施工，造成 64 人死亡、22 人受伤，直接经济损失3 974.7万元。

——2007 年 8 月 27 日 新华网

投资低带来的另外一个风险就是承建方无力按照设计完成项目建设，中途停工导致项目长期搁置，影响社会公众出行。一些招商引入的投资人，由于投标价过低，中标后难于开工，又长期霸占项目，政府部门不得不以更高代价回购，重新开工。

案例 7：

波兰 A2 高速公路是为 2012 年欧洲杯足球赛修建的，也是拓宽波兰与德国及其他中西欧国家联系的重要通道。中国铁路工程总公司 2009 年中标波兰A2高速公路项目总长49km的A、C标段，中标价4.47亿美元(13亿兹罗提)，还不到波兰国道和高速公路总局预估28亿兹罗提的一半，比其出价最接近的对手低了200%。被西方媒体报道“中国用超低投标价赢得工程”。但实施中工程投入大大超过原计划，若按期完工将巨额亏损39 434.75万美元。2011年6月13日，该公司中途放弃波兰A2高速公路项目合同，导致A2高速公路项目无法按期完工。

——2011年7月30日人民网

投资门槛低造成的恶果

上述种种问题，显著影响公众的幸福感，公众到底怎样保障自己的合法利益呢？解铃还需系铃人，收费是由于公路投资引起的，公路行业必须在这些方面寻找破解方法。

1.1.2 加强公路工程造价管理可以提高公众幸福感

从经济学概念来讲，公路服务属于公共事业的范畴，公共事业是一个国家必须由政府向社会公众提供服务的事业，因为公共事业的产品是公共产品。政府在向社会提供公共产品时具有独占性，政府为了提供这些服务必须向社会公众征税。公众愿意向政府缴税，是因为他们懂得得到公共服务就必须要付出成本，这就是纳税。公路从本质上讲属于公共产品的范畴，具有很强的社会公益性。从投资方式上讲，由于现阶段多元化投资的存在，使得收费公路带有一定的商品属性。根据各国经验，大部分国家的公路都是由政府通过税收、收费的收入提供资金的。公路的主要属性是公共产品，是需要巨额建设资金的重要公益性基础设施，但它并不是完全公共产品，它仍然具有局部的、一定程度的商品性。作为世界上最大的发展中国家，由于我国公共财政在改革开放初期较弱，难于负担新建高速公路的建设费用，资金不足、建设滞后的问题一直困扰着我国公路的发展。因此，为了解决建设资金困难，我国先后出台了多项政策，通过收费还贷或回报投资人的方式，以政府投入为基础，积极运用市场机制，鼓励多渠道、多层次、多形式、多元化的筹集建设资金投资公路建设，形成了"国家投资、地方筹资、社会融资、利用外资"的多元化投融资体制。实践表明，公路项目以其投资大、风险相对较小、运营期的现金流增长稳定等优点，逐渐成为社会民营资本投资的优选领域。以浙江雅戈尔服装、江苏波司登服装为代表的一批民营企业，纷纷把资本聚集在高速公路建设事业上。但是，在这一过程中，国家也意识到了公路作为关系国计民生的基础设施，其投资权益获得者在收费标准、收费年限等方面要依托投资额与收费交通量测算，加以一定价格与时限限制，不能自行定价，必须获得国家审批，不支持追求过高收益的投资人进入公路行业，这是公路行业与一般行业显著不同之处。

《中华人民共和国公路法》中规定收费公路车辆通行费的收费标准，由公路收费单位提出方案，报省、自治区、直辖市人民政府交通主管部门会同同级物价行政主管部门审查批准。车辆通行费的收费标准，应当根据公路的技术等级、投资总额、当地物价指数、偿还贷款或者有偿集资款的期限和收回投资的期限以及交通量等因素计算确定。

《收费公路管理条例》中还规定收费公路的收费期限，由省、自治区、直辖市人民政府按照下列标准审查批准：政府还贷公路的收费期限，按照用收费偿还贷款、偿还有偿集资款的原则确定，最长不得超过15年。国家确定的中西部省、自治区、直辖市的政府还贷公路收费期限，最长不得超过20年。经营性公路的收费期限，按照收回投资并有合理回报的原则确定，最长不得超过25年。国家确定的中西部省、自治区、直辖市的经营性公路收费期限，最长不得超过30年。

我国法律法规对收费公路的收费标准和收费年限有着严格的控制，明确规定收费标准的制订应根据收费公路的投资总额确定。

案例8:

总投资20亿元、两年建成的高速公路,年收益率如果取为6%,则需要年均收益1.8亿元,20年收回投资。如果投资升高为25亿元,还是20年收回,年收益值就需要上升到2.43亿元,意味着年均收益要提高35%。而如果每年收益额保持不变,则收益年限需要延长14.5年才能收回成本!可见造价高低对公路收费影响有多大。

——本书编著组测算

也就是说,公路建设的成本与收费公路的标准直接相关。资源配置效率直接涉及经济运行是否高效的问题,公路这类公共资源是国家作为利益整体最根本的经济标志,当公共资源被过高收费转化为投资者的过高回报后,大多数道路使用者与国家更大利益受到的损害将会超过其可能获得的利益。公路工程造价管理在确定合理投资额方面具有不可替代的作用,在收费公路管理中,只有严格实行造价管理,才符合国家的根本利益,才能维护公路使用者的利益。

对于收费公路,行业只要精细化造价管理,实际上可以控制住非法提高造价或过分压低造价者进入本行业。投资人通过虚报成本,希望使用不当手段非法得利,往往需要与设计单位、施工单位、监理单位合谋,编制过高的造价或寻求达不到行业要求的实施单位进入项目,会在造价文件编制的合理性等方面留下线索,行业主管部门也可以通过建立单位与个人造价从业档案,加强从业单位、从业者的资格资质管理与信用管理来避免从业者与投资人合谋侵犯公众利益的行为。对于非收费公路,加强公路工程造价管理,对于降低纳税人税负,避免公路使用者不合理负担的作用与之相似。

或许一些读者期望像西方国家一样,彻底取消我国公路收费,通过富裕起来的国家财政转移支付或提高燃油税来建设、养护我国已经达到世界第二大规模的高速公路运营保障与网络扩充,本书并不将这作为研究范畴,因为这涉及国家更高层面的财政改革。就公路行业而言,可以通过审批、核准等行政手段减少投资绩效差的公路项目的开建;通过严格进行公路工程造价管理,降低不合理费用的发生,减少公众负担;通过准确的收费公路清查、清理,避免超期收费;通过建立低费率、长期的高速公路管养收费体系,显著降低公众的通行负担。

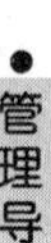

公路工程造价为什么是公众话题

1.1.3 公路行业具备加强工程造价管理的条件

公路行业可以在项目立项阶段，建立估算文件上报、审批及备案制度，设置专业的、接受公众监督的造价管理部门并对估算文件进行审查，加强公路项目立项阶段的总体造价控制；在设计、招标阶段，可以实行概、预算文件审批与备案制，明确造价管理机构参与设计和招标文件的审查，重点审查概、预算文件和招标控制价设置的合理性，并对投资人选定的设计方案中的概、预算文件进行审批、备案，避免投资人恶意调高概、预算金额，并为后期的恶意调整增加难度；在施工阶段，公路工程造价管理部门可以动态监督、检查项目预算执行情况，重点审核工程变更中涉及的费用变化，对变更合理性、工程数量计量和计价依据准确性进行核准，及时纠正违规行为，控制工程造价总体水平的合理性；在工程结算、竣工决算阶段，可以实行决算文件审批、备案制度，剔除不合理费用，避免其被列入作为收费年限、收费标准确定的投资额，保障公众利益不被侵犯；在项目运营阶段，可建立公路大型养护方案预算审批、备案制度，造价管理部门可依据相关公路养护技术规范和公路养护定额，审批养护方案预算，确保养护方案与养护投资受控，避免投资人不当增大成本，侵犯公众利益。

综上所述，加强公路的建设成本控制，避免过高的收费标准、过长的收费年限和过低水平投资者进入公路行业，可以最大限度地维护社会公共利益，降低道路使用者负担，提高公众幸福指数。在这一过程中，公路工程造价管理既要满足公共服务水平的要求，又要保障投资人的合法利益，并要使进入行业的资金实现较高的资金使用效率。这样的工作，是十分复杂的，需要造价管理在机制、标准、管理手段与方法等方面寻求新的突破，才能适应新形势的发展需要。

1.2 公路工程造价管理与构建活力交通的关系

1.2.1 合理控制在建公路项目工程造价是保持经济活力的关键

我们日常生活使用的各种商品，其价格由原材料费用、加工费用、物流成本和利润等部分组成。根据国内外经济学家的测算，我国商品价格中的原材料费用和国际价格正逐步接轨。我国的劳动力工资水平要低于发达国家，由于人工成本低廉，使得我国的加工费用较低。但是从社会发展的角度看，社会进步必须使广大人民分享发展成果，我国人均工资水平的上升，劳保、社保的健全，必然会提高商品价格中的人力成本因素。由于目前我国承担的制造活动，大多处于产业链的低端，导致我国竞争性行业的大量企业获得的利润明显较低，但是我国的物流成本比发达国家还高。

案例 9：

长年跑连云港到北京从事海产品运输的徐景东告诉记者，一趟下来，光运输费就要2 000元左右，其中，公路收费就占一半左右。有人曾统计过，1kg货物从上海到贵州通过公路运输需要花费6～8元，而从上海通过海运运到万里之遥的纽约却只需花费1.5元。

——2011年5月12日 消费日报

案例 10：

以2007年为例，我国GDP为30 100亿美元，略低于德国的32 800亿美元，但从全社会物流总量来看，德国的货物周转量只有我国的1/10，其中，铁路货运周转量只有我国的4.1%，公路货物周转量只有我国的25.8%，航空货物周转量只有我国的76.2%，国际海运装货量和卸货量只有我国的4.8%。因此，在两国GDP总量相当的情况下，德国全社会物流总费用远低于我国，这也自然导致德国物流总费用占GDP比例低于我国，但这并不能代表德国的物流成本低于我国。事实恰恰相反，德国的物流成本和物流价格是大大高于我国的，在货物重量、运送里程相同的情况下，德国货物托运的标准价格是6.9欧元，我国是15元人民币，德国是我国的4倍多。

根据中国物流与采购联合会《全国物流运行情况通报》和《2010年收费公路统计年报》，2010年全国物流总费用为7.1万亿元，其中运输费用3.8万亿元，货车通行费收入占物流总费用的比例仅为2.37%，占运输费用的比例仅为4.42%，而且从2006年开始，这个比例一直呈逐年下降趋势。所谓通行费占物流成本的三分之一，实际是对某些以运输业务为主的物流公司来说，通行费占其公司运输成本的三分之一。通行费作为物流企业运输成本的一部分，在不同的物流企业中所占的比例也是不同的。从事干线运输的物流企业的通行费所占成本高一些，而且越是距离远的，占的比例越高。从事城市配送和农村物流的企业的通行费可能就很少甚至没有。由于运送鲜活农产品的车辆全部免缴通行费，有这种业务的物流公司的通行费占运输成本也会少一些。

近年来，我国汽油、柴油价格增长较快，成为导致运输成本上涨的重要因素。以北京地区93号汽油及0号柴油市场价格为例，从2005年至2011年，涨幅分别达100.3%和132.5%，年均增长分别为14.9%和15.1%。

——2011年6月24日 中国交通报

如果不通过科学管理、合理控制物流成本，在未来发展过程中，我国商品将逐渐失去价格优势，在国际市场的竞争活力也必然会下降，对外贸易可能出现缺乏竞争优势、市场份额萎缩的可能。物流成本高企也会带来整个社会经济运行成本和商品平均价格的上升，使我国劳动力工资偏低造成的广大人民群众本已低下的购买能力雪上加霜，国内消费需求受到进一步抑制，内需难以扩大。同时商品陆上经济运输距离快速衰减，一些无法承担高运费的优质产品不能占有广大市场，难以形成规模效益。国内需求、对外贸易一旦不景气，会使生产企业的订单数量骤然减少，生产企业处于减产、半停产状态。依靠投资、外贸、内需三驾马车拉动的中国经济就会面临内需和外贸两大动力失效，导致经济停滞的风险发生。当前，我国社会经济领域出现的一些投资转移和企业生存困难的现象和趋势也部分验证了上述理论分析。物流成本高企还会使偏远地区的资源在综合物流费用后失去价格优势而抑制生产企业采购的动机。这样，在产和销两方面的叠加效果，最终会削弱经济发展的活力，甚至造成部分企业经营不景气甚至破产，工人失业，经济衰退，社会萧条的情景。

案例 11:

发达国家社会物流总费用与 GDP 的比率在 10%左右,美国为8.6%,日本为 9.6%。2011 年中国前三季度社会物流总费用占 GDP 的比例是 18%。中国的物流成本占 GDP 的比重是发达国家的 1 倍左右。

——2011 年 4 月 19 日《新京报》

案例 12:

从上海到广州,1kg 货物大概 0.5 元,而从上海海运到美国芝加哥,1kg 货物不过 0.8 元。据中国物流与采购联合会统计数据,2007 年中国物流总成本占 GDP 的比重约为 18.4%,而欧美发达国家仅占 8.99%。进入沃尔玛这种集中采购的超市还好,大部分超市是要一个个去谈,其间还有条码费、进场费、上架费、节庆费、信息处理费等,一个品项进入商超就要花费 6 万~8 万元的相关费用。中国企业的物流成本比欧美发达国家高出 40%~50%。“几乎同样品质的鞋子,我们在国内的价格几乎是国外的 1~3 倍,中间的渠道成本占了绝大部分。在海外我们是赚钱的,但在国内,即便是产品全部卖掉,其销售额还不够租金、工资、运输、管理的费用。”

——2011 年 3 月 10 日《第一财经日报》

案例 13:

受成本上涨影响,中国纺织品服装出口价格大幅攀升,2011 年 1 至 5 月份,中国纺织品服装出口价格增长了 21.49%,使得中国服装行业依靠低价优势占据国际市场的“老路”难以为继。现在欧美客商更愿意从孟加拉、越南、柬埔寨等价格更为低廉的地方购买低价服装。在低端领域,中国已经没有市场优势。一些服装制造企业也开始向越南、老挝等东南亚国家转移,如日本 TOMIYA 衬衫公司在中国生产的比例由 20 世纪 90 年代的 40%左右降低到现在的 25%,而越南生产所占比例由 20 世纪 90 年代末的 5%提高到 43%。

——2011 年 11 月 1 日 中国新闻网

案例 14:

北京大洋路农副产品批发市场的副食销售部,过去早上开了门,来批发蕨根粉、豆瓣酱和各类调料的餐馆饭店人员排成队。现在,几个老客户几天才来进一次货。餐馆老板说,物价飞涨,许多人都在家里做饭吃,没生意做。

——2011 年 4 月 15 日《新京报》

案例 15:

成都的另一特产郫县豆瓣酱,因数百厂家竞相压价,豆瓣酱利润薄,运费也就提不上去,一些物流公司已拒运豆瓣酱。在运输成本高的情况下,类似豆瓣酱这种利润低无法支付高运费的物品,面临被"拒载"的困境。

——2011 年 4 月 15 日《新京报》

案例 16:

今年下半年以来,受外需订单减少、生产成本增加、物流成本增长、税收环境未变等因素影响,纺织企业的利润空间受到极大制约,出现了部分减产、停产现象。纺织产能的快速萎缩带来的是对棉花需求的锐减,对上游棉花企业和棉农也带来了连带影响,棉农已经表现出极大的失望,明年种植面积减少将成意向。

——2011 年 10 月 28 日 中财网

那么,推高我国物流成本的推手究竟是什么?目前,我国国内货运量70%~80%都是由公路运输完成,相对于铁路和水路运输主要针对能源、矿石等大宗货品,公路货运运送的是与老百姓日常生活息息相关的各类物资。其中,收费公路货运量更是占到公路总运量的 70%~80%。中国物流与采购联合会的统计数据显示:"目前公路收费占到了物流总成本的1/3。"因此,公路收费是当前影响物流成本的主要因素之一。公路是一种具有自然垄断性与社会公益性的特殊商品,这种投资的最重要职能是降低运输成本,使得资源能更便宜而有效地结合起来,扩大国内市场,使外贸的有效引导成为可能。但是无论是收费公路还是非收费公路,其建设成本最终都需要通过过路费或燃油附加税的形式转嫁给公众或道路使用者承担。公路公共属性和国民经济效益的发挥程度取决于收费标准和燃油附加税的高低。一旦收费标准高或燃油附加税高,就会增加物流成本,使原本为了提高资源配置效率而修建的公路成为高效配置资源的阻力,对经济发展的作用也由促进转为阻碍。因此,通过公路工程造价管理体系的完善和先进技术的应用,避免公路工程造价的不合理加大,就成为保持物流成本较低,进而使社会运行成本较低,使社会各种资源的运送速度、范围得到扩张,全社会资源配置更有效的关键,是保持国家经济发展活力的关键。

加强公路工程造价的控制管理,剔除公路建设成本中的不合理成分,可以使公路收费标准更加合理，保持公路运输成本较低，保持国民经济发展活力，也有利于发挥公路沿线不同地区的区位优势，合理分工，承接商品的制造、消费与再加工，带动沿线土地和经济开发，提升公路沿线区域的竞争力。从交通行业层面来看，合理控制公路工程建设成本，保持运输成本合理，可以刺激公路交通的需求，增大公路货运量，使得公路运输产业充满活力。

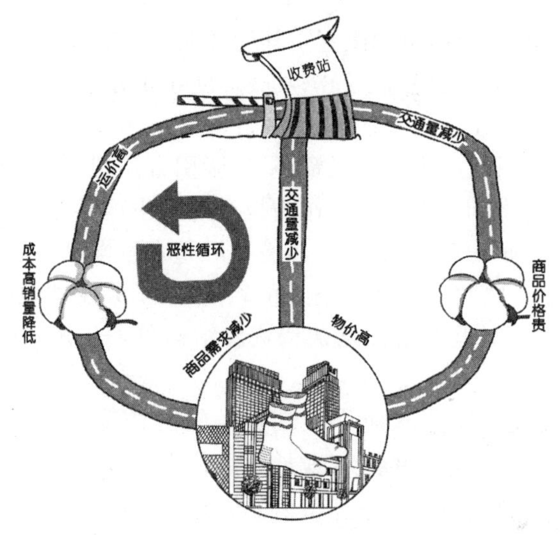

公路收费对商品生产、销售影响环节

什么是区位交通效应？公路建设使得沿线区域可达性和便利程度得到不同程度的提高，与外界的物质、经济联系也更方便，物流的有效空间范围扩大，位移价值所形成的市场边界扩展，原材料便于运入，产品也便于销售，运输成本有下降的趋势。在利益原则的驱动下，吸引厂商和企业在公路沿线聚集开展自己的业务，一般开始是在道路交叉口形成经济开发区或工业园，然后以交通设施为轴线形成“经济走廊”或“通道经济”，形成带状产业集聚发展。这就是交通区位效应。

1.2.2 提高欠发达地区在建公路工程造价管理水平可激发该区域发展活力

实践证明，虽然自然资源丰富，但如果该地区运输条件落后，资源不能运输到需要的地区，无法将资源优势转化为经济优势，该地区经济就难以发展，受困于“捧着金饭碗要饭吃”的尴尬局面。对该地区可以采取发放救济金等办法扶贫，但由于无法改变该地区的生产资源配置条件，生产水平、经济水平和社会发展水平难以根本提高，“年年扶贫年年贫”的局面难以改变。“要想富先修路”，而如果给这些地区及时建设公路，就可以为该地区开发资源、招商引资提供条件，变输血为造血，实现通过经济发展根本改变地区贫穷面貌的可持续发展，促进欠发达地区经济与社会发展活力的形成。从综合经济开发的角度出发，交通运输通道的形成、发展、演变与工业化、城市化等进程同步，并与社会经济的变革紧密相关。交通运输是经济社会发展的基础产业，是区域经济加快发展的重要条件。货运交通通道建设提高了沿线各地区、城市的可达性，进而改善了其经济地理位置，改变了区域格局，使区位优势发生变化，从而促进了经济发展。良好的对外联系的交通条件，改善了流通环节，降低了运输成本，减少了货损货差；拓宽了产品销售渠道，增加了发展经济的积极性；优化了投资环境，吸引开发投资，促进资源优势向经济优势转化，也推动了沿线群众作为投资开发生产链的一个环节参与到经营活动中；密切了信息交流，推动经济发展重点逐渐从传统、低效产业向高附加值、稀缺产业转变；拉近了空间距离，带动了欠发达地区人民群众求知求变的心。这些对地形条件复杂和资源结构单一或短缺的地区极为重要，是活跃当地经济的关键。

总结各地的发展经验，交通条件在很大程度上直接影响区域的经济发展水平，具有良好交通条件的地区或地点往往得到优先发展。我国改革开放以来，在农村公路建设方面已经积累了丰富的经验，而一些高速公路的建设，由于加大了空间扩散，位移价值所形成的市场边界也在扩展，更是增大了点域的经济辐射力和吸引力，也拉动了沿途产业的快速积聚与发展。公路的发展真正实现了一条公路，带富了一方乡邻，搞活了一方经济，更搅动了老百姓致富的念头。目前，中西部地区、农村地区和一些地形地质复杂地区的公路发展依然滞后，中西部地区高速公路网络还没有形成，广大农村出行节点还没有全部、有效地连接起来，严重制约了国家的均衡发展，影响国家的繁荣稳定。因此，未来这些地区需要继续加大公路建设，才能使人民群众分享社会发展的成果。这也被确定为我国“十二五”以及未来更长阶段国家经济建设和交通建设的重点。这些地区的公路建设，面临的地形地质情况更复杂，投资可能会很高，甚至出现以前没有遇到过的各种复杂工程情况，这就需要不断提升公路工程造价管理水平，科学定价，合理造价，使公路使用者不承担额外不合理负担，把公路建设带来的区位优势和经济发展优势用足、用好，使公路成为区域经济发展的助推剂而不是绊脚石，激发欠发达地区社会经济发展的活力。

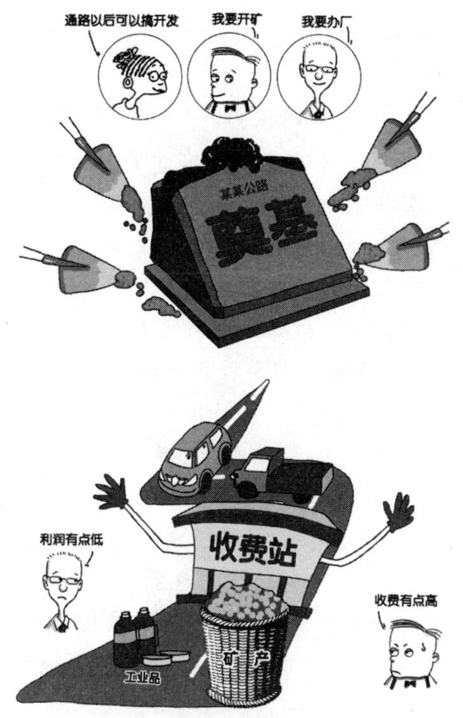

公路收费影响资源开发与利用

案例 17：

浙江省“乡村康庄工程”（农村公路建设工程）实施前，农村地区车辆运输成本为 3.55 元/车公里，实施后降低为 2.19 元/车公里，运输成本下降 38%。通过对浙江省 11 个典型县 1 134 份调查问卷的抽样统计，“乡村康庄工程”实施后，由于运输方式改善，有 14.3%的村民选择在本地开办工厂，20.39%的村民选择在本地务工，6.09%的村民选择外出打工，24.07%的农民扩大了经济作物种植面积。

——长安大学《农村交通建设与社会变迁研究报告》

案例 18：

浙江省常山县盛长矿业建材有限公司反映，建厂时没有水泥路，没人愿意拉矿石，厂里自己修路、自己组织运输，代价很高。现在路修好后都是客户自己前来采购，销量大了，生产成本也低了。

广东省廉江市石颈镇，全镇村村修通水泥路后，由于道路条件改善，农产品运输过程中的搬运费、运费大幅下降，降低的运输成本直接转移到农民收益当中，农民收入明显增加，扩大种植规模的积极性不断提高。例如道路条件改善后，红橙每公斤收益增加 0.6～0.8 元，全镇增加种植面积 8 000多亩。

浙江省台州市三门县的蛇蟠岛素有“千洞之岛”之称，岛上空气清新，风光旖旎，历年来上岛考察旅游资源并有意开发的投资商不下 20 拨，但均因岛上交通不便、基础设施太差而打了退堂鼓。2003 年，“康庄工程”开始实施，修建了连接岛上六个行政村的环岛公路，而且将岛上三个重要景点——海盗村、野人洞和一个洞窟群连接了起来。12.6km 的农村公路极大地改善了海岛的交通条件，得知岛上公路开建，当年 5 月就有几位外乡人踏上蛇蟠岛，在考察了岛上的旅游资源后，组织了 2 000 多万元资金开始着手岛上旅游开发。如今在岛上，来自华东各地的旅游大巴川流不息。目前，已有百万游客来蛇蟠岛旅游观光，蛇蟠岛成为浙江省旅游界的一颗新星。

广东省河源市龙川县龙母镇大庙村是一个典型的粤北山区农村，当地山泉水资源丰富并拥有大量的地方特色农产品，由于缺乏资金，已有的资源无法得到有效开发，苦于交通条件落后，该村一直没有通水泥路，也无法有效吸引外来投资。通村水泥路修通后，外商看到了投资开发的机会，投资 5 000 万元开发大庙村矿泉水资源、兴办副食品加工厂，使该村丰富的资源得以开发，并且为当地村民提供了大量的就业机会。

浙江省衢州市莲花镇过去是一个以粮食、生猪生产为重点的传统农业大镇、经济穷镇，交通问题一直困扰并阻碍着莲花镇的经济发展。农村公路修通后，莲花镇已成为衢州市的效益农业示范镇。由于交通条件改善，当地农民大力发展像西瓜、草莓这样的高收益农作物，也不再担心西瓜、草莓会在运输途中裂口、压碎。大棚西瓜的种植面积从 2003 年的 100 亩发展到 2007 年的 4 780 亩，草莓从 300 余亩发展到 2 680 亩，香瓜和葡萄也分别发展到 810 亩和 500 亩。

浙江湖州市农村公路修通后，依靠良好的交通条件带火了“农家乐”等农村旅游产业，上海、安徽等地游客络绎不绝，使该县章村、报福等 10 多个乡镇成为农村旅游的新亮点。报福镇依托龙王山风景区、黄浦江源头风景区等，在全镇建起“农家乐”50 多家，群众收入连年翻番。

——长安大学《农村交通建设与社会变迁研究报告》

案例 19：

临长高速公路运营后，改善了湖南省的交通条件和投资环境，有效促进了沿线地区的经济增长。2003～2009 年 7 年间，湖南省 GDP 增长率按可比价格计算分别达到了 12.3%、21.1%、15.4%、16.2%、20.8%、21.9%、

15.9%。高速公路出入口附近形成了一系列新城区、卫星城镇或经济开发区，沿线形成一条经济走廊。有着悠久历史的再生资源城——汨罗也借助临长高速公路的辐射将再生资源服务网络扩展至全国两百多个城市。长沙、岳阳两市作为起终点，受高速公路拉动效应明显，在通车前的1999～2002年，长沙、岳阳两市GDP总和占湖南全省的比重分别为26.9%、28.7%、29.6%、30.5%。通车后的2003～2009年，增长到30.5%、33.1%、33.5%、33.9%、36.8%、37.8%，并且两地的经济增长速度高于全省平均水平，在省内处于前列。

临长高速建成运营也刺激了湖南省公路客货运输量的快速增长。建成前后客货运量、运输周转量变化明显。

表1-1为湖南省公路客货运输量年平均增长率对比。

湖南省公路客货运输量年平均增长率对比　　表1-1

时间	客运	货运	客运周转	货运周转
1996～2002(建成前)	4.88%	0.61%	6.91%	6.14%
2003～2009(建成后)	7.06%	14.67%	8.12%	14.32%

——长安大学《临长高速公路后评价报告》

1.3　公路工程造价管理与构建和谐交通的关系

改革开放以来，我国经济发展取得了举世瞩目的成就，特别是近十年来，国民经济始终保持年均10%以上的增长率，经济长期高速增长，经济总量跃居世界第二，人民群众生活水平不断提高，物质极大丰富，人民群众增长的物质文化需要与社会生产力之间的矛盾基本缓解，经济充满活力。即使在全球金融危机的低迷背景下，经济仍然保持10%左右的增长，这在世界经济发展史上也是不多见的，被誉为“中国速度”。但是，我国经济发展也存在严重的不平衡，地区差异、城乡差异明显，使我国经济发展缺乏后劲，成为制约可持续发展的障碍，并因此积累了一些社会矛盾。发展成果共享是我国社会发展的基本目标，也是政府社会职能和经济职能的基本体现，更是广大人民群众的根本利益诉求。政府通过加大中西部地区和农村地区基础设施建设，完善欠发达地区和落后地区发展的硬件条件，为这些地区依靠自身资源优势发展提供环境支持。公路作为其他社会公共事业发展的前期基础，处于优先发展的地位，公路建设也始终是中西部地区和农村地区投资的重点。欠发达地区和农村地区的公路建设在改善群众出行条件、实现公共服务均等化、提供均等发展机会、拉动沿线经济发展方面发挥了突出的作用，是这些地区各项民生投资中除教育以外另一个百姓评价效果最突出，反响最热烈，也最受欢迎的民生项目，使这些地区的百姓切实感受到了党和国家的关心和对落后地区的重视，为缩小地区差距、城乡差距，建设和谐社会发挥了积极的作用。公路本身对建设和谐社会有积极、正面的贡献，但建设过程又充满了各种矛盾冲突，蕴藏了许多不和谐因素。

公路运营以后体现了巨大的外部效益，也正是由于公路效益的溢出性，才导致了对其供给的稀缺，因而只能依靠政府出面组织生产和供应，才有可能得到解决。因此，政府有责任为所有社会群体和阶层提供普遍的、公平的、高质量的公路服务。政府代表的是社会公众，提供的公路服务考虑的是社会资源的高效配置、低廉的社会运行成本和百姓生活满意度，追求社会公共利益最大化，那么，必然要求公路工程造价低。一旦公路工程造价高，公路收费或者燃油税附加建养费用就会高，进而阻止资源在全社会范围内的流动，社会运营成本会上升，百姓的生活成本也会上升，生活满意度则下降。政府虽然组织公路的生产与供应，但提供商是市场，需要市场上的勘察设计、施工、监理等交通建设服务提供商共同协作，提供符合质量要求的公路产品。在这个过程中，政府与交通建设服务提供商是市场上的交易双方，双方从各自利益出发进行交易选择。施工方追求的是自身经济利益，希望工程造价高，自己能够多获利，但是在目前建筑市场竞争激烈、行业法律法规还不完善、市场行为缺乏规范的背景下，多靠“低价揽标，变更挣钱”，也就是投标时，不顾工程实际，以低于工程成本价投标，希望通过低价招揽业务。一旦中标，如果按照投标价和设计图纸进行施工，必然亏损，因此，千方百计进行工程变更增加投资，以谋取利益。但是如果相关方严格管理工程变更，施工方就会难以为继，甚至导致工程停工或施工企业破产。勘察设计单位、监理单位对工程造价既有影响，又有贡献。勘察深度和设计方案直接影响工程造价的高低，计量支付的准确程度决定工程造价是否真实。而勘察设计费、监理服务费又都是工程造价的重要组成部分，作为市场上的独立经济体，勘察设计单位、监理单位希望自己的服务费用越高越好。在目前建筑市场法律、法规不完善，主体行为带有盲目性的大背景下，勘察设计单位、监理单位也容易与施工方合谋，使工程费用朝着有利于施工方的方向发展，并在其中牟取不当利益。公路生产由政府组织、市场提供，为了保证公共资源的利用效率和公共服务的供给质量，通常在政府与交通建设服务提供商之间设立一个联系纽带将两者衔接起来，这就是项目管理者，由政府授权，代政府行使具体管理职能。虽然项目管理者代表政府管理建设项目，应该与政府根本利益一致，追求社会公共利益的最大化，但其也有自身的利益关切。一是从工程造价中提取的管理费丰厚，自身经济效益好；二是工程经费宽裕，可以牺牲造价来提高质量、保证安全、追求进度，顺利通过竣工验收。最终的结果是，代表政府的项目管理者"利润最大化"的经济利益目标与"节资增效益"的职责目标产生矛盾。"利润最大化"的经济利益目标使项目管理者有推高造价的动机，通过影响设计单位使工程造价偏离合理范围。由于建筑行业竞争较为充分，整体呈现供大于求的局面，为了示好项目管理者，顺利承接设计业务，设计单位容易失去职业理性和专业公平，而附和项目管理者的要求。除了公路产品的组织者、提供者和管理者以外，公路建设还存在利益受害方即公路沿线的资产所有者，一旦基础设施、建筑、土地进入了规划的公路红线范围，就需要对其征用或拆迁，但这会造成沿线拥有土地、房屋、建筑的个人、单位以及设施功能受影响的通信、铁路、水利等部门的财产损失、生活困难、服务中断，甚至失去了生存发展的能力和基本条件。本着社会公平的原则，对于这些单位和个人在公路建设中受到的损失，应该给予合理赔偿，这些赔偿的费用也是构成公路工程造价的重要组成部分。在社会倡导保护私权和重视民生的背景下，拆迁对象越来越强势，拆迁对象对补偿标准的期望值提高，"坐地起价"的情况时有发生。为了获得超额赔偿，一旦得知公路线位，沿线群众抢种、抢建的行为也较为突出，都想多分一点利益。甚至出现因补偿而上访、申诉甚至引发群体性事件的情况。我国以往的公路建设是以政府独立投资或统贷统还的形式建设，为了满足社会发展的需要，基础设施快速发展，出现了政府资金短期内不能满足公路建设需求的局面。为了引入更多稳定、有效的建设资金，国家鼓励和引导民间投资以独资、合作、联营、参股、特许经营等多元化投资方式参与公路项目，民间投资的形式也逐渐扩展为国外资本或大型财团资本等多种形式。多元化投资形式在很大程度上缓解了公路设施投入不足的情况，但是由于引入了多元形式的建设资金，多种形式企业性质的投资主体成为项目的管理主体，多元化项目中投资主体追求自身利益最大化的目标与公路项目社会效益最大化的内在要求出现偏离，两种目标的冲突在项目实施管理中变为利益冲突。调查发现，多元化项目投资人往往通过"做大投资"争取较长的收费时间和较高的收费标准，牟取超额利润。建成公路是为了"用"，用路人的态度也至关重要。人的本性是逐利性，因此，需要通过征税来提供公共物品服务，比如公路产品就属于这一类。但是如果建设成本和赋税过高，人民怨声载道，就会动摇社会和谐稳定的根基。如果可以采取一些技术手段措施将使用道路的费用控制在大众经济承受能力范围内，即使成为一种必要的支出也是可以接受的。但也仅限可承受区间内，在我国人均收入水平偏低的现实背景下，这一区间阈值较低。

总的来看，公路建设涉及了多个参与主体，各方利益关切不同，不同利益相互交织在一起，产生了广泛而尖锐的矛盾冲突。百姓作为公路建设的

"买单人",希望公路工程的造价低,自身的经济支出尽量少;政府作为公众和社会利益的维护者,也希望公路工程造价维持在较低水平;勘察设计、施工、监理单位都希望自己的报酬丰厚,至少也应该获得应得的、合理的劳务报酬;项目管理者希望工程造价高,自己的经济效益好;公路沿线资产所有者希望赔偿充裕,生活有所保证;多元化投资人追求利润最大化,通过高造价,谋求高收费。公路建设呈现投资主体多元化、经济利益多极化的特点,公路建设项目成为各方利益追逐的焦点,陷入了各方利益编织在一起的大网,各方都想谋求自身的最大利益,但自身利益最大化的结果又会造成其他参与方的利益受损,这又是任何一方都不能接受的。公路工程造价陷入博弈论中提到的"囚徒困境"❶。从"囚徒困境"的各种可能结果分析,选择合作、兼顾各方利益、进行妥协与折中、实现共赢是最佳方案。因此,在公路建设中,对各参与方的利益进行协调和管理,调节和控制各参与方的利益分配,客观、公正地分好"蛋糕",是使各方都相对满意并普遍接受以及整个公路事业健康发展的关键。这一工作除政府以外的任何建设参与者都没有权威、客观性、公正性和信服力去做,因此必须由政府主管部门承担,这就是公路工程造价管理。通过公路工程造价管理,分配好利益,协调好各方利益冲突,使各方基本满意,实现公路建设过程和结果的和谐统一,这是打造和谐交通的必由之路。

造价管理的和谐准则

---

❶1950年,由就职于兰德公司的梅里尔·弗勒德(MerrillFlood)和梅尔文·德雷希尔(MelvinDresher)拟定出相关困境的理论,后来由顾问艾伯特·塔克(AlbertTucker)以囚徒方式阐述,并命名为"囚徒困境"。经典的囚徒困境如下:警方逮捕甲、乙两名嫌疑犯,但没有足够证据指控两人入罪。于是警方分开囚禁嫌疑犯,分别和两人见面,并向双方提供以下相同的选择,若一人认罪并作证检控对方(相关术语称"背叛"对方),而对方保持沉默,此人将即时获释,沉默者将判监10年;若两人都保持沉默(相关术语称互相"合作"),则两人同样判监1年;若两人都互相检举(相关术语称互相"背叛"),则两人同样判监8年。

囚徒到底应该选择哪一项策略，才能将自己个人的刑期缩至最短？两名囚徒由于隔绝监禁，并不知道对方选择；而即使他们能交谈，还是未必能够尽信对方不会反口。就个人的理性选择而言，检举背叛对方所得刑期，总比沉默要来得低。试设想困境中两名理性囚徒会如何作出选择：若对方沉默，背叛会让我获释，所以会选择背叛；若对方背叛指控我，我也要指控对方才能得到较低的刑期，所以也是会选择背叛。两人面对的情况一样，所以两人的理性思考都会得出相同的结论——选择背叛。背叛是两种策略之中的支配性策略。因此，这场博弈中可能达到的均衡，就是双方参与者都背叛对方，结果两人同样服刑8年。但是这个结果，显然不是顾及团体利益的帕累托最优解决方案。以全体利益而言，如果两个参与者都合作保持沉默，两人都只会被判刑1年，总体利益更高，结果也比两人背叛对方、判刑8年的情况较佳。但根据以上假设，两人均为理性的个人，且只追求自己个人利益。均衡状况会是两个囚徒都选择背叛，结果两人判决均比合作为高，总体利益较合作为低。这就是"困境"所在。

面对公路建设中的诸多利益矛盾冲突，公路工程造价管理部门必须始终坚持以公共利益为主导，平衡各方利益，实现建设项目的经济效益与社会效益的共赢。而协调好各方利益的关键是分配公平，要做到交通行业内各建设参与方的公平，保证勘察设计、施工、监理、多元化项目投资人、项目管理者都能获得合理的报酬，既不能接受漫天要价，损害公共利益，也不能使其赔本做生意，以牺牲个人、集体等少数人的利益为代价维护公共利益等大多数人的利益。因为任何人都有可能成为少数人，如果不能真正保护少数人的利益，公共利益也无从谈起。同时也要做到行业外的公平，要保证沿线资产所有者的损失得到合理赔偿，使他们生活有所保障，不能因为公路建设的需要而伤害百姓和其他资产所有者的利益，否则无异于"竭泽而渔"，但也不能损公肥私，侵占公共利益，弱化社会效益。所以，协调、管理、分配好各方利益的关键是对各种费用科学定价，如实、客观地反映劳动价值和物质资料价格。这是使各方满意、公路工程造价形成过程和谐的基础和关键。

公路工程造价管理的最终结果是造价的合理降低和各方利益的协调，因此，造价管理的本质不能简单、片面地理解为降低造价，而是通过优化设计方案、合理利用资源、确定最佳实施方案、依据相关的法规和约定的合同，合法、合理地确定建设项目的工程造价，使项目的质量、安全、造价和进度整体最优；同时，协调公路建设中项目承担单位（投资人、管理者、建设、施工、设计、监理等）、沿线资产所有者与社会公众和国家的利益，坚定地维护社会公众和国家的利益。通过科学的造价管理，使公路产品生产过程的相关利益合理分配，使公路建设行业、公路发展事业和谐发展，建设和谐之路，促进社会和谐发展。

案例 20：

2008 年某省高速公路建设项目招标，国内某大型公路建设施工单位成功中标，同年该项目进入施工阶段。但是施工过程中施工单位为了多争取工程款，采用不合理变更的方法增加工程量，并向项目法人单位提出增加工程建设费用的要求。项目法人单位认为变更不合理，不予支持，于是施工单位恶意拖延工程工期，致使工程不能按期交工。项目法人单位要求施工企业补偿损失，双方协商无果，通过法律程序解决。

——广东省交通运输工程造价管理站调研资料

案例 21：

吉林图珲高速公路是国家"五纵七横"国道主干线。该项目在珲春境内长达 36.7km，贯穿密江、英安、三家子、板石四个乡镇。珲春市高速公路建设指挥部在项目征地拆迁工作中协调处理各类群众来访八百余次。

——吉林省交通运输厅报道

案例 22：

自 2011 年 4 月 27 日佛（山）清（远）从（化）高速公路北段项目初步设计方案通过后，意想不到的"抢建抢种"现象在沿线用地红线路标内迅猛扩展。沿线的清城区石角镇、龙塘镇及源潭镇所经路段的用地红线路标内，抢种果树苗、抢建违规建筑物十分严重，而且呈现出有组织、有预谋、愈演愈烈的趋势。

——2011 年 6 月 21 日《清远日报》

案例 23：

按照原定计划，西宝高速公路改扩建工程将于 2011 年年底前建成通车。但由于不满意拆迁补偿，一拆迁户将帐篷搭在工地中间，阻挠正常施工近一个月，对按期完工造成严重影响。

——2011 年 9 月 3 日《三秦都市报》

案例 24：

因征地拆迁难，广珠西线三期中山段，广河高速公路广州段，广州增从高速公路等 6 条高速公路未在限定时间内完成。

——2011 年 3 月 2 日 广东省政府网

1.4 公路工程造价管理与构建可持续交通的关系

公路发展的现实与潜在效应是多种因素相互交织、共同作用的结果。公路建设要关注经济、社会、资源、环境等主要因素，处理好与社会经济和资源环境之间的互动关系，形成一个良性运行状态的互动系统。

公路建设对物质、资金、劳动力投入的巨大需求几乎是其他行业无法相比的，特别是目前公路项目的规模越来越大，跨海、跨江、跨河工程不断增加，公路向山区、沙漠等地质条件恶劣、复杂地区延伸，工程量急剧增加，加之各种人工、材料、机械费用大幅上涨，使公路建设的成本越来越高。随着经济的增长，社会、经济活动的活跃，社会经济发展对公路交通的需求不断扩张，各地区都把公路建设作为投资重点，各省交通运输部门也在不断调整公路发展规划，部分省份将高速公路发展目标定在 8 000km 左右。普通公路作为高速公路的接驳线路和连接线路，在高速公路网络形成后还会有一个辐射扩张式的增长过程。从各省制订的高速公路发展目标看，后期普通公路的建设规模会更大，公路建设总体规模庞大。各地交通运输部门也储备了一批公路项目，准备上马。社会公众从增加出行选择、自由、机动的角度，对公路建设持肯定和欢迎的态度，也强烈希望能形成一个更加四通八达的路网。但是相对于社会公众和各地区修路的极大热情，我国可支配用于公路建设的资金却显得捉襟见肘，入不敷出。目前，我国公路建设的成本大约是四车道高速公路每公里 4 000 万～6 000 万元，山区高速、桥隧比例高的高速公路每公里大约是 1 亿元左右，目前，各省高速公路建设基本都处于山区攻坚的建设阶段，成本普遍较高；四车道一级公路大约在每公里 3 000 万元左右；二级公路大约在每公里 1 000 万元左右；三级公路大约在每公里 200 万元左右；四级公路大约在每公里 40 万元左右。按照这个建设标准，我国公路建设资金需求规模惊人。目前，我国公路建设资金来源主要有国内银行贷款、车购税、国家预算内资金、利用外资、地方自筹、企事业单位资金等。2010 年全国公路建设到位资金 10 166.55 亿元，其中国内贷款占 39.9%，车购税占 13.1%，国家预算内资金占 1.8%，利用外资占 0.4%，地方自筹占 31.3%，企事业单位资金占 7.7%。从这些数据可以看出，在我国公路建设中，国家财政投入所占比例较低，贷款等有偿资金所占比例超过 50%，高速公路普遍是贷款修建。公路建设处于举债修路的状态。但是通过贷款筹资建路这种发展方式具有极大的不确定性，容易受货币政策影响。例如 2011 年以来，国家紧缩银根，加之地方政府清理融资平台，部分省份交通债务规模庞大、还贷困难，面临只还息难保本的艰难境地，公路融资风险凸显。各银行基本都暂停了公路贷款业务，交通运输部门无法有效筹集到建设资金，大批待建项目处于搁置状态，新开工项目很少，部分在建公路项目处于停工状态。考虑到我国庞大的公路建设规模，需要大量建设资金持续投入，资金需求规模处于峰值状态将保持一个较长时期，依靠以贷款等有偿资金为主的筹资方式维持如此快速的公路建设发展状态具有不可持续性。因此，在国家财政投入覆盖面较广、对公路交通投入相对有限、人民群众交通需求不断增长的背景和资源相对短缺的刚性约束下，从数量扩张型增长向质量效益型转变，走节约型发展道路，实现公路交通的可持续发展是公路行业的主方向，也是转变交通发展方式、发展现代交通业的基本要求。

目前我国公路建设管理较为粗放，资金使用还欠精细。根据《全国固定资产投资工程项目抽查报告》显示，包括公路建设项目在内的全国工程项目超概算幅度平均为 49.1%，其中基建项目超概算幅度为 55.2%。大中型基本建设工程项目和限额以上更新改造工程项目超概算情况更为严重，超概算幅度分别为 58.4%和 50.3%。大幅度的建设项目超概算使得项目建设投资失控，资金缺口较大，制约了国民经济的快速发展。本书编著组对全国 16 个省(市、自治区)近年来新建的 146 条高速公路项目资金使用情况也进行了统计，其中决(预)算超批复概算项目数占上报项目总数比例超过 50%的省份有 6 个，其中有 3 个省份上报的高速公路建设项目 100%超概算。案例 22 中的高速公路建设项目超概算幅度甚至超过 50%。2007 年国家审计署发布的《34 个高等级公路项目建设管理及投资效益情况的审计结果》显示，被审计公路建设项目存在违规招投标、挤占挪用、损失浪费等问题资金逾 160 亿元。

从上述案例不难看出，公路资金使用还有较大的压缩空间，可以通过加强资金监管，节约建设资金，提高资金使用绩效，花最少的钱，办更多的事，推动公路建设可持续发展。公路工程造价管理作为交通运输部门公路建设管理的重要内容，在这一过程中可以发挥巨大作用。通过项目决策阶段对投资估算进行审查，结合已有建设项目积累的造价经验数据，对待建项目的资金需求进行总体控制；设计阶段推广限额设计，优化设计方案，能动地影响造价，并对选定设计方案的概、预算进行审批，剔除不合理费用；招投标阶段，对招标控制价进行审查，保证选出的承建方报价公平、合理；施工阶段，对资金使用进行动态监督，检查资金使用的合规性；竣工验收阶段，对决算费用进行审批，通过各阶段造价文件的对照检查，对资金使用进行核对，保证计入投资额的每一笔费用合理有据、真实可靠，并形成用估算控制概算、概算控制预算、预算控制决算的资金管控体系，借此建立起项目前期阶段有效控制、设计阶段严格进行造价审查、施工阶段动态造价监督检查、竣工决算阶段进行详细造价审定的多阶段控制体系，合理确定和有效控制公路工程造价，节约建设资金。案例 27、28 反映的公路工程造价管理部门的工作业绩也表明公路工程造价管理工作可以以较低的成本取得较大的资金节约效益，管理成效显著，对节约建设资金、促进交通可持续发展的效果是非常明显的。

公路建设的可持续性发展是在保证工程质量、安全，在投入最少建设资金的前提下，不断改善、提高交通状况，以获得最大的社会效益。有效的造价控制，能保证交通建设效益的充分发挥，实现投资效益的最大化，有助于有限建设资金用于其他交通建设项目的再投入，实现投资效益的良性滚动发展。

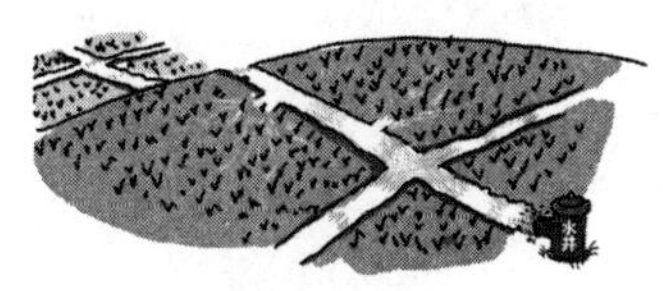

大水漫灌用水多

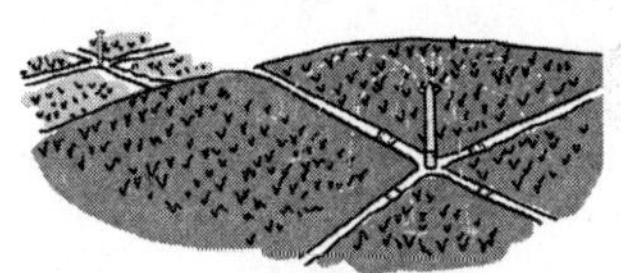

节水喷灌用水少

造价管理可以节约建设资金

案例 25：

某高速公路于 2000 年 12 月 8 日开工建设，2003 年 11 月 16 日建成通车。设计标准为平原微丘区高速公路，计算行车速度 v＝100km/h，路基宽度 26m，行车道宽度 2×(2×3.75＋3.5)m，路线总长 7.184 45km，其中某合同段批准概算 109 691 500.27 元，竣工决算 132 648 963.76 元，决算超概算 26 845 730 元，超概算金额占到概算额的 25.37％。

某高速公路于 1998 年 9 月完成设计及概、预算的编制，工程于 2000 年 5 月 18 日开工，2003 年 12 月 18 日试通车。全长 75.255km，按四车道山岭重丘区高速公路标准建设。批准概算金额 3 660 628 373.97 元，竣工决算 5 898 305 020 元，决算超概算 2 237 676 646 元，超概算金额占到概算额的 61.13％。

——重庆交通大学硕士学位论文《公路工程超概算分析与投资控制》

案例 26：

陕西省延(安)吴(起)高速公路共有 26 个施工标段，但 2011 年 6 月以来，由于资金链断裂，已停工 24 个月，这并非个案。2011 年下半年以来，陕西、云南等省先后曝出高速公路因资金短缺而停工或半停工。

——2011年11月12日 搜狐网

案例27：

“十一五”期间，广东省交通运输工程造价管理站共完成交通（含公路、水运工程）造价审查1 254项次，审查投资金额11 148亿元，核定额10 527亿元，调整费用约623亿元（幅度约5.6%）。

——广东省交通运输工程造价管理站工作报告

案例28：

云南省交通运输厅工程造价管理局2010年共完成14个建设项目的预算审查，涉及金额420.20亿元，合计核减12.46亿元；完成楚大高速公路路面大修等12个公路养护施工图设计预算，涉及养护资金8.22亿元，核减7 932.56万元。

——云南省交通运输厅工程造价管理局网站

1.5 公路工程造价管理与构建廉洁交通的关系

公路建设与市场结合的环节较多也较为独特，项目管理者与勘察设计单位、施工单位、监理单位、设备供应商之间存在业务合作关系。但是项目管理者代表政府具体管理项目建设，与其他各参与方之间不是平等的合作伙伴关系，在当前市场法制体系还不健全，诚信体系尚未完全建立，社会价值体系有所扭曲的环境下，发生权力扩张和寻租的可能性较大。公路建设是投资巨大的基础设施建设，单个高速公路建设项目的投资甚至高达几百亿元，公路建设项目管理人员手中握有较大的资金使用权力。一些人员利用公路工程造价管理体制的漏洞，绕开国家、政府的监督，避开国家法规制度约束，以损害公共利益为代价牟取私利，使公路建设行业成为腐败多发领域。1996～2010年间，全国有1位部级官员，16个省、自治区、直辖市交通运输厅（局）的23名厅长、副厅长受到查处。交通腐败案件也由早期的个人犯罪发展为以串案、窝案为主；贪污受贿涉案金额也由开始的几万、几十万发展到几百万甚至几千万。案发的交通运输厅、局长名单也成为国际著名反腐组织“透明国际”公布的《2005年度全球腐败报告》中国部分的首选案例。交通行业被评为“第四高危行业”。

腐败行为是对公共利益的漠视，带来的直接后果是政府公信力下降，这关系到人心向背和社会长治久安的问题。针对建设领域的乱象，国家也把工程建设领域突出问题的专项治理作为反腐倡廉工作的重点。但是要从根本上解决公路建设领域的腐败问题，仅仅依靠思想教育，通过内心的道德标尺去约束、规范个人的行为是远远不够的，这种方法可靠性太差，因为普遍存在的趋利避害的行为选择模式促使个人在国家利益与个人利益矛盾冲突时扩张个人利益而选择腐败。那么"严惩"的效果如何？中国明朝洪武帝朱元璋是一个对贪污腐败恨之入骨的人，他规定凡受贿八十贯者，就要剥皮实草（活剥人皮，肚子里塞草）。但即使如此严厉的刑罚对吏风的整治同样并不成功，明末官场的混乱就是例证。历史和现实告诉我们，当一个人面对成千上万的财富时，仅仅依靠个人的修养和严苛的惩罚手段都不能有效阻止贪婪的欲望。对于腐败也有人认为源自政府管理，是政府管理造成了经济活动的人为干预，进而产生了权力寻租❶。因此，惩治腐败应该首先放弃政府对市场的干预，依靠市场自行配置资源，没有了人为干预也就没有了权力寻租，腐败也就不存在了。但是，由于我国市场经济尚处于初级阶段，法律法规还不完善，一旦放开，市场主体行为的随意性、盲目性较大，并不规范，甚至缺乏理性，市场秩序可能更加混乱，因此需要进行适度政府干预以保证公平和效率，但要发挥市场竞争机制，利用市场配置资源，即在适度行政管理下发挥市场作用。

西谚有云"绝对权力导致绝对腐败"。要预防腐败，关键还在于规范权力运行，强化制约监督，哪怕这一权力来自于人民群众，或者掌握在正人君子手里。只有通过有效监督，使权利运行阳光化，才能遏制贪欲，使权力回到正轨。美国在建国之初就建立起三权分立的国家治理架构，核心就是防官如防贼，防权如防火，防权力的滥用如防洪，人民对政府既授权，又限政。为了保证那些被授权的人是去谋求公众幸福，而不是背叛人民对他们的信托，因此把他们的信托分开，分别委托给由不同的人组成的不同的机构，让他们互相监督，互相制约，形成制衡，以形成一个完善的社会治理架构。因此，在公路建设资金使用过程中，规范权力运行、强化制约和监督是预防公路建设腐败的关键手段之一。

---

❶ 权力寻租是指握有公权者以权力为筹码谋求获取自身经济利益的一种非生产性活动。类似物质形态的土地、产业、资本，在这里，权力被物化，转化为商品货币，进入消费和财富环节。权力寻租所带来的利益成为权力腐败的原动力。

"寻租"是一种纯粹的财富转移活动或非生产性活动。即"寻租"不创造任何财富。即使从经济学角度也不鼓励这种活动。更严重的是，这种财富转移意味着社会强势集团对弱势群体的掠夺，容易导致社会的不平等和利益分配的矛盾。权力寻租的范围普遍涉及人民群众的切身利益，是社会公众关注的热点。群众对权力寻租的不满已成为社会发展的不稳定因素之一。权力寻租也是对市场基本运行规则的破坏。

公路工程造价管理的核心是权限管理和过程控制，有效的造价管理体系可以达到对造价形成全过程、资金使用各环节的监督，使每个阶段、环节都处于受控、透明的状态下，可以减少腐败和失信行为发生的空间，降低发生的可能性。因此，公路工程造价管理是公路建设项目监督资金使用、预防腐败的有力、有效工具，并将扮演重要角色。因此，应该通过完善造价管理体制、创新造价管理手段和工具，以公路建设领域问题多发环节为着力点，通过紧抓这些造价管理的敏感环节，优化公路工程造价管理，预防公路建设腐败，打造廉洁交通。

公共利益需要造价管理这只“黑猫”

梳理公路建设领域的腐败案件不难发现，公路行业腐败多是利用公路基础设施建设中的招投标、设计变更、材料供应和资金拨付等主要环节的漏洞谋取利益，而这些环节也是工程造价管理的重点环节。因此，通过造价管理加强上述环节的管控，可以实现理想的管理效果。如通过制订公路建设招投标、设计变更方面的管理制度来规范相关建设行为；结合工程实际，细化、规范制订全过程公路工程造价文件的格式、内容、编制方法，实现各阶段造价文件清晰比照，可以快速掌握造价变化的原因，分析其合理性，发现资金使用存在的问题；对工程实施过程进行造价监督，可以及时发现发生了哪些变更，并分析变更的必要性和变更费用的合理性，避免变更环节出现漏洞；通过加强人工、材料、机械等公路建设计价单元价格信息的采集和发布，可以避免高套低压价格，科学定价，合理造价；推行公路工程造价管理信息公开，并引入社会监督，使公路工程造价处于阳光之下，可以激发造价管理的积极性和主动性，抑制和削弱人为牟利的动机。这些公路工程造价管理工作对于预防公路建设腐败，打造廉洁交通都是极其有益的。

案例 29:

贵州省交通厅原厅长卢万里违纪违法行为主要发生在工程招投标、材料采购、工程变更等方面:

(1)卢万里曾以保证工程质量为由,强行规定由甲方统一提供沥青、钢材、水泥等重要建筑材料并牟取利益。如卢万里让其女婿操作签订贵新路全套防撞护栏迫紧器合同,76 元的单价被虚报成 500 元,合同总金额约 1.2 亿元。仅此一项造成国家经济损失 3 000 多万元。

(2)在设计变更上,如大滑坡的治理等一些突发性的设计变更,往往不按基本程序办理,由卢万里等少数人拍板,结果使一些人从中虚报冒领,大肆侵占工程款,甚至从一项设计变更中牟利上百万元。

——2004 年 2 月 12 日《云南日报》

案例 30:

陕西省高速公路建设集团原董事长陈双全利用暗地透露标底和报价的方式,先后向 12 家公司 13 次提供标底和报价,助其中标。而这些中标公司也均向陈双全提供了资金贿赂。这些企业行贿资金多通过虚列工程项目劳务费或加大工程土方单价等类似手段抹平。案件查处期间,经陕西省纪委等部门对西汉高速公路项目建设审计调查,陆续收回多支付和无依据支付工程款 6.49 亿元。

——2008 年 4 月 17 日 中国网

本 章 小 结

本章主要通过目前我国公路发展所遇到的一些热点问题展开论述,主要包括:公路发展与社会公众生活质量和幸福指数之间的关系;公路发展对沿线城市经济的带动作用;如何平衡公路建设过程中各参与方之间,参与方与社会公众之间的利益;如何提高公路建设资金的使用效率;如何在公路行业内杜绝贪污腐败的滋生等问题。解决以上问题的有效途径是对公路工程造价进行有效的管理,主要阐述了为什么通过对公路工程造价管理就能够解决这些问题。

本章作为本书的开篇之作,从我国公路建设发展中所遇到的一些常态问题展开,通过在政治、经济、文化、哲学等层面的理论论证,使广大读者认识到对公路工程造价管理的必要性。

2 国内外工程造价管理模式

本章导读

2.1 国际典型工程造价管理模式介绍

2.2 国内其他行业工程造价管理

2.3 国内公路行业工程造价管理现状

2.4 我国公路工程造价管理存在的问题和不足

2.5 剖析国内外工程造价管理带来的启示

2 国内外工程造价管理模式

他山之石可以攻玉，国内外及其他行业工程造价管理的经验虽然透露着区域特色和行业特征，但也隐含着工程造价管理的共性规律。本书试图从不同视角探究国内外及其他行业工程造价管理的成功经验和成熟做法，以期为我国公路工程造价管理改革提供一点启示和线索。

2.1 国际典型工程造价管理模式介绍

当前在工程造价管理方面学术界比较一致的看法是，在建设工程管理领域，尤其是工程造价管理领域存在三种模式：以美国为代表的北美造价管理体系、日本的工程积算制度和以我国香港地区为代表的工料测量体系。这里分别介绍美国、日本和我国香港地区三个有代表性的工程造价管理体系，使读者对国际主流工程造价管理模式有所了解，以便把握国际前沿。

2.1.1 美国工程造价管理——重视监督

美国是世界上最发达的国家之一，在工程造价管理方面有许多值得我们借鉴的地方。其政府投资项目一般属于市场不愿参与的领域，多为公共基础设施，是政府介入干预的领域，与我国公路在属性上有类似之处，因此，这里主要介绍美国政府投资项目的造价管理。

美国在工程造价管理上采用的是“无为而治”，即政府不直接管理工程造价，利用“市场”形成价格，通过加强监管、规范市场行为实现对工程造价的相对合理控制。

(1)美国政府投资项目管理的基本原则

完全与公开竞争原则：美国是典型的市场经济国家，特别是价格机制、竞争机制在经济活动中发挥基础性调节作用。对于政府投资项目，采用公开竞争方式可以保证政府能够以最优惠的价格得到优质产品与服务。

公众利益与承包人利益的平衡原则：政府投资项目花的是纳税人的钱，必须保证花费的节俭。

保证程序的完全性原则：政府投资项目管理，偏重于合同建立和管理过程的完全性，对制度的经济有效性关注较少，如果有必要的话，甚至会允许合同建立过程中的低效率情况，以使公众有信心认为制度是公开、公平和公正的。政府需要向所有可能承包政府项目的承包人就政府相关项目的规章和制度进行广告宣传，有关如何对承包人进行评估以授予其项目合同的程序方法应该公示于众；开标应公开进行；对于没有得到合同的投标人，应该被告知没有中标的原因。

(2)对政府投资项目的指导与监督

对政府投资项目进行指导和监督的部门有：直接受总统领导的管理与预算办公室(OMB)及隶属于国会的美国总会计师事务所。管理与预算办公室通过下属有关机构发布普遍适用于各个行政机关的规章制度，协调政府投资项目的具体实施情况；总会计师事务所通过其下属总审计署办公室对政府投资项目进行监督，它有权利对政府投资项目的投资计划进行评估，可以接触所有政府文件，就项目支出提出建议，而且可以对项目进行审计。

(3)美国政府工程管理程序

美国政府职能部门对政府工程的监管从项目规划开始，征询公众意见、开展调查、举行听证等，接受社会监督；规划方案得到批准后，要在政府部门的监督下进行招标；在项目设计阶段，政府管理人员要向专家咨询，就设计方案分阶段与专家和设计单位进行沟通；在施工中，政府部门派员或聘请中介机构进行监管，工程完工后要进行严格的验收和评价。

美国的造价公示制度

a)方案规划阶段；b)设计评审阶段；c)招标阶段；d)实施阶段(方案优化)；e)评标阶段

(4)成本预算估价

美国虽然没有由政府部门统一发布的工程量计量规则和工程定额，但这并不意味着美国的工程估价无章可循。许多的专业协会、大型工程咨询顾问公司出版大量的商业出版物，所有这些信息可满足工程估价的需要。美国各地政府也在对上述资料综合分析的基础上，定时发布工程成本材料指南。大型承包人都有自己的一套估价系统，同时把其单价视为商业机密，按惯例不向业主及社会公开这些价格信息。美国在工程估价体系中，有一套前后连贯统一的工程成本编码，即将一般工程按其工艺特点细分为若干分部分项工程，并给每个分部分项工程编一个专用的号码，作为该分部分项工程的代码，以便在工程管理和成本核算中，区分建筑工程的各个分部分项工程。美国建筑标准协会发布过两套编码系统：标准格式（MASTER FORMAT）和部位单价格式（UNIT-IN-PLACE）。这两套系统应用于几乎所有的建筑物工程和承包工程。标准格式按照建筑工程的不同专业及工种将建筑工程划分成16个分部，按照工程经验及工程惯例排列从属关系，并结合材料、位置、功能、应用、属性等适当归类，定义编码系统各项目之间的关系，实现估价文件编制过程的标准化、一致性和简便性。部位单价格式将建筑工程按工程部位划分成12个分部，并按材料和施工方式将分部工程进一步分解形成编码系统。标准格式一般用于项目运行期间的项目控制，部位单价格式一般用于前期的项目分析[本书附录1提供了标准格式（MASTER FORMAT）和部位单价格式（UNIT-IN-PLACE）的项目划分和代码的部分示例]。有了成本编码系统，就可以按照设计图纸计算各分部分项工程的数量，汇总工程量，再结合市场上材料、劳务、机械的价格，就可以估计成本预算。

(5)政府工程中对承包人资质的管理

美国对承包人不采用评定资质的办法，主要是依靠信用制度约束、防范相关人员和机构可能产生的道德风险。

①确定负责任性

承包人的“负责任性”指的是承包人按照项目的要求执行合同的能力。确定负责任性时要求政府合同官员查阅调查承包人圆满执行合同的能力、愿望和诚意。合同官员可以通过查阅现在和以前的该承包人的业绩资料判断其负责任性，一旦承包人被认定“不负责任”，将失去承包机会。但为了保证认定准确，需要给承包人提供反驳机会。

②“黑名单”制度

如果发现承包人有不道德或是不诚实的行为，以及在过去的政府承包合同执行过程中有表现不良和不可接受的行为，该承包人可能会被列入阻止或终止参与政府项目的“黑名单”，但允许召开听证会给列入“黑名单”的承包人一个反驳的机会，保证决定是正确的。

美国正是通过上述监督环节的实施和工程成本编码体系的标准规范，使工程造价相对科学、合理。

图 2-1 为美国政府工程建设流程图。

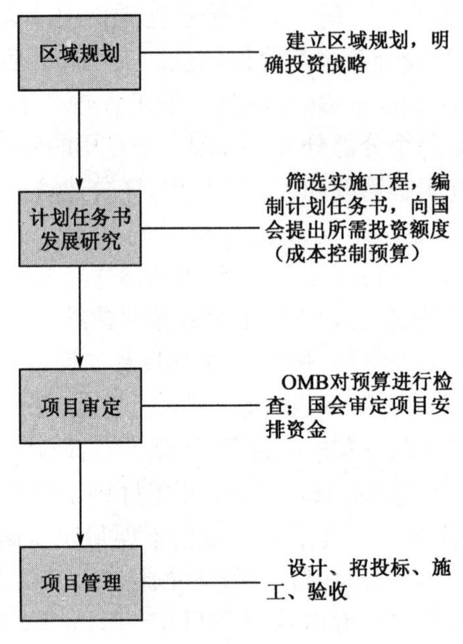

图 2-1　美国政府工程建设流程

2.1.2　日本工程造价管理——计价依据细分

从世界范围看，与我国工程造价管理体系最为接近的当属日本的工程积算制度。日本的工程积算体系与我国的定额计价体系有许多相似之处，但其工程定价采用的是“市场定价体系”。随着我国市场经济建设的深入，逐渐走向建筑价格市场化是长远趋势，如何做好发展转型过程中的公路工程造价管理，日本的发展经验具有借鉴意义。

(1)政府工程业务流程

日本的政府工程是由政府投资建设的基础设施，与我国公路建设有相似之处，其管理过程有借鉴意义，因此，这里主要介绍政府工程的造价管理。日本政府的建设省负责政府工程的建造，建设流程如图 2-2 所示。在设计・积算阶段，建设省按照设计图纸确定预算价格(类似我国的招标控制价)，作为决定中标者的依据。而政府工程的最终造价以中标人的中标价为准，体现了市场定价的原则。这就非常类似我国的造价管理体系，将招标控制价或清单预算作为决定中标人的依据，最终工程造价以中标人的中标价为准。那么日本政府工程的预算价格又是怎么得来的，如何保证科学可靠？实际上预算价格是以日本《建筑工程积算基准》为依据计算出来的。下面对《建筑工程积算基准》进行介绍。

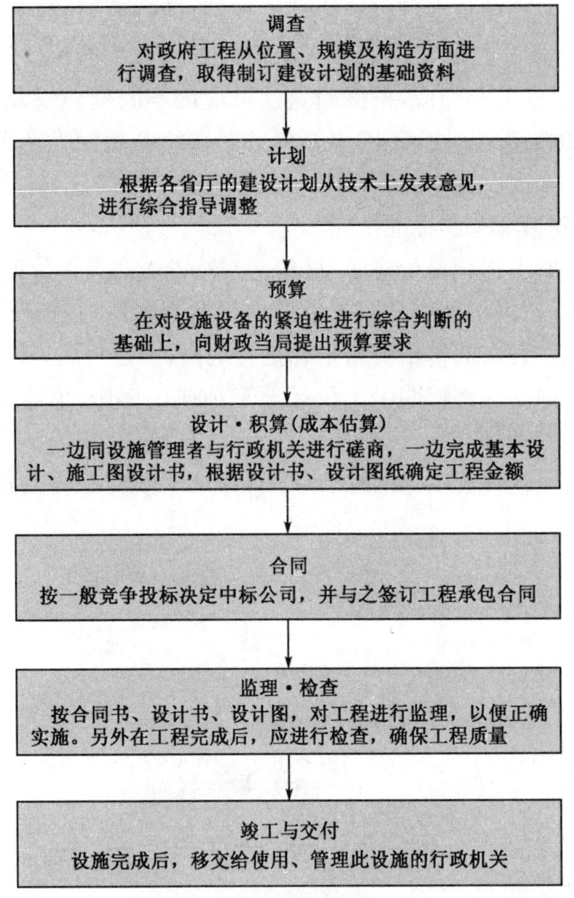

图 2-2　日本政府工程建设流程

(2)计价依据——《建筑工程积算基准》、《建筑数量积算基准》和价格信息

《建筑工程积算基准》相当于我国的工程定额，而《建筑数量积算基准》相当于定额工程量计算规则。日本政府工程预算价格的确定类似于我国的定额计价。建设省制订了《建筑工程积算基准》，将工程按种目、科目、细目分解，相当于我国预算项目表中的项、目、节划分，《建筑工程积算基准》中对每一细目(单位工程)以列表的形式列明单位工程的劳务、材料、机械消耗量，通过对其结果进行分类、汇总，编制详细清单，这样就可以根据材料、劳务、机械器具

的市场价格计算细目的费用,进而计算出整个工程的纯工程费,再加上临时设施费、现场经费、一般管理费及消费税(临时设施费、现场经费、一般管理费、消费税一般按纯工程费的比例计提),就组成了整个工程的预算价格。

利用《建筑工程积算基准》对工程进行计价的前提,是先确定工程数量。计算工程数量要按照标准的工程量计算规则,即按照《建筑数量积算基准》的规定从设计图纸上摘取工程量。《建筑数量积算基准》是按照“工程量计算统一化”的要求编制而成,根据建筑及环境的不断变化以及建筑材料、构造、施工工艺的显著变化而不断更新修订。自第一版面世至今的 30 年里,已更新修订了 6 次。同时,为了统一工程量清单的格式,建设省还发布了“建筑工程工程量清单的标准格式”。

在计算政府工程预算价格时,材料、劳务、机械器具单价的确定,隶属于日本官方机构的“经济调查会”和“建设物价调查会”,通过杂志和网络调查发布价格信息。发布的价格资料来源是各地商社、建材店、货场或工地实地调查所得。每种材料都标明由工厂运至工地或由库房、商店运至工地的差别并标明各月的升降。

正是通过上述计价依据的综合应用,保证了政府工程的预算价格基本符合市场实际。

日本工程计价的精准化工具——建筑数量积算基准

2.1.3 我国香港地区工程造价管理——专业化与标准化

工料测量师，相当于内地的造价工程师，在我国香港地区工程造价管理中具有举足轻重的地位，在工程建设中主要负责各类工程初步费用结算、成本规划、承包合同管理、招标代理、造价控制、工程结算以及项目管理等方面的业务。工料测量师在业主与承包人之间充当了公平、客观的联系人，既能消除业主与承包人交易时价格信息相对缺乏的弱势，又能体现公平，提供有很高专业水准和良好职业道德的服务。下面就工料测量师在我国香港地区工程造价管理中扮演的角色、对其管理和其使用的主要技术工具进行介绍。

(1)公路建设项目管理流程

我国香港特别行政区政府设有工务局主管全香港的工程建设工作，组织架构如图2-3所示，工务局下属的路政署负责全港道路建设，路政署以“业主”身份代表香港特区政府对工程造价进行全方位、全过程的管理，具体流程如表2-1所示。从表2-1可以看出，路政署的工料测量师是整个公路工程造价控制的核心。工料测量师从初步设计开始直至竣工期间的每一个

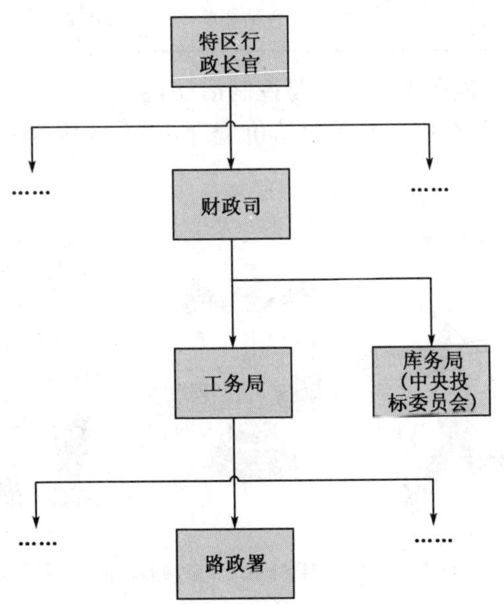

图2-3 我国香港特别行政区工务局组织架构

我国香港特别行政区公路工程造价管理流程 表2-1

项目阶段划分	参与主体	阶段成果	审批人或机构	审批结果
规划研究	工务局	策略性规划建议	工务局局长	
政府立项	路政署工程师项目团队	初步可行性研究报告(初步估算)	工务局、库务局	丙类工程(政府给予立项)

续上表

项目阶段划分	参与主体	阶段成果	审批人或机构	审批结果
财政年度预算	—	—	政府高层资源会议	乙类工程（可以开展设计工作）
初步设计	路政署工料测量师	初步造价预算	—	—
施工图设计	路政署公路测量师	造价预算	立法会	甲类工程（可以招标）
招投标	路政署公路测量师	标底（成本控制依据，不作为评标依据）	—	—
	投标人	工程报价	路政署工料测量师	符合条件投标人
	—	—	中央投标委员会	中标价
	路政署	工程合同	—	—
施工费用变更	路政署工料测量师、承包人工程师	追加预算	立法会	—
		预算内	协商解决	—
竣工	路政署工料测量师	工程结算单	库务局	工程结算

阶段，全程参与工程造价的确定与控制活动，实现了对工程造价的全过程一体化管理。由于其全程参与项目造价管理，对项目基本情况熟悉，有利于开展专业化的工作。

香港模式——工料测量师全过程参与是计价的质量保证

(2)工料测量师的管理

我国香港地区的工料测量师可在路政署工作，这部分人是公用工料测量师，更多的是在工料测量行(类似国内的造价咨询机构)工作，相当于国内的造价从业人员。但不管是路政署的工料测量师还是工料测量行的工料测量师，其在社会上都颇具权威，在业主和承包人之间有广泛的影响力，他们以自己的实力、专业知识、服务质量和专业操守在社会上赢得了广泛的声誉。工料测量师之所以能有这样的地位，在于严格的执业管理和约束。

我国香港地区对工料测量师的管理主要通过专业资格管理和责任与自律机制进行。工料测量师须经专业组织推荐，参加并通过组织的考试，注册后才能执业。我国香港测量学会工料测量师分会全权负责拟定及审核我国香港地区专业工料测量师的资格与操守，因为专业学会最了解和熟悉该行业的专业水平和要求。在我国香港地区，工料测量师的专业资格评审非常严谨，主要原因是要维持专业工料测量师的高素质、高水平以及良好的操守。具体的专业资格评审流程和要求如图 2-4 所示。

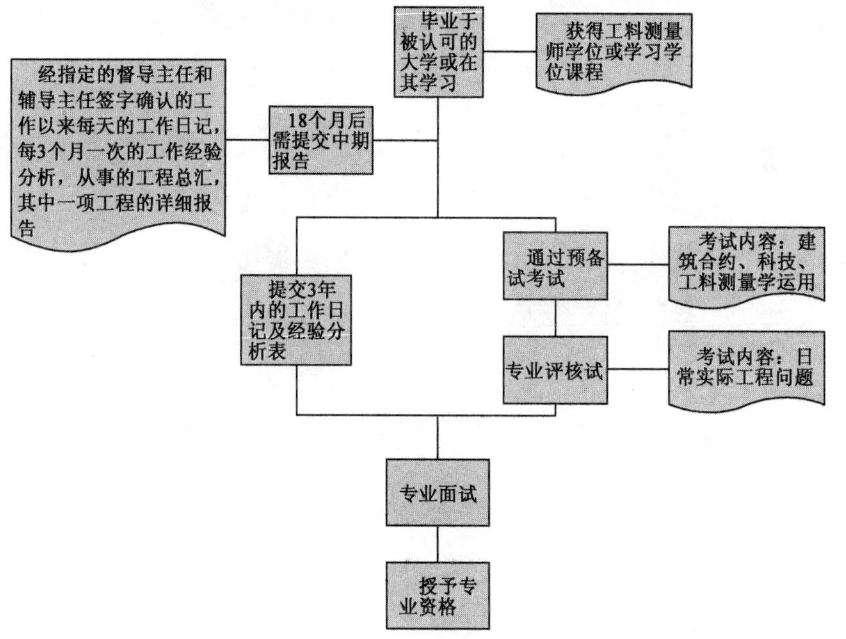

图 2-4　我国香港地区工料测量师评审流程

我国香港地区奉行国际惯例中“专业人士负责制”精神，要求专业人士有高度负责的专业责任及良好的专业操守。专业责任要求工料测量师必须对他提供的造价文件的准确性负责，如果提供了错误信息，则必须赔偿雇主——一般是业主的损失。而为了能够承担这种赔偿责任，我国香港地区也采取了购买专业人士责任保险的方法。专业人士责任保险的费率根据专业人士的信誉、业绩进行动态调整。若专业人士玩忽职守，出现重大失误，则保险业对他的费率就将提升，当提升到专业人士无法接受的境地时，这位专业人士的职业生涯就将结束。所以一般来说，我国香港地区的工料测量师在专业责任上既有主动遵守、认真负责的主动性，也有外界强制而被动服从的被动性，这种良性互动促进了工料测量师高度负责的专业责任和不断提升专业水平的进取精神。我国香港地区的行业自律机制主要是通过香港测量学会工料测量师分会来实现的，学会通过严格控制执业资格，制订学会成员的职业道德规范，通过“黑名单”制度来淘汰不合格的专业人士，从而实现工料测量师的自我约束和自律机制。

a)　　b)　　c)　　d)　　e)

我国香港地区工料测量师的成长历程

a)专业学习；b)工程实践；c)职业考试；d)资格认证；e)业绩奖惩

(3)工料测量师的技术工具——我国香港地区建筑工程工程量计算规则

我国香港地区工料测量师之所以能够在工程造价控制中有广泛的影响力，另一个重要原因就是他们拥有先进的技术工具——我国香港地区建筑工程工程量计算规则。我国香港地区的工程计价一般也是要先确定工程量，而工程量计算规则是我国香港地区测量师学会根据一些相关发达国家的计算规则编制而成的《香港建筑工程工程量计算规则》《Hong Kong Standard Method of Measurement for Building Works》。而且这一规则也在根据工程建设技术的变化而不断更新，已修订三次。一般而言，所有招标工程均由工料测量师计算出工程量，并在招投标文件中附有工程量清单。针对已有工程量清单，承包人自主报价，报价的基础是承包人积累的估计资料，而整个估价过程是考虑价格变化和市场行情的动态过程。如果工料测量师需要对成本进行估计，则根据经验，考察以往同类型项目单价，结合当前市场材料价格和劳工工资水平的变化调整确定。

2.2 国内其他行业工程造价管理

建筑、铁路、水利是近年及未来一个阶段投资较大的领域，其造价管理工作受到行业的普遍重视，也各具特色。这里分别从各自特点入手，对其造价管理进行简要介绍。

2.2.1 建筑工程造价管理——重视造价监管

企业或个人出资的建筑工程项目，工程造价关系企业效益或个人利益，出资人较为重视。财政性基本建设项目使用的是财政资金，涉及公共利益，是行业管理的重点，对公路工程造价管理也有借鉴意义。因此，这里以财政性基本建设项目为对象，对建筑工程造价管理进行介绍。

财政性基本建设项目造价管理侧重行政监管，注重制度、标准、法规建设和行业监督，通过相互制衡的权力运行机制、较为完善的法规体系约束和制度执行情况的监督检查来加强造价管理。

建筑工程的造价管理——注重服务与监督

(1)相互制衡的造价监管模式

财政性基本建设资金投资项目的造价管理主体包括发展和改革部门(决策、投资计划审批)、财政部门(资金核发与管理)、审计部门(财务审计)、住建部门(实施监督)和建设单位(资金使用),通过相互之间的协调和制衡来实现对投资项目建设过程的控制和财政资金的有效使用。各管理主体在项目建设中的参与方式如图 2-5 所示。

(2)侧重行业监管的职责定位

住房和城乡建设部承担建设项目工程造价行业管理职责,自上而下建立,形成了部—省—市—区县(部分区、县设立了专门的工程造价管理机构)三级到四级的造价管理体系,如图 2-6 所示,主要侧重行业监管,不承担造价文件审查等具体事务性工作。

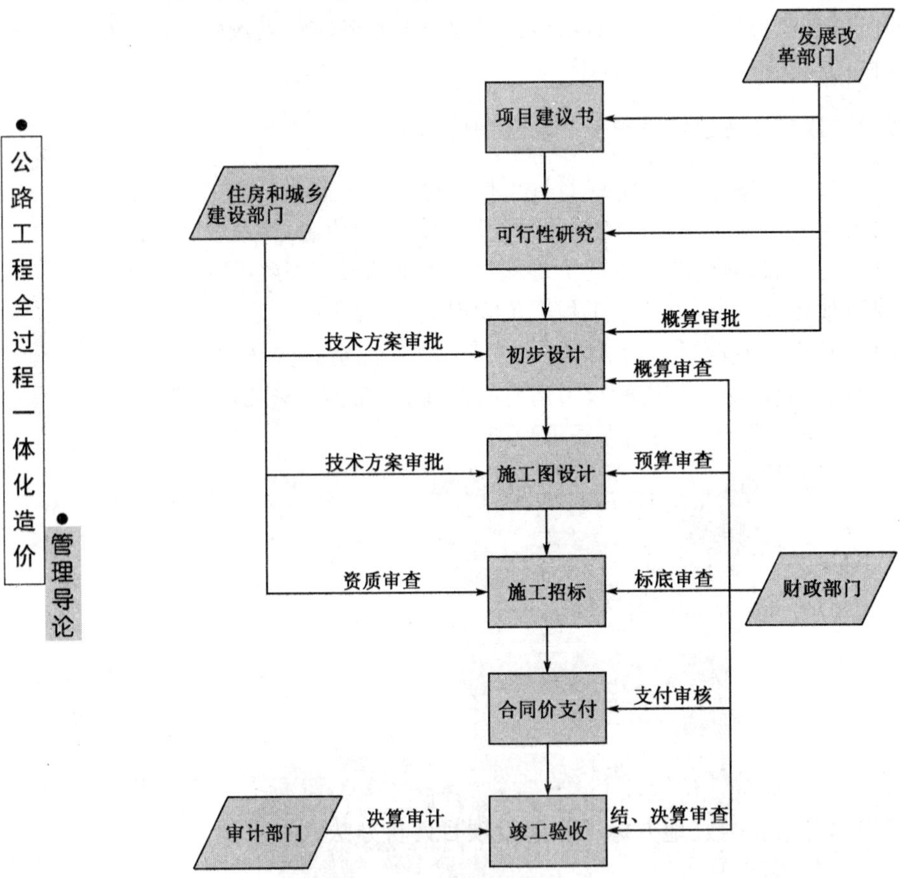

图 2-5　财政性基本建设资金投资项目造价监管模式

国家层面,住房和城乡建设部标准定额司全面负责建设工程造价行业管理工作,建筑市场监管司和部稽查办公室协助造价管理工作。标准定额司组织拟定工程造价国家标准、全国统一定额、建设项目评价方法、经济参数;拟定工程造价管理的规章制度;拟定部管行业经济定额;指导监督工程造价标准定额的实施；拟定工程造价咨询单位的资质标准并监督执行。建筑市场监管司拟定规范建筑市场各方主体行为、房屋和市政工程项目招标投标、合同管理的规章制度并监督执行。部稽查办公室组织对违法违规行为的专案、专项稽查。

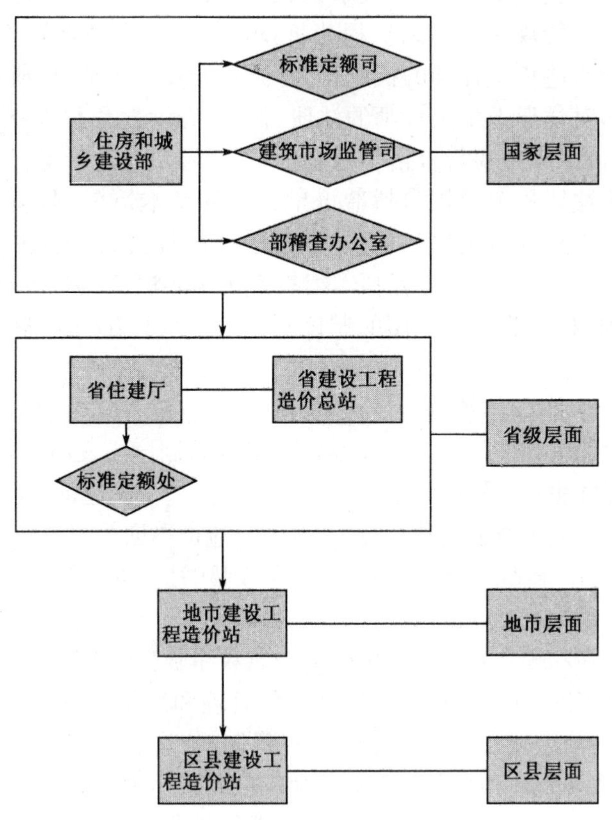

图 2-6　财政性基本建设资金投资项目行业造价管理机构

省级层面，省住房和城乡建设厅标准定额处和省建设工程造价总站负责全省建设项目工程造价管理工作。省住房和城乡建设厅标准定额处负责拟订建设项目经济参数、地方标准和建设项目评价办法。省建设工程造价总站负责收集、整理、发布工程建设价格要素信息和工程造价指数，建立省建设工程造价数据库；负责对建设工程造价咨询机构及从业人员的日常管理服务工作；负责调解有关建设工程造价方面的争议和纠纷；指导各市（区）建设工程造价管理机构的业务工作。

地市和区县层面，地市建设工程造价管理站和区县建设工程造价管理站分别负责当地建设项目造价管理工作，负责监督检查定额执行情况，处理工程造价纠纷，对当地工程造价咨询单位和造价专业人员进行管理，参与建设工程招投标相关工作，对中标后的工程造价进行跟踪监督。

(3)规范的造价咨询单位、从业人员管理制度

对造价从业人员，原国家人事部、建设部联合发布了《造价工程师执业资格制度暂行规定》，明确工程造价技术人员实行执业资格准入制度。为了规范注册造价工程师的执业行为，原建设部发布了《注册造价工程师管理办法》，对注册造价工程师的注册、执业、继续教育和监督管理进行规范，明确造价工程师实行资格年检制度，并规定注册造价工程师及其聘用单位应当向注册机关提供包括造价工程师的基本情况、业绩、良好行为、不良行为等内容的信用档案信息，并按规定向社会公示。中国工程造价管理协会也制订了《造价工程师继续教育实施办法》、《造价工程师职业道德行为准则》和行业自律方面的制度和办法，完善、细化造价工程师管理制度。

对造价咨询单位，原建设部发布了《工程造价咨询单位资质管理办法(试行)》，明确工程造价咨询行业实行市场准入制度。发布了《工程造价咨询企业管理办法》，从资质等级与标准、资质许可、工程造价咨询管理等方面规范工程造价咨询企业的从业行为，并规定造价咨询单位实行资质年检，对资质条件、工作业绩、内部制度建设、服务质量、社会资信等内容进行检查并根据检查结果进行升、降级和注销资质处理。

为了加强和规范对工程造价咨询企业和注册造价工程师从事工程造价活动的监督管理，建立工程造价咨询诚信管理和发布体系，健全监督检查、违规处罚、失信惩戒和诚信激励的管理机制，住房和城乡建设部还起草了《工程造价咨询企业和注册造价工程师监督实施办法》(征求意见稿)、《全国建筑市场注册执业人员不良行为记录标准》(征求意见稿)和《工程造价咨询企业和注册造价工程师信用档案信息管理办法》(征求意见稿)，正在向社会公示，征求意见。

2.2.2　铁路工程造价管理——细化的造价管理流程

铁路部门造价管理侧重管理流程，通过设置衔接紧密、环环相扣的报批手续和管理流程，实现资金使用的权限管理和过程控制，使建设资金处于受控状态。

铁路基本建设项目按照项目(预)可行性研究、初步设计、工程招投标、项目实施四个阶段进行投资控制。

(预)可行性研究阶段，设计单位编制投资估算，铁道部评审单位组织评

审后上报国家或铁道部审批。

初步设计阶段，设计单位编制设计概算，由专业技术人员初审后报铁道部审查。初步设计概算批复后，设计单位按照批复意见编制初步设计鉴修概算报铁道部核备。初步设计完成后，设计单位进行施工图设计，编制施工图投资检算，并报铁道部发展计划司、建设管理司、工程设计鉴定中心核备。

工程招投标阶段，批复的鉴修概算是工程招标的主要依据。各投标人报价均超出鉴修概算时即宣布招标失败，重新组织招标。建设单位以中标人的投标报价和合同约定编制执行预算，作为验工计价和投资管理的基础。工程招标建造费、项目执行预算报铁道部发展计划司、建设管理司、工程设计鉴定中心核备。

项目实施阶段，建设单位按照投标报价组织编制分标段执行预算，并按照执行预算的分章节费用、分项明细费用向铁道部报送投资年度建议计划。铁道部以批复初步设计总概算、执行预算及建设单位建议计划为基础，下达项目投资计划。铁道部下达年度计划后，建设单位按施工进度分月向铁道部财务司请款。施工涉及工程变更的，Ⅰ类变更报铁道部审批，Ⅱ类变更由项目建设单位负责办理。项目实施过程建立投资台账。投资台账详细记载各阶段投资审批、工程招投标、合同价款、年度投资、变更设计、建造费使用、概算清理等内容。

项目竣工阶段，建设单位在批复规模内，按照概算编制方法组织编制项目清理概算文件报铁道部审批。项目清理概算超出批准概算时，应与鉴修概算进行详细对照分析，说明原因、落实责任，提出处置意见，随项目清理概算文件一并报铁道部审查。项目清理概算批复后，项目建设单位在项目初验合格后6个月内编制完成竣工财务决算。对通过决算确定核减的投资，铁路局作为建设单位的项目，铁路局负责追回或扣减其自有资金；铁道部出资人代表控股的项目，由合资铁路公司自行负责解决。具体流程如图2-7所示。

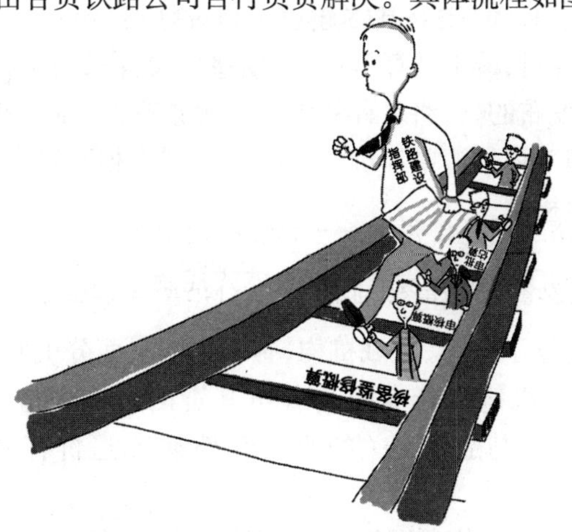

铁路工程的造价管理——各阶段关联控制

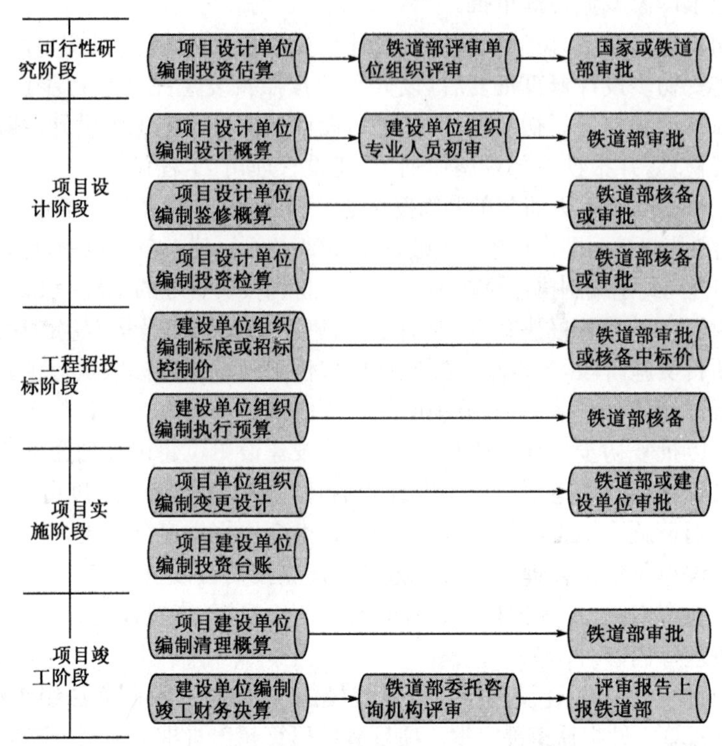

图 2-7　铁路基本建设项目造价管理流程

铁路建设项目工程计价采用设计(定额)计价与市场(工程量清单)计价相结合的方式。投资估算、初步设计概算、投资检算、招标控制价等前期造价文件编制采用定额计价方式,按照铁道部发布的《铁路基本建设工程投资(预)估算编制办法》和《铁路基本建设工程设计概(预)算编制办法》编制。投标报价、计量支付、竣工结算等中、后期造价文件采用工程量清单计价方式,按照铁道部发布的《铁路工程量清单计价指南》编制。而且定额计价体系的项目结构与工程量清单计价体系的项目结构相互对应,方便了各阶段造价文件的对照检查。

2.2.3　水利工程造价管理——立体式控制

水利部门建立了国家、流域机构、省级不同层面分工明确,行政主管部门、行业造价管理机构和行业协会各负其责的立体式造价管理体系,如图 2-8所示。涵盖了与造价有关的业务范围,使与造价有关的环节都处于受控状态。

国家层面,水利部负责组织审查、审批全国重点水利建设项目和部直

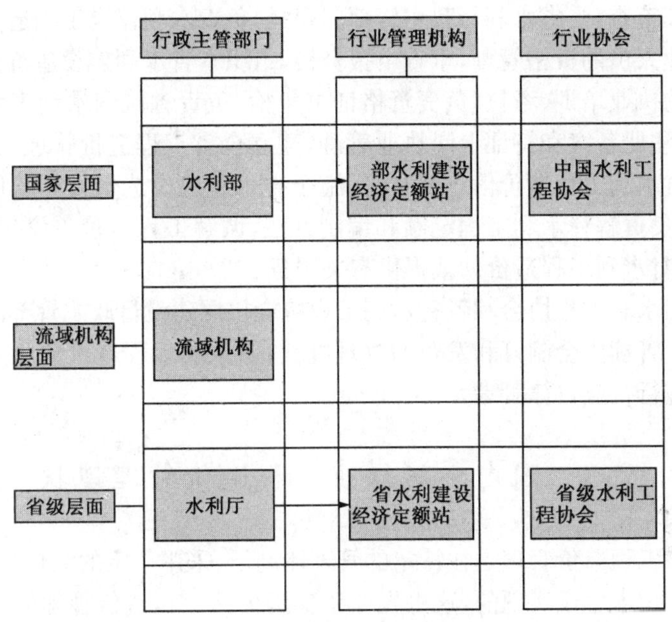

图 2-8　水利建设工程造价管理体系

属基础设施建设项目的投资估算和初步设计概算，中央水利资金的监督检查，工程招标投标的监督管理，水利建设市场信用体系建设，水利工程造价工程师的考试、注册备案和持证上岗执业管理以及水利部主持竣工验收项目的竣工决算审计。水利部设立的水利建设经济定额站负责制订、修订水利工程造价管理制度，制订、修订大中型水利工程建设估算指标，概预算定额、工期定额以及间接费、勘测设计费和其他费用定额，对地方的水利水电定额编制原则、方法进行行业指导，检查分析部属工程预算和招标承包工程标价的合理性，收集、储存、分析已完工程造价资料，并建立数据库。

流域机构层面，流域机构负责对授权范围内的中央和地方大中型水利项目的投资估算、初步设计概算进行技术审查，流域内中央水利项目资金的使用、稽查、检查和监督，流域机构造价从业人员和咨询单位的管理以及授权范围内的水利项目竣工决算审计。

省级层面，省水利厅负责造价监督管理，省水利厅设立的水利建设经济定额站负责全省水利工程造价管理具体工作，负责贯彻执行国家和水利部及省有关工程建设和工程造价管理的法律、法规和政策，监督、检查有关计价依据的执行情况，组织本省水利建设劳动定额的测定，编制、修订本省水利工程定额和水利工程概（预）算编制办法及费用标准，负责由省审批或上报的水利建设项目的投资估算、初步设计概算、调整概算、重大设计变更预算和决算审查，受省水利行政主管部门委托，负责水利建设工程造价咨询机构和从业人员的资格管理，审查申报资格，组织本省水利建设造价咨询机构和人员的执业培训、考核，负责资格证书年检，负责省域内水利工程造价员的考试、注册备案和持证上岗执业管理，建立全省工程造价管理网络系统，负责全省水利工程造价信息发布，实施全省水利建设造价计算软件的开发和管理，负责解释水利工程定额和编制办法，调解工程造价争议，受有关部门委托，对水利工程造价仲裁提供有关服务。

中国水利工程协会和各省水利工程协会按照建设行政主管部门和中国工程造价管理协会制订和发布的管理办法，对水利工程造价从业人员和咨询单位进行行业自律管理。

2.3 国内公路行业工程造价管理现状

公路工程造价管理是在特定的管理体制下、采用一定的管理模式、使用专业化的技术手段实现的，这里先介绍我国公路工程造价管理体制的历史沿革，再从管理体制、管理模式和技术手段三方面对我国公路工程造价管理现状进行介绍。

2.3.1 我国公路工程造价管理体制的发展过程

(1)新中国成立到改革开放前——以计划管理模式为主

自新中国成立之初至 20 世纪 80 年代，我国公路工程造价采用计划管理的模式。计价方式一直采用从前苏联引进的概、预算体系，通过编制概、预算确定工程预计费用，然后以计划任务层层下达的形式按预计费用划拨任务。造价管理的过程实际就是预算计划制订、下达、实施、完成的相对单一的过程。

“一五”期间，原交通部颁布了第一部《公路工程预算定额》和《公路基本建设工程概预算编制办法》，公路建设工程做到设计有概算、施工有预算、竣工有决算。在施工过程中，重视经济效果分析，普遍实行了月、季、年的定期分析制度，出现问题及时予以解决。在预算编制办法上，最初采用与工民建一样的单位估价法，后来改用较为准确的不受地方约束的工、料、机分析法确定工程造价，使得工程造价基本能控制在国家计划内，投资和施工的经济效果良好。文化大革命期间，概、预算制度受到严重破坏，从 1977 年起，国家开始恢复被十年动乱破坏的经济工作，加强了基本建设管理工作。公路工程定额和概、预算管理工作受到重视，1982 年重新修订和颁布《公路工程概算定额》、《公路工程预算定额》和《公路基本建设工程概预算编制办法》,1983 年原交通部首次召开了全国公路工程定额管理工作会议,决定在全国建立定额和概、预算工作联络网,加强定额和概、预算编制工作,开展工程造价学术理论研究和工程造价管理工作的经验交流,于 1984 年编制完成了《公路建设项目投资估算指标》以满足编制投资估算的需要,同年成立交通部公路工程定额总站,负责编制全国公路定额,并检查督促定额的执行情况,对定额和概、预算管理工作的改革进行研究。1988 年原交通部发出通知,要求建立省、自治区、直辖市公路工程定额站,对公路工程定额和概、预算管理工作实行统一领导、分级管理。

(2)现阶段——计划和市场相结合的管理模式

从 20 世纪 80 年代开始,我国全面进入了改革开放的新时期,公路建设进入了高速发展时期。由于公路建设项目接受世界银行贷款较早,公路工程实施施工招投标和施工监理等国际通行的制度也较早,原有以计划管理为主的模式已不能适应新形势的需要,受到国外先进工程造价管理方法的影响,公路工程造价由原先的计划管理模式,向计划和市场相结合的管理模式转变。随着 FIDIC 合同管理模式的引入,公路工程计价方式也出现了一系列变革。如面对市场竞争,施工企业投标报价可不受定额和造价编制办法的约束,可根据自身的技术优势和投标策略报价,其报价为市场价格。虽然公路工程计价主要仍采用概、预算定额计价体系,但已融入了市场因素。建设单位使用概、预算编制办法控制造价,公路工程概、预算编制采用定额量、市场价、控制费的方法。人工费、材料费、施工机械使用费采用定额,指标规定的消耗量采用造价编制截止日期的工地实际价格,即产地价加到工地的运杂费计算。其他直接费等费用除税金外,采用定额规定基价为基数和地区调整系数的方法计算,对取费加以控制。按此办法编制的工程造价就是建设项目的静态投资额。在总造价中列出造价动态费用,预留费中除包括不可预见的工程和费用的预备费外,还包括了物价上涨预留费,以补偿造价文件编制截止日期直至工程完工日期未知物价增长的费用,为工程实施过程中工程结算时的调价准备费用。

同时,各地有形建设市场的建立和健全、公路建设管理的“四项”基本制度(项目法人负责制度、合同管理制度、招投标制度、工程监理制度)的全面施行,对公路工程造价管理影响深远,进一步降低了公路工程造价,提高了公路质量。以其典型代表广东省为例,凡列入国家和地方基本建设规划的公路工程项目,必须实行项目法人责任制,由相关专业人士对项目的策划、资金筹措、建设实施、生产经营、偿还债务和资产的保值增值实行全过程负责，切实落实项目建设责任，以提高投资效益，实现建管模式与国际接轨；所有项目必须实行社会公开招标，依法公开、公正地选择具有相应资质、技术力量雄厚、信誉良好的施工队伍，确保公路建设市场的规范性、开放性和公平竞争性；开工前要向政府监督部门申请工程监督，并由具有相应资质的监理单位对工程施工进行监理，以确保项目建设质量；公路建设项目的勘察、设计、施工、监理，以及与工程建设有关的重要设备、材料的采购，都必须签订合同，以确保工程的顺利进行，减少人为操作环节，以达到控制造价、防止腐败的目的。

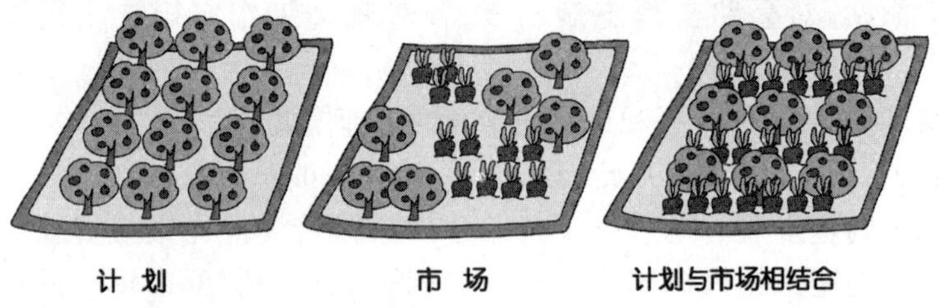

计划与市场结合——资源优化利用

2.3.2 公路工程造价管理体制

(1)公路工程造价管理参与者与参与方式

公路建设项目一般由政府发起，是为社会经济发展、人民出行提供便捷交通服务，可能获得财政资金支持的公共服务供给项目。基于维护社会公共利益，提高资金使用绩效的政府职能，政府对公路建设投资进行专项管理。根据政府行政管理职能划分，公路工程造价管理可能涉及的参与者与职责定位如图 2-9 所示。

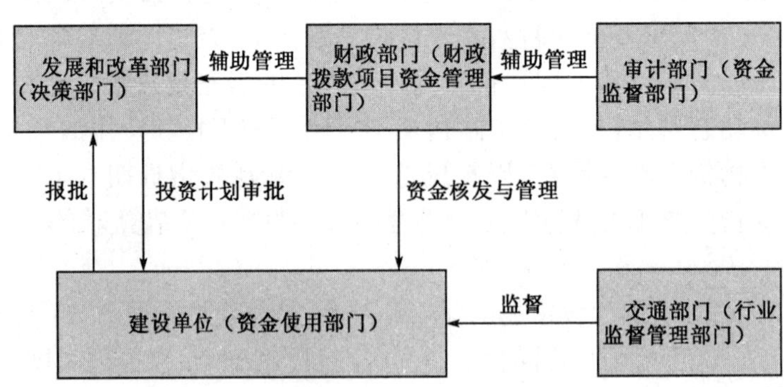

图 2-9 公路造价管理政府参与者与职责

根据交通运输部颁布的《公路建设监督管理办法》相关规定，公路建设项目一般分为可行性研究、初步设计、施工图设计、招投标、项目实施和竣工验收等建设阶段，并在各阶段编制投资估算❶、初步设计概算、施工图预算、招标控制价、工程结算和竣工决算等阶段性造价文件。公路工程造价管理参与者在公路建设中的参与方式与角色如表2-2所示。

我国公路建设项目造价管理者角色分析表 表2-2

<table>
<tr><th colspan="2">项目进展阶段</th><th>参与主体</th><th>阶段成果</th><th>审批(核准)部门</th></tr>
<tr><td rowspan="2">工可研究</td><td>国家重点公路</td><td>省交通主管部门(含委托造价站)、设计咨询单位、省发改委、交通运输部</td><td>工可(估算)</td><td>国家发改委</td></tr>
<tr><td>一般公路</td><td>设计咨询单位、地方交通主管部门或委托造价站</td><td>工可(估算)</td><td>地方发改委</td></tr>
<tr><td rowspan="2">初步设计</td><td>国家重点公路</td><td>项目法人、勘察设计单位、省交通主管部门(含委托造价站)、中介机构</td><td>设计文件(概算)</td><td>交通运输部</td></tr>
<tr><td>一般公路</td><td>项目法人、勘察设计单位、地方交通主管部门(含委托造价站)、中介机构</td><td>设计文件(概算)</td><td>地方交通运输主管部门</td></tr>
<tr><td>施工图设计</td><td>所有公路</td><td>项目法人、勘察设计单位、各级交通主管部门(含委托造价站)</td><td>设计文件(预算)</td><td>交通运输部或地方交通主管部门</td></tr>
<tr><td rowspan="2">招标</td><td>国家重点公路</td><td>项目法人、施工单位、评标委员会</td><td>中标价</td><td>省交通主管部门执行，交通运输部监督</td></tr>
<tr><td>一般公路</td><td>项目法人、施工单位、评标委员会</td><td>中标价</td><td>地方交通主管部门</td></tr>
<tr><td rowspan="3">施工</td><td rowspan="3">所有公路</td><td rowspan="3">项目法人、施工单位、监理、勘察设计单位、地方交通主管部门(含委托造价站)</td><td rowspan="3">结算、费用变更</td><td>项目法人(一般变更)</td></tr>
<tr><td>地方交通主管部门(较大变更)</td></tr>
<tr><td>交通运输部、省级交通主管部门(重大变更)</td></tr>
<tr><td rowspan="2">竣工</td><td>国家重点公路</td><td>项目法人、省交通主管部门(含委托造价站)、审计部门等</td><td>决算</td><td>交通运输部(含其委托的省级交通主管部门)</td></tr>
<tr><td>一般公路</td><td>项目法人、地方交通主管部门(含委托造价站)、审计部门等</td><td>决算</td><td>地方交通主管部门</td></tr>
</table>

注:一般工可研究前有项目建议书(预可)阶段，参与主体与工可研究阶段相似。

❶ 估算、概算、预算是分别在可行性研究、初步设计、施工图设计阶段，根据技术文件的设计深度测定的公路产品价格，主要用于建设成本控制。招标控制价是招标工程在评标时参考的预期价格，工程结算是已完工程就最后工程价款进行的结算。招标控制价和工程结算用于工程实施阶段的成本控制和价格管理。工程决算是项目实际完成的工作量、采用的单价和费用支出，以及与批准的概、预算的对比情况，用于分析资金使用的合理性。

(2)公路工程造价行业管理机构

各级交通运输主管部门是公路工程造价行业主管部门,经过几十年的发展,逐渐形成了一定的管理体系。

国家层面,公路工程造价管理归口机构是交通运输部公路局,其委托中交公路规划设计研究院公路经济室(下挂"交通公路工程定额站")具体承担国家层面上的公路工程计价依据的制、修订;部公路局承担公路工程造价管理相关政策、制度和标准的制订和监督实施,承担国家重点公路建设项目的概算审批、概算调整等职能,以及指导全国公路工程造价管理工作。

省级层面,目前大部分省、区、市建立起省级造价管理机构,少部分省在地市级亦设造价管理机构。其中地方交通行政主管部门(省交通运输厅、地市交通运输局等)负责辖区内公路工程造价管理和监督。专职造价管理机构[省交通运输工程造价管理(定额)站、地市交通运输工程造价管理(定额)站]承担具体造价管理工作。通过对全国 31 个省、自治区、直辖市的调研,各省级公路工程造价专职管理机构的设置形式如表 2-3 所示。地市公路工程造价专职管理机构或单独设站,或与质检站合署办公,或是作为地市交通运输局的内设处室,人员编制一般只有 2～3 人,有些地市公路工程造价专职管理机构仍然没有人员编制和经费来源,业务上受省级公路工程造价管理机构指导,但无行政隶属关系。

我国省级公路造价管理机构设置情况统计表 表 2-3

设置模式	省区市
独立设置机构(站、局)	湖南、四川、山西、黑龙江、福建、河南、陕西、宁夏、湖北、新疆、广东、甘肃、青海、河北、云南、上海、天津、吉林、贵州、江西
与质检站合署办公	浙江、重庆、江苏、安徽、山东、海南
站挂靠公路局	内蒙古、辽宁
站挂靠设计院	西藏
未设立专职管理机构	北京、广西

公路建设项目层面,主要包括三种管理方式:公司化经营管理模式——由公路建设投资公司成立建设指挥部或项目法人对建设项目进行管理,高速公路多采用此种模式;交通运输主管部门直管模式——根据项目的属性和行政区位特征,由交通运输主管部门或公路管理机构组建项目部对建设项目进行管理,普通国、省干线公路和农村公路多采用这种模式;BOT、BT管理模式——通过市场引入多元化资金投资公路项目,由出资人负责项目建设管理。项目阶段的造价管理参与者如表 2-4 所示。

我国公路工程造价管理各阶段的管理和监督主体列表　　表 2-4

建设阶段	管理主体	监督主体
投资决策阶段	项目法人	交通运输主管部门、发改委等
设计阶段	勘察设计单位、项目法人	交通运输主管部门等
招投标阶段	项目法人、监理、设计等	评标委员会;交通运输主管部门等
施工建设阶段	建设单位、施工、监理等	项目法人、交通运输主管部门等
交竣工阶段	项目法人	交通运输主管部门等

从目前我国公路工程造价行业管理机构设置情况看,国家层面的公路工程造价行业管理比较薄弱,既缺乏独立专业性造价管理机构,也欠缺相应的政策法规,现有机构受资金、人员等因素限制,造价管理工作开展面较小,很多迫切需要开展的工作不能很好展开。省、市级层面,虽设专业造价管理机构,但在开展造价管理工作时,由于缺乏上位法的支持,导致公路工程造价管理定位不清晰,职责不明确,陷入无法可循、无章可依的局面,不利于公路工程造价管理工作的开展。省级层面,由于国家层面的公路工程造价管理体制尚未理顺,加之公路建设任务繁重,迫使各省公路工程造价管理部门结合自身公路建设特点,从完善机构设置、健全制度体系、扩展业务范围、创新管理方式入手,针对公路工程造价管理各阶段开展了不同程度的研究。鉴于各省公路工程造价管理发展的起点不同,受人员、经费、管理权限、技术资源限制,不同省份公路工程造价管理机构发展有强有弱。建设项目层面,由于参与主体较多,责任并不明晰,监管更是难以到位。

2.3.3　公路工程造价管理模式

通过对全国 31 个省、自治区、直辖市公路工程造价管理机构设置情况的调查,目前采用的公路工程造价管理模式主要有侧重定额的造价管理模式、侧重前期阶段造价审查业务的造价管理模式、侧重行政监管的造价管理模式和全过程造价管理模式四种。各省根据造价管理需要,结合自身人员、经费、技术能力实际和行政职能划分,选择一定的造价管理模式。

(1)侧重定额的造价管理模式

采用此模式的公路工程造价管理机构侧重计价依据和计价办法的测定与编制工作,主要负责测定、发布补充定额,制订各项费用计费规则,调查、发布公路建筑材料单价、价格指数和造价指标,制订、修订公路工程概、预算文件编制办法补充规定,编制、修订工程量计量规则等。通过出台计价依据与其他部门(如交通运输厅规划处、基建处等)共同承担公路工程造价管理工作。

定额测定与发布≠造价管理

(2)侧重前期阶段造价审查业务的造价管理模式

采用此种模式的造价管理机构侧重计价依据管理和设计阶段造价文件的审查。主要负责测定、发布补充定额，制订各项费用计费规则，调查、发布路域地材单价、价格指数和造价指标，制订公路工程概、预算文件编制办法补充规定，编制工程量计量规则以及审查估算、概算、预算、招标控制价等前期造价文件。

不与工程实际、施工相结合的造价管理≈臆想

(3)侧重行政监管的造价管理模式

采用此种模式的造价管理机构侧重造价监管，不承担或承担极少部分造价文件审查的具体业务，主要通过制订计价依据、完善造价管理制度、加强造价监督、规范从业人员和咨询单位管理等手段形成造价监管体系，使造价处于受控状态。

在计价依据管理方面，主要负责测定、发布补充定额，制订各项费用计费规则，制订公路工程概、预算文件编制办法补充规定，编制工程量计量规则，调查、发布路域地材单价、价格指数和造价指标；在造价管理制度建设方面，从计价依据、造价文件编审、造价监督、从业人员和咨询单位资质管理等方面建立、完善造价管理制度体系；在造价监督方面，主要开展以法规执行、合同管理、造价台账、工程变更、计量支付、持证上岗等为主要内容的造价监督检查，监督资金使用的合理性；在资质资格管理方面，主要负责公路工程造价从业人员和咨询单位的资质管理，造价从业人员的考试、持证上岗、执业管理、继续教育和年检，造价从业人员、咨询单位诚信体系建设和信用数据库管理维护。

侧重监管的造价管理：定额发布；制订造价管理规章制度；从业人员资格准入；工程造价监督

(4)全过程造价管理模式

采用此种模式的造价管理机构对项目可行性研究、前期设计、招投标、施工、竣工验收等各个阶段计价行为进行管理，形成"事前控制、事中监督、事后核定"的动态造价管理机制，造价管理业务范围涵盖计价依据管理、造价文件编审、造价监督和从业人员咨询单位管理，形成全过程造价管理体系。目前，全国一半以上的省份都采用了全过程造价管理模式，但是限于人员、技术能力和认识水平，各省开展情况有强有弱。广东省是全过程造价管理的最早倡导者和实施者，也是目前全过程造价管理开展较为深入的省份，下面对广东省公路工程全过程造价管理开展情况进行简要介绍。

事前控制、事中监督、事后核定的全过程造价管理制度

①造价管理机构设置情况及职责

广东省公路工程造价管理实行统一领导，分级管理，目前已基本建立以

省市两级造价管理机构为主体的公路工程造价监管机制。全省 21 个地级市中,已有 18 个地级市成立了交通运输工程造价管理站。

省交通运输厅作为全省公路工程造价管理和监督部门,负责起草造价管理有关地方性法规、规章草案,拟订规范性文件和政策措施并监督实施;负责公路工程造价监管、计价规定与工程定额发布工作;负责公路建设项目(含收费公路)的项目建议书、工程可行性研究报告审查;公路建设项目初步设计审批(查)、施工图设计审查、重大(较大)设计变更审批(查);省投资公路建设项目竣工决算报告审批(不超规模)等。

省交通运输工程造价管理站作为全省公路工程造价管理和监督的具体执行部门,主要承担省管和国家授权省管公路工程造价监督管理工作;承担省管公路工程造价审查工作;承担公路工程施工定额和概、预算补充定额等计价依据的有关工作;承担全省公路工程造价管理的业务指导工作;提供公路工程造价信息服务;参与制订省公路工程造价管理的法规、规章及规范性文件;承担公路工程造价管理新技术的研究及推广应用工作;承担全省公路行业造价人员从业资格管理工作等。

地级以上市交通运输主管部门负责其辖区内及上级机构授权的公路工程造价管理和监督。地市交通运输工程造价管理站承担地市管公路工程的造价审查工作以及地市行政区域内公路工程施工定额和预算补充定额的有关工作;提供公路工程造价信息服务等。

②公路工程造价管理规章制度建设

广东省已逐步形成从地方法规、行业规范性文件到各类造价管理技术标准的制度体系,涵盖公路工程造价管理的各方面。特别是 2008 年 7 月,广东省第十一届人民代表大会常务委员会第四次会议审议通过《广东省公路条例》修订稿,明确规定公路建设项目应实行造价监督管理制度,为广东省公路建设项目开展造价监督管理提供了法律保障。广东省近年来出台的公路工程造价管理规章制度如表 2-5 所示。

广东省公路工程造价管理规章制度统计表 表 2-5

类　型	制 度 名 称
地方法规类	广东省公路条例(明确造价监督管理制度)
行业规范性管理文件	广东省公路工程造价管理办法
	关于《广东省在建公路工程造价监督实施方案》的批复
	广东省公路工程造价文件编制办法
	广东省公路工程基建项目竣工决算编制试行办法
	广东省公路养护工程预算编制办法

续上表

类　型	制度名称
行业规范性管理文件	广东省执行交通运输部《公路工程国内招标文件范本》(2003年版)的补充规定
	广东省交通运输厅关于公路工程设计变更管理的实施细则
	关于执行部竣工决算报告编制办法的补充规定
	广东省执行交通运输部《公路工程标准施工招标文件范本》(2009年版)的补充规定
	广东省高速公路建设标准化管理指南(试行)(工程造价标准化管理)
行业标准和政策指导意见	广东省高速公路沿线绿化工程费用指标(试行)
	广东省公路工程预算补充定额系列
	广东省农村公路日常养护定额(试行)
	关于加强我省地级以上市交通建设工程造价管理工作指导意见
	关于印发我省交通建设项目材料价差调整指导性系列意见

③公路工程造价监管机制逐步形成

广东省公路工程造价管理实施动态监管，从项目立项(估算审查)、设计(概、预算审批)、实施(招标清单审查、造价台账监督、重大设计变更预算审批)、竣工(决算审批)各阶段实行全过程连续的监管运行机制。

在造价审查方面，依据现行法律、法规和规章制度，严格按国家政策执行基本建设审批程序，对交通运输主管部门审批职责范围内的项目前期(预可、工可)估算、初步设计(修正设计)概算、施工图预算、设计变更概算(或预算)、工程竣工决算等运用计价办法、定额、指标、成本核算、综合比较、系统分析等多种方法进行审查(审核)，为审批(核定)工程投资提供决策意见。特别是从建立审查负责人制、查询单制度、专业工程分工制度到内部联席会议制度逐渐形成了一套较为完整、成熟的工程竣工决算审查模式。同时，受业主委托承担招标清单预算审查(核)任务，以清单预算审查加强施工图审查深度和力度，减少工程变更，以完善设计的手段控制工程造价。在造价监督方面，依据《广东省公路条例》以及省、市关于公路造价监督的规范性文件对交通主管部门审批职责范围内的项目合同管理、计量支付、变更管理及台账管理等进行监督检查，规范业主(建设)单位的现场造价管理，及时发现问题，制止违规行为。

④公路工程计价体系形成标准

广东省公路建设工程和养护工程计价，原则上执行交通运输部发布的公路基本建设工程有关估算、概算、预算编制办法和指标、定额。同时基于省情和公路工程造价管理的需要，广东省交通运输部门先后颁布了《广东省公路工程造价文件编制办法》、《广东省交通建设项目主要建筑材料价差调整指导性意见》、《广东省执行交通运输部〈公路工程标准施工招标文件范本〉(2009 年版)的补充规定》、《广东省高速公路建设标准化管理指南(试行)(工程造价标准化管理)》等计价办法和管理标准，并针对公路建设中的"四新"工程技术和指标、定额的更新问题出台多项补充计价规定作为交通运输部发布的计价依据的补充。广东省近年来颁布的主要计价依据如表 2-6 所示。另外，针对目前我国概、预算计价体系和清单计价体系衔接不畅的问题，广东省交通运输部门开创性地提出并推广实施了三级清单计价体系，使全过程造价管理得以具体实现。通过不断更新完善计价依据，为科学定价提供基础保证。

广东省近年来颁布的主要计价规定统计表 表 2-6

颁布时间	计价依据
2001 年	《广东省公路工程预算补充定额》(试行)
2011 年	《广东省公路工程预算补充定额——气泡混合轻质土填筑》
2001 年	《广东省高速公路沿线绿化工程费用指标》
2006 年	《广东省执行交通运输部〈公路工程国内招标文件范本〉(2003 年版)的补充规定》
2005 年	《广东省公路工程施工定额》(第一册)
2006 年	《广东省公路工程施工定额》(第二册)
2001 年	《广东省公路小修保养概算编制办法》(试行)
2001 年	《广东省公路小修保养概算定额》(试行)
2004 年	《广东省公路养护工程预算编制办法》(试行)
2004 年	《广东省公路养护工程预算定额》(试行)
2005 年	《广东省公路养护工程预算补充定额》(第一册)——桥梁维修与加固
2007 年	《广东省农村公路养护定额》——日常养护定额
2010 年	《广东省公路养护工程预算编制办法》
2010 年	《广东省公路养护工程预算定额》
2010 年	《广东省执行交通运输部〈公路工程标准施工招标文件范本〉(2009 年版)的补充规定》
2011 年	广东省高速公路建设标准化管理指南(试行)(工程造价标准化管理)

⑤培育公路工程造价从业资质资格管理体系

广东省公路工程造价管理部门定期举办公路工程造价技术培训、法规文件宣贯培训，提高造价从业人员的业务技能。开展公路工程造价工程师年检,形成公路工程造价师继续教育的长效制度。制订了造价文件编审质量评分标准和造价文件质量管理评分标准,并将评分结果纳入造价监督及诚信管理体系,加强从业人员诚信管理,提高造价文件编制质量。

⑥公路工程造价信息服务和造价管理信息化建设

广东省交通运输工程造价管理站以"一网一刊"("广东交通建设工程造价信息网"和《广东交通工程造价信息》)为主要平台,在网站信息化建设、材料价格信息发布、造价管理相关法规发布等方面,及时为社会公众尤其是设计、施工、建设、管理、咨询等单位的专业技术人员提供了便捷、实用、准确的交通工程造价信息。同时,为了提高公路工程造价管理效能,启动了广东省公路工程造价综合管理系统建设,实现造价管理向信息化、集成化、自动化转变。

2.3.4 公路工程造价管理技术现状

公路工程造价管理涉及计价依据管理、造价文件编审、工程造价监督和从业人员、咨询单位管理等方面,这里从上述方面介绍公路工程造价管理技术现状。

(1)计价依据

计价依据是用以计算公路工程造价的基础资料,包括造价文件编制办法、定额、指标、费率、工料机单价、设计工程量、工程量计算规则、施工组织设计以及政府部门发布的与定价有关的法规政策。从发布部门看,有交通运输部门发布的计价依据,也有其他部门对部分专业工程和专项费用的专门规定;从效力层级和适用范围看,有交通运输部发布的全国性公路工程计价规定,也有各省根据自身实际出台的补充规定。

编制办法是用于规范公路工程造价文件编制格式和内容、提高造价文件编制质量的行业规定。目前正在使用的交通运输部发布的公路工程造价文件编制办法有《公路工程基本建设项目投资估算编制办法》(JTG M20—2011)、《公路基本建设项目概算预算编制办法》(JTG B06—2007)和《公路建设项目工程决算编制办法》(2004 年)等。部分省份根据自身实际和公路工程造价管理的需要出台了相应的补充规定。定额是在合理的施工组织和一般正常的施工条件下,生产单位合格产品或完成一定工作任务消耗的人力、材料、机械的数量标准。我国公路工程定额体系按照施工工序划分定额子目,确保每一个分部分项工程都能通过子目或子目集生成。采用定额测算公路工程造价,可以对公路建设进行成本控制和价格管理,提高建设资金使用绩效。交通运输部发布了《公路工程概算定额》(JTG/T B06-01—2007)、《公路工程预算定额》(JTG/T B06-02—2007)和《公路工程机械台班费用定额》(JTG/T B06-03—2007)作为全国性的计价标准。考虑到地域差别，各省根据公路建设实际出台了相应的补充定额。公路工程计价除了使用交通运输部门测定和发布的定额以外，公路附属区房建、机电等专业工程还采用了其他相关行业的定额标准；工料机单价是工程建设中所消耗的劳动力、材料、机械台班以及设备、工、器具等的单位价格，是对工程造价进行价格管理的依据；工程量计算规则是计算各分项工程或结构构件的工程数量的统一方法。根据计价方式的不同（定额计价或工程量清单计价），计算工程量应选择相应的工程量计算规则。编制施工图预算，应采用预算定额工程量计算规则算量。编制工程量清单，应采用“工程量清单计价规范”中的工程量计算规则算量。

（2）造价文件编制与审查技术

根据《公路管理条例实施细则》的规定，在公路建设项目的不同建设阶段，需要开展工程造价文件的编制和审查。在可行性研究阶段，要按照《公路工程基本建设项目投资估算编制办法》的规定编制投资估算文件；在设计阶段，要按照《公路工程基本建设项目概算预算编制办法》的规定编制概算、预算文件；在招投标阶段，要按照《公路工程标准施工招标文件范本》、《公路工程标准勘察设计招标文件范本》和《公路工程施工监理招标文件范本》的规定编制招标工程量清单文件；在施工阶段，发生工程设计变更时要按照《公路工程设计变更管理办法》的规定，根据设计变更类型和变更审批管理层次编制工程变更费用文件。此外，项目开工后，项目法人（建设单位）结合项目的管理情况，原则上以 6 个月为周期，编制公路工程造价台账，记录从初步设计概算至竣工决算各阶段工程造价的动态变化情况，接受造价管理部门的监督；工程交、竣工阶段要编制工程结算文件，并按照《交通基本建设项目竣工决算报告编制办法》的规定编制竣工决算报告。对于各阶段造价文件的审查，目前普遍采取的是由专业审查人员对送审造价文件进行核查、与经验指标比照的方法，也有采用重新编制造价文件的办法，以审核造价文件的正确性。国内目前除了广东开展了这方面的尝试性探索外，还没有专门的关于公路工程造价文件审查技术的相关规定。

（3）造价监督

交通运输主管部门和公路工程造价管理机构围绕建设项目合同执行、工程造价台账、工程设计变更、工程量计量支付和从业人员持证上岗等情况，定期对在建项目造价执行情况进行监督检查。着重了解：工程结算是否按照合同执行以及没有执行的原因；同一分部分项工程从初步设计概算到工程结算各阶段工程数量、造价变化情况以及变化的原因；工程变更程序是否合规、文件是否齐全、变更是否必要合理、变更费用确定是否科学；计量支付是否符合施工图纸和工程量计算规则；从业人员是否持证上岗，满足技术能力要求等方面的情况。目前公路工程造价监督主要采取现场检查、开会座谈和查阅内业文件资料的形式，受业主影响较大，监督效果具有不确定性。

(4)造价从业人员和咨询单位的管理

交通运输部颁布了《公路工程造价人员资格认证管理办法》和《公路工程造价人员资格认证管理实施细则》，明确公路工程造价从业人员实行持证上岗制度，执业资格分为甲、乙两个等级。造价文件实行持证造价从业人员签名制度。但是根据行政职能划分，建设领域工程造价从业人员和咨询单位统一由住房和城乡建设部进行管理，而住房和城乡建设部于2006年发布的《造价工程师注册管理办法》在资质标准中并不承认公路工程造价执业资格，公路工程造价执业资格也未纳入人力资源和社会保障部认可的国家执业资格体系，公路工程造价执业资格没有得到承认，导致广大从业人员参加公路工程造价执业资格考试的积极性不高，各省持有公路工程甲、乙级资格证书的从业人员普遍较少，占实际从业人员的比例较低，公路工程造价从业人员资格准入制度没有真正执行起来。而由于住房和城乡建设部授予的造价工程师执业资格在各行业均具有从业资格，实际拥有住房和城乡建设部造价工程师执业资格的专业人员在公路工程造价领域从业的较多。由于交通行业造价管理有其固有特点，对从业人员专业化程度要求较高，建筑专业的造价执业资格要求难以满足交通行业造价管理工作的需要，导致造价从业人员的水平和能力难以保证。另外，公路工程造价从业人员的继续教育也未充分开展，没有一套完善的管理办法和行之有效的操作模式。目前，各省的造价从业人员继续教育都在进行，但教育的形式和内容很不统一。

对于造价咨询企业，交通运输部没有出台相应的管理规定，住房和城乡建设部于2006年发布的《工程造价咨询企业管理办法》对造价咨询企业的资质管理也未划分专业，从事各类工程造价咨询的资质要求均以《工程造价咨询企业管理办法》的统一规定为准，同样存在按照建筑专业的执业要求难以满足公路工程造价管理需要的情况。由于造价咨询单位的资质管理权限在建设行政主管部门，交通运输部门对造价咨询单位从事公路造价方面业务进行监督检查的难度较大，即使发现问题也无法对其进行相应处理，导致对公路工程造价咨询单位的行业管理空白，难于保证其从业行为规范、可靠。

在公路工程造价从业人员和咨询单位诚信体系建设方面，各省都有动作，但处于初级阶段，实质性的有效手段和方法不多。广东省交通运输部门采用的利用制订的《造价文件编审质量评分标准》和《造价文件质量管理评分标准》对造价文件编审和管理质量进行评分，并将评分结果纳入造价监督及诚信管理体系的做法是为数不多的有益探索。

(5)信息技术使用情况

目前,我国公路工程造价编制已经由早期的手工操作阶段向使用计算机、专业软件和互联网技术方向发展,工作效率、质量明显提高,从业人员的劳动负荷和工作压力也有所缓解。在公路工程定额的测定,造价文件的编制、审查,材料价格信息的采集、发布和查询,在建工程项目造价控制管理,造价从业人员、咨询单位的考试报名、教育培训、资格资质、业绩诚信管理,历史项目造价数据的挖掘再利用,公路工程造价管理部门内部以及与政府、业主、设计、施工、监理单位的互联互通等方面,采用了信息技术进行管理辅助,取得了较好效果。部分省份还开发了公路工程造价管理系统,将其造价管理业务进行集成整合,提高管理的自动化水平。但是由于缺乏行业层面的整体部署与规划,各省都在开展公路工程造价管理的信息化研究和开发,造成了一定的重复和浪费,而且开发的软件和系统都是根据各自业务管理的需要和对公路工程造价管理的认识,存在模块功能和开发深度不统一,技术架构、数据模型、数据接口和存储方式不一致的问题,容易形成信息孤岛,系统之间集成整合十分困难,开发的信息化管理手段普遍适用性不强、通用性较差,二次开发和功能扩展的难度较大,造成资源浪费。

信息化是造价管理的福音

2.4 我国公路工程造价管理存在的问题和不足

虽然各省形成了各具特色的公路工程造价管理模式,在各省公路建设管理中发挥着重要作用。但是由于长期以来,全国公路工程造价管理未形成合力,造价管理行业缺乏统一规划,随着管理要求的深化,也日益暴露出许多问题和不足之处。

2.4.1 对公路工程计价依据管理的不足

(1)对公路工程计价依据管理不到位。管理责任主体模糊,责任不清晰。对计价依据范围理解狭隘,偏重于定额体系,对计价行为规范性管理欠缺。

根据我国公路工程造价管理组织体系架构,国家层面没有设立专职管理机构,只是由交通运输部委托交通公路工程定额站开展公路建设部分环节计价依据的制、修订工作。因此,公路工程计价依据管理的主体比较模糊,责任也不清晰,不利于从整个行业发展需要的高度主动、系统、前瞻性地开展计价依据的规划、实施等管理工作。而且交通公路工程定额站主要开展的是估算、概算、预算等定额指标体系的制订和修订工作,对造价文件编制办法缺乏规划和管理,国家层面的管理部门对造价文件编制办法这一造价文件编制的纲领性文件的作用、意义和地位认识不足,研究不够,没有有效抓住编制办法这根造价文件管理的主线,形成造价文件规范性、标准性的编制体系,使造价文件这个造价管理的主线的作用没有得到有效发挥。

(2)缺乏从估算到工程决算各阶段计价依据管理的纲领性办法,缺乏标准化建设思路,对从估算、概预算、工程决算等各阶段计价依据制、修订缺乏前瞻性和规划。

公路工程具有多次计价的特点,各阶段造价数据之间本身具有密切的逻辑关联,如果提前对各阶段造价文件的编制格式进行关联性设计,可以清晰地把握各阶段造价变化的情况,容易发现资金使用存在的问题,有利于造价控制。但实际上,由于我们对造价文件具有的这一内生属性认识不到位,没有一个纲领性文件统筹各阶段造价文件的编制管理,结果造成在造价文件编制格式设计时没有前瞻性的规划和思考,导致现行造价管理体系中各阶段造价文件的结构关联性较差,人为切断了各阶段之间的固有联系,给全过程造价管理带来结构性障碍。由于在公路项目各阶段建立不起来衔接关系,工程造价形成的合理性缺乏历史过程的追溯,造价管理过程也就存在明显漏洞。在实际的资金审查过程中,可能出现审查人员没有搞清楚资金项目之间的关系,线索没理顺,也不知道各文件之间相互是如何对应的,有些环节资金使用存在的问题,当事人随便解释一下,结果把问题漏过了。这样的监管过程就有漏洞。因此,为了有效地控制工程造价,首先要改革目前的造价文件编制办法,建立各种造价文件之间的相关性,形成各种造价文件之间的关联性设计。对估、概、预算文件与清单文件如何对应进行规范。

(3)定额体系是公路工程计价依据的基础和核心,长期以来对合理确定工程造价发挥着重要作用，但是估算指标、概预算定额的测定方法粗略，科学性不强，更新周期偏长且缺乏计划性。对“四新技术”的计价更新过慢，很多内容不适合目前的公路施工技术，造成利用定额测算出的工程成本难以如实、准确地反映公路产品的价值规律和价格规律。

计价依据需要与时俱进

(4)我国定额和造价文件编制依据是全国统一的，不能充分反映各地公路工程实际的建设情况，虽然部分省市出台了补充定额及编制办法，但是并没有建立一个统一的标准对补充定额的内容进行规范，导致公路工程建设的地域壁垒形成。

全国统一定额是针对常规的施工环境、施工工艺和施工组织方法而测定的一般性、通用性消耗量标准，全国性的造价文件编制依据也只是体现了对一般、常规工程造价文件编制的要求。全国统一定额和编制办法不能充分反映各地公路建设的地域特征和“四新技术”的使用情况。因此，各省根据自身实际需要，测定了补充定额，编制了补充编制办法。由于国家层面没有关于补充定额和编制办法的具体规定，各地根据自身实际需要和对造价管理的认识，自行编制了补充定额和编制办法，各省的规定也各不相同。由此带来的问题，一是重复开发、资源浪费，虽然各地公路建设有地域差异，但也有共性之处；二是各省根据自己的需要和理解编制的补充定额和编制办法，格式不同，接口不同，通用性差，既带来了相互交流的困难，也无法资源共享，无形中形成了同一行业地域封闭的情况，不利于行业交流和共同进步。

(5)定额计价模式与市场化清单计价模式未能较好地建立关联，对市场变化不敏感，造成计价失真现象。

定额计价模式对人工、材料、机械的消耗量和施工方案的变动性考虑不足，更新较慢，而在清单计价模式下，市场定价的方法能及时捕捉市场微小的变化。但定额体系的项目表构成和清单计价模式的项目表构成相互不对应，没有关联性，造成定额难以敏感地反映市场价格变化，利用定额测定的工程成本难以准确反映公路产品的价格规律和价值规律。

2.4.2 公路工程造价从业队伍发展不足

我国目前公路工程造价的管理主体和监督主体基本上是项目法人和各地交通运输主管部门。不管是项目法人还是交通运输主管部门,其需要监管的内容相对来说广泛而庞杂,而公路工程造价管理只是其中的一个内容。由于公路造价的复杂性和专业性,造价管理需要大量的熟悉造价业务的相关人员才能有效地开展监督管理工作。但现实是上述机构远远不能配备相称的管理力量,在全国范围内,规模最大的省级造价机构最多配有六七十人,较小的不足十人,而且专业人才普遍缺乏,相比较于庞大的建设规模、技术越来越复杂的建设项目和繁重的管理业务,造成实际上的管理缺失。此外,公路工程造价从业人员和咨询单位也缺乏可持续的培育环境和生存机制。

工作量大、信息化水平低制约造价管理能效

2.4.3 我国公路工程造价管理技术更新缓慢

(1)造价文件编制手段落后,不能满足高效管理的需要。

公路工程造价管理以造价文件管理为主线,各种造价文件数据量大,文件编制工作繁重,计算量大,易出错。信息技术在数据采集存储、查询调用、处理分析、传输交互、更新发布、运算速度和准确性方面有优势,采用信息技术是简化造价文件编制的有效手段。但现阶段的造价文件编制软件,其自动化程度还不高,需要大量人工辅助,对构成造价基本内容的基础资料需要人工采集,工程数量核算停留在手工复核阶段,计算机技术在造价文件编制方面的应用还不充分。

(2)造价数据未能有效利用,信息化程度低,无法满足现代化管理的需要。

现行造价管理体系对历史项目造价数据使用设计考虑较少，信息挖掘不充分、利用效率不高，不能使积累的历史项目信息有效地对未来新建项目造价管理起到借鉴和指导的作用。具体来说，不同时期、不同地区的建设项目其造价并不相同，因为不同时期、地区的经济水平、物价水平、资金利息都不同，施工现场的运距这些影响造价的因素也不相同。但是除了这些差别外，更多的是工程结构物的造价水平是有规律的，劳动力、机械台班、材料消耗量这些形成工程结构物的实体消耗是有规律的、可借鉴的。如果我们采取一定的手段抽取历史项目造价信息中包含在施工工序中的人工、材料、机械含量信息，并采用适当的方法进行归纳总结，并以此对定额指标进行更新修订，或生成一些有参考价值的指标，就能保证项目前期编制的概、预算价格能够与行业发展、企业水平保持一致，准确、有效地对后期的资金使用发挥指导作用以及对新建项目资金筹集使用提供经验借鉴。否则历史项目积累的数据只是一个个孤立的报价，分不清楚什么是先进的、优秀的、可以推广的，对行业进步也没有体验，也不清楚怎样编制造价来实现优胜劣汰以鼓励进步，不能推动行业发展。现行公路工程造价管理缺乏这样一个进行数据挖掘、分析的手段和工具。

为什么不把历史造价数据有效利用呢？

(3)无法有效建立公路建设前期估价与后期实际工程成本的联系，导致我国公路工程造价前期阶段（估、概、预算阶段）与实施阶段（招投标、施工、交竣工阶段）的人为割裂，造成了在公路建设的前期阶段和实施阶段造价文件的不连贯和不统一，全过程公路工程造价管理难于实现，造价控制不力。

目前，在我国公路工程造价管理中，项目前期采用以定额为核心的设计计价方式编制估算、概算、预算来控制工程造价，在项目实施中期、后期，采用以工程量清单为核心的市场计价方式进行招投标、计量支付和工程结算。但是目前使用的估、概、预算文件编制规则和工程量清单文件编制规则不同，概、预算项目体系中的项、目、节、细目划分和工程量清单体系中的项、目、节、细目划分不对应，缺乏关联性，结果是项目后期进行竣工决算时，在对计划资金使用情况和资金实际使用情况进行对比时，由于各种造价文件的项目体系不同，接口不同，造成各种造价文件相互之间无法对照检查，也就无法有效地进行资金计划使用情况和实际使用情况的对比，难于分析资金使用的合理性，无法及时发现问题，进行资金使用监管，全过程造价管理的目标也就难以实现。

不识庐山真面目，只缘身在此山中

2.5 剖析国内外工程造价管理带来的启示

了解国内外工程造价管理的体系和模式，重在启示，重在学习借鉴。学习借鉴不是照搬、照抄，任何制度都有其存在发展、生根发芽的基础，任何成功的管理体系也都依赖其特定的制度发育土壤，简单的照搬、照抄，体系可以移植，但成功不能复制。只有在全面分析自身内在特点的基础上，有选择地吸收，做到融会贯通，才是正确途径。这里基于我国公路工程造价管理自身的特点和面临的发展形势、外部特征，从借鉴吸收国际先进经验和国内优秀做法，优化、提升我国公路工程造价管理水平的角度，探讨我国公路工程造价管理可以从中获得的启示。

2.5.1 造价管理应坚持政府监管与市场竞争相结合的原则

从国际经验看，走市场化道路，鼓励施工企业之间的竞争，通过市场形成建筑产品的价格是大势所趋。例如一些发达国家和我国香港地区，即使是对于事关社会公共利益的基础设施建设，国外发达国家一般采用“市场定价”机制，优化建设成本，节约纳税人的资金。美国对于道路等政府工程投资项目，不直接干预工程价格形成，只是基于对社会公共利益的维护，通过总统领导的管理与预算办公室(OMB)及隶属于国会的美国总会计师事务所，对项目申报过程中申请预算进行检查，在资金使用过程中进行监督和完工审计，政府官员在选择承包人时对其信用水平进行严格审核以及政府对项目建设过程进行完整公开，以此来加强项目建设过程资金使用的监督，来保证工程造价相对合理，工程造价仍然坚持“市场定价”的原则。特别是美国政府投资项目管理的基本原则明确规定，对于政府投资项目，必须采用公开竞争的方式，保证政府能够以最优惠的价格得到优质产品与服务，保证纳税人的钱花得是经济节俭的。我国香港地区没有类似内地概预算、定额计价依据之类的东西，路政署工料测量师在造价管理中发挥核心作用，主要是借助自身经验进行成本控制，在工程变更时为政府与承包人之间的谈判提供专业意见，竣工时核对工程结算单，其在工程招投标阶段制订的标底仅作为成本控制的参考，也不作为评标的依据。因此，道路造价实际还是通过市场机制形成的。从国际经验和发展趋势看，公路工程造价管理的市场化方向是大趋势。那么我们是否也可以采取这样的造价管理方式，将公路建设市场放开，摒弃我们目前使用的定额计价体系，放松公路工程前期造价管理，由市场竞争直接形成工程价格呢？那就让我们先看看中国社会和西方社会的文化传统和行为模式发展脉络，也许从中能看出一点端倪。

中国传统社会是权利社会，强调等级秩序，缺乏公民权利的概念，因此也就无法形成真正意义的法治。在权力社会与法治环境缺失的背景下，“官本位”自然成为社会价值评判标准，一切都是“头家”说了算。而中国社会的群体意识，讲圈子、讲情面的情感关系式处理方式，与在个人利益、群体利益与国家利益发生矛盾冲突时扩张个人利益的趋利避害的行为选择方式交融在一起，将官员推向滥权和腐败的危险边缘。而官僚集团长期运行形成的“陋规”，使官僚集团自上而下的监督、监察体系名存实亡，缺乏言论自由和思想自由又使舆论监督本可以形成的最有效的自下而上的社会监督体系基本失灵，从而使官僚集团处于无人监督的真空环境中，可以为所欲为。力量微弱的百姓面对握有合法伤害权的官员，在个体反抗风险远大于收益的利害格局下，当自身的权利或利益受损或社会公平正义被践踏时，往往选择了退缩忍让，即使进行了斗争，更多的也是无济于事甚至反遭迫害。这种社会系统长期运行和反复循环的最终结果，就是中国文化中公民的觉悟更多的只有成功与失败，对公平正义的追求并不执著，整个民族维护公平正义的意识也不强烈。

西方国家财力社会的特征造就了西方文化个体意识的思想内核，每个人都是独立的个人，都有自己独立的人格和自由意志，行为由自己决定和选择，并由自己负责。为了避免大家自行其是造成每个人的人格和意志不能得到充分尊重、每个人的生命和权益不能得到完整保护，西方人使用法律来管理社会，而且其法律是由具有独立人格和自由意志的全体公民或其自由自愿选出的代表，通过充分讨论、民主协商和相互妥协制订出来的，体现了尊重公民的基本人权、保护人类共同维护的个人权利和社会正义，实现了法的精神。社会治理不再集权于个人或者机构，而是交给铁面无私的法律，实行以法治国，法律面前人人平等。由于具有个体意识的文化特征，社会价值理所当然地以“民本位”为中心，强调公民的基本权利，追求自由和民主，并以此为目标，以防官如防贼、防权如防火、防权力滥用如防洪为核心，建立起三权分立的国家治理架构，并明确出版自由、舆论自由，进而形成相互监督和制衡的社会管理体系，体现了既授权又限政的原则。降低社会管理系统的道德风险，防止官员滥权和腐败。西方社会处理事务采用契约方式，强调信守契约，契约面前人人平等，一旦违约，就要受到惩罚。对公平和正义的追求极端敏感而执著。

从中西方文化传统和行为模式的比较分析，可以清楚地看出西方文化把契约双方的平等和信守放在首位，讲公平、讲正义、讲原则，尊重他人权利，也遵守社会责任和义务，社会监督体系较完善。因此，西方的公共事务管理体系和制度是在这样一个公平公正的文化背景下设计建立的。而中国文化靠情感来维系人际关系，处理社会事务、公共事务时要把人与人的关系和利害计算放在首位，因此公平正义、合理合法就容易旁落。更关键的是社会参与与监督体系不完善，给官员腐败和滥权留下空间。传统左右着我们的思维，决定着我们每一变革的成败。无视传统的理论是掩耳盗铃，无视传统的制度是无根之木，而无视传统的改革则难免屡遭挫折。在目前仍然讲关系、讲利益、只关心成败而不计手段，不注重公平正义，社会监督体系也不完善的文化背景下，把按照西方的文化习惯设计的管理体系直接拿过来移植，实施效果肯定会走样。正如“橘生淮南则为橘，橘生淮北则为枳”的道理。实际经验也表明，如果我们放松前期的定额管理模式，直接通过招投标，让市场形成可能出现投标人“围标”、“串标”而哄抬造价，在公路招投标中业主将“标底”提前透漏给与自己关系密切的投标人或在评标时影响评标过程，帮助与自己有利益关系的投标人中标等情况，反而使公路工程造价出现背离市场规律的扭曲现象。因此，不考虑国情实际，简单地照搬照抄，不能获得好的效果。正如钱穆先生所说：“我认为政治制度，必然得自根自生。纵使有些可以从国外移来，也必然先与其本国传统，有一番融合贯通，才能真正发生相当的作用。否则无生命的政治，无配合的制度，决然无法长成。”中国的文化传统、制度与国外不同，中国人的做事习惯、价值观与国外也不同，因此，公路工程造价管理不能照搬，如果照搬，即使是同样的制度，由于执行的人不同、人的思想不同，实施效果也会不同。国际先进经验与国情实际的融合贯通，两者相辅相成才是建立有中国特色的公路工程造价管理体系的根本途径。

那么什么样的造价管理方式才是有效的？在政府管理与市场竞争之间我们应该如何选择？

在我国，实施招投标制度以前，公路工程定价基本上是“标准耗时、标准耗工、标准耗材”原则下的统一价（会由于定额套用差异而略有不同），承包企业之间缺乏竞争，不利于新技术、新材料、新工艺、新设备在公路行业的研发、推广和应用，也不利于降低公路工程造价。引入招投标制度以后，由于引入了市场竞争，通过市场这只“无形的手”来调节资源配置，企业开始千方百计通过优化管理、革新技术、更新设备，提高生产效率、降低生产成本，以使自己在竞争中处于优势地位，也一定程度上使造价得到优化。应该看到，由于目前中国市场经济发育仍在初级阶段，与市场经济相适应的法律体系还不完善、健全，社会价值体系和公民道德体系建设尚处在初级阶段，还不能满足市场经济的基本要求。市场公平竞争的环境尚未形成，市场主体交易的规则还亟待健全和完善。在这样的情况下，企业、个人的行为可能缺乏监督或理性。因此，如果立即完全放开对公路市场的价格管理，由市场定价，容易在缺乏监督的一些环节，出现不平等交易、不正当竞争等问题，导致市场紊乱，配置资源的效率低下，整体成本上升，公路建设质量下降，甚至出现社会不稳定等现象。考虑到公路工程造价管理要与市场经济发展接轨，同时又要避免因管理缺失而使公路工程造价更加混乱或失控，因此，需要肯定公路建设坚持市场配置资源、坚持公路市场化改革方向，同时考虑目前公路建设市场还不具备完全放开由市场形成价格的条件，实施在逐步放开的同时保持适度的政府管理的基本政策，坚持政府管理与市场竞争相结合，不简单地选择与放弃，这才是正确途径。

日本等一些发达国家，其政府工程造价管理也采用了政府管理和市场定价相结合的方式。承包人的选择采用招投标方式，对政府工程有意向的建筑商，采取投标竞价，而建设省利用积算方法，借助《建筑工程积算基准》和《建筑数量积算基准》计算工程预算价格，将预算价格（类似我国的招标标底）作为决定中标者的依据。实际上，最终发包价格是在政府允许的范围内由市场确定，也保证了工程造价的相对合理。

2.5.2 专业化程度高的造价管理机构是管好工程造价的关键

人是最重要的因素。我国香港地区道路工程造价管理成功的关键就是有一支优秀的工料测量师队伍全程参与了道路项目的成本管理和控制工作。首先,全程参与非常重要。工料测量师活跃于道路建设的各阶段。在设计阶段,工料测量师计算预算价格作为向立法会申请经费的依据;在招投标阶段,审查各投标人的投标文件,筛选符合条件的投标人;施工阶段,涉及工程变更时,分析变更项目的合理性和变更费用的科学性,为路政署与承包人之间的谈判提供意见;竣工阶段,审查工程结算单的正确性,为库务局审批工程结算、支付工程款提供审核意见。由于工料测量师从项目规划初期就参与到工程建设中,对项目整体情况非常熟悉,避免了只在某些环节参与造价管理产生的对项目全局情况不熟悉、不了解可能带来的管控效果不佳的情况,而且全程参与项目造价管理的另外一个好处就是,在项目初期承担了预算测定任务,做过预算,项目实施中通过施工检验了所做预算的合理性,发现了哪些地方还存在问题,做新项目时应该如何改善,这是一个通过实践、修正认识、丰富经验、提高业务技能的过程,而业务技能的提升又可以指导下一次实践,使新项目的成本控制更加科学、合理。这是一个业务能力得到工作结果的反馈修正、不断提升、良性互动的过程。

好的结果要有好的规则

目前国内铁路行业造价管理一定程度上也采用了这样的模式,铁路造价管理部门从项目可行性研究阶段就开始进行造价管理,审查、审批投资估算、设计概算、鉴修概算、投资检算、招标控制价、执行预算、变更设计、清理概算和竣工决算等各阶段造价文件,由于全程参与了项目建设,整个过程处于受控状态,而且造价管理部门的业务能力也是不断提升的,这对造价管理是有利的。目前公路工程造价管理由于没有统一的模式,各省的情况有所不同,多数省份由造价管理部门全程负责公路工程造价管理工作,也有部分省份是由交通运输部门下属的造价管理机构、公路管理机构、高速公路管理机构、基建处、审计处等内设部门分别承担一部分或某个阶段的造价管理业务，这样带来的结果是造价管理业务分割，形成了“铁路警察各管一段”的情况，部门之间容易产生壁垒而使资源、信息不能共享，各算各的账，相互之间没有沟通、反馈、校正，到底算的合理不合理谁也不知道，长此以往，业务能力难于提升，这对整个行业的造价管理是不利的。因此，从管住造价，提高业务技能的角度来看，需要有一个机构能完整地全程参与公路工程造价管理工作。

其次，专业管理机构的业务能力和职业操守也是极其重要的。我国香港地区工料测量师之所以能在工程成本控制中发挥关键作用，在雇主和承包人之间有广泛的影响力，还在于他们以专业能力和职业操守在社会上赢得了广泛的声誉。而工料测量师具备这些优秀品质的关键是关于工料测量师的严格的管理体制。要想获得工料测量师资格，需要通过严格的选拔和考试，专业知识、工作经验要符合要求。我国香港地区与其他地区不同的是在大学中设有工料测量师专业，申请工料测量师执业资格必须获得工料测量师专业的学位或学习过相关专业课程，同时还要经过基础知识和专业知识的笔试和面试，这就保证了工料测量师的知识水平能够满足业务要求。同时，申请工料测量师资格必须提交三年来每天的工作日记、从事过的工程项目汇总以及每三个月一次的经验分析，而且这些都必须经过专业学会(资格评审机构)指定的督导主任和辅导主任的签字确认，以保证其具有足够的工作经验，可见资格评审要求之严格。我国香港地区对工料测量师的管理不仅停留在资格评审方面，执业管理也非常严格。我国香港地区实行国际惯例的“专业人士负责制”，要求工料测量师必须对他提供的造价文件的准确性负责，如果提供了错误信息，则必须赔偿雇主损失。赔偿机制极大增强了工料测量师的责任意识和工作进取精神，促使测量师始终保持高度的使命感和敬业精神。另外专业学会对违反职业道德的专业人员实行“黑名单”淘汰制度，这些综合起来共同形成了有效的自我约束和自律机制，保证工料测量师以良好的职业操守和敬业精神从事造价控制工作。

目前国内公路工程造价管理机构组成还不完善、业务能力还相对较低，管理相对薄弱，还不能适应和满足公路工程管理现代化大发展的需要。因此，需要结合国际经验，建立一支业务能力突出、职业操守过硬的专业队伍从事公路工程造价管理工作。

2.5.3 全过程造价管理是公路工程造价管理的有效方式

从铁路行业和水利行业工程造价管理的经验看，这两个部门的工程造价管理机构都是从项目可行性研究阶段就开始介入项目造价管理直至竣工验收，负责投资估算、初步设计概算、重大设计变更预算和决算的审查，从而实现对工程造价整个形成过程的控制，这样有利于把握造价形成的每一个环节，使工程造价从阶段和流程上处于全过程受控状态，这是一条有益经验。

对于公路建设项目而言，也具有分阶段多次计价的特点，每一阶段对项目造价都有重大影响，因此，应该按照工程项目的过程与活动的组成与分解的规律对项目进行阶段和流程上的全过程造价管理，从立项开始就对项目投资进行严格控制。在项目建议和可行性研究、设计、招投标、施工、项目竣工的整个过程，围绕工程造价进行组织和管理。在项目周期的不同阶段，根

“不专业”毁了谁？

全过程参与才能提高技术水平

据不同的工作内容，制订有针对性的管理重点。在项目投资决策阶段，根据发展战略和项目开发的需要，从技术、经济和环境保护等方面全面、系统地论证拟建项目的必要性和可行性，对拟建项目的建设规模、资源条件、市场预测、工程技术和财务经济评价等的真实性、客观性、可靠性进行全面评价，达到有效控制工程造价的管理目标。其次，进行投资估算审查，力求编制的投资估算尽可能全面、充分地考虑到项目实施过程中可能出现的各种情况及不利因素对工程造价的影响，使投资估算真正起到控制项目总投资的作用；在项目设计阶段，遵循技术与经济相统一的原则，推行限额设计和多方案比选，严格进行造价审查。在工程招投标阶段，根据招标项目设计图纸、招标文件，参照国家规定的技术、经济标准定额及规范，根据进度和质量要求审查标底。在施工阶段，进行造价动态监督检查，掌握各在建项目造价执行情况，使不合理费用在中间检查过程中得到有效控制。控制工程变更，实行变更设计方案的合理性和经济性比选。避免通过工程变更扩大建设规模，增加建设内容，提高建设标准。在竣工决算阶段，详细审定造价，根据招标文件、签订的合同文件、建设过程中的文件及有关支付凭证、竣工图纸，严格审核已完成工程量、工程材料和设备价格以及费用支出，发现可能存在的问题。对项目实际完成的工程量和费用支出与批准的概(预)算进行对比分析，进行数据分析与挖掘，总结经验，为以后新建项目造价管理提供基础数据支持。公路项目的投资包括：人工、材料、机械的消耗，设备、机具的购置，前期工作费用，监理费用，补偿安置费用、管理费用，专项评估费用，研究试验检测费用，设计文件审查费用，贷款利息等，类型繁多，支付项目庞杂，金额巨大。要达到资金管控的目的，需要按照阶段和流程上全过程管理的原则实现各阶段受控。

从水利部门的造价管理经验看，其造价管理的业务范围涵盖造价管理制度的制定，定额、编制办法等计价依据的管理，各阶段造价文件的审查，资金使用监督、稽查，造价从业人员和咨询单位的资格、执业管理，造价信息发布、软件开发等造价技术服务领域。从业务范围上实现了全过程造价管理，将与造价有关的全部业务纳入管理范围，使所有与造价有关的元素处于受控状态。这也是一条有益经验。公路工程造价管理应该借鉴这一有益经验，从业务范围上开展全过程造价管理工作。

首先，是建立起公路工程造价管理规章制度体系。传统公路工程造价管理，虽有做法但少制度，忙于具体业务而在建章立制上却进展缓慢，导致工作没有依据、没有标准，凭借经验，不规范，自由量大，漏洞多，工作质量容易受个人因素影响、不可靠、差异大，造价管理质量难以保证。因此，从现代工程管理提出的“标准化”的高度，应该将造价管理的相关规定固化下来形成标准，便于人人遵守。

第二，应重视计价依据的管理。一些发达国家及我国香港地区工程造价管理的成功离不开他们先进的造价管理工具。日本建设省发布的《建筑工程积算基准》和《建筑数量积算基准》、我国香港测量师学会编制的《香港建筑工程工程量计算规则》，对工程项目的科学定价起到了巨大作用。美国虽然没有政府统一发布的计价文件，但是美国建筑标准协会发布的工程成本编码系统标准格式（MASTER FORMAT）和部位单价格式（UNIT-IN-PLACE）几乎应用于美国所有的工程项目，对科学估价起到了不可低估的作用。这三个国家和地区计价依据的共同特点就是标准化和更新快。日本建设省发布的《建筑数量积算基准》至今已更新六次，我国香港地区测量师学会编制的《香港建筑工程工程量计算规则》也已更新三次。我国公路工程计价依据存在问题还较多，主要是计价依据还不标准，定额更新过慢，价格信息参考性不强。计价依据标准化方面的问题有：交通运输部发布的统一定额针对常规的施工条件、施工工艺，对施工环境的特殊性、公路“四新技术”的应用考虑不足，需要编制补充定额。目前使用的造价文件编制办法还没有把各阶段造价的逻辑关系反映出来，不便于各阶段造价文件的比较分析，不利于全过程造价管理的开展；在定额更新方面，已经明显不适应公路建设形势的需要，因此，造价管理部门需要积累大量不同类型历史项目造价信息，通过信息挖掘，从具有可比性、参照性的历史项目信息中寻找共性规律，对估算指标、概算指标、施工工序中的人、材、机消耗量和各种费用比例进行符合实际的动态更新，保证公路工程商品造价符合价值规律；在价格信息方面，日本相关部门发布的材料价格信息每种材料都标明由工厂运至工地或由库房、商店运至工地的差别并标明各月的升降。而我们甚至连产地价格可能都不准确。造价管理部门需要技术支持，实现不同地区公路工程建设人工、材料、机械价格信息的搜集、存储，及时更新和发布，保证公路工程商品造价符合价格规律。因此，加强标准化建设，做到及时更新是计价依据管理的重点。

第三，应规范造价文件编审行为。从提高造价文件编审质量的要求看，造价文件编制规则必须明确、自由度小、程式化，保证编制的造价文件标准、规范，方便审查。要求无论是概、预、决算文件，还是工程量清单文件的项目组成体系，必须符合公路工程建设实际，必须准确反映公路工程建设中的实际施工环节和计费环节，项目体系的层次划分既能保证准确区分价格上有明显差异的工程结构类型、施工组织方法和材料类型、材料规格，同时又能抓住项目共性合理聚类，既不至于分类过细，造成整个计价系统过于庞杂、冗余，又不会出现类型交叉，造成分类界限模糊，使得造价文件编审人员无所适从，系统混乱。造价文件编审人员应准确确定计费环节和工程造价，避免多算、漏算。计价项目体系应该包含公路建设项目的所有建设内容，形成统一的完整体系。项目体系应该是开放系统，能够实现人机对话，满足造价编制人员根据实际对项目表中没有的新技术、新方法、新材料增加子目，增加系统灵活性和操作性，但是增加子目的规则必须确定、唯一，减少操作过程的不确定性和模糊性，保证造价文件标准、规范，方便审查。造价文件编审工作能够利用计算机在信息存储、调用、计算、分类拣选方面的优势，尽可能降低编审人员的劳动负荷、实现造价编审工作自动化，提高计算准确率，设计计算生成数据不可更改的数据模式，杜绝人为故意更改数据造成的造价偏差。从造价文件审查和招标控制价审查看，各种造价文件和招标控制价文件如果能够记录和追溯编制过程，将有助于审查人员发现错漏，提高审查工作效率和质量。对照上述要求，目前定额计价体系的项目表与工程量清单项目表不衔接，造成两者不能有效转换，前期工程造价数据和中后期造价数据无法对比；全国统一的工程量清单范本存在清单子目划分过粗，与工程实际结合较差，容易造成资金监管漏洞；公路房建设施和交通机电设备缺乏计价规范，对绿化项目计价方法规定过粗，造价文件编制中遇到上述内容时缺乏统一、具体、规范的编制方法，操作性差；对影响工程造价的施工结构规格信息考虑不全面，计价不规范；造价编审软件，其自动化程度低，还需要较多的人工辅助，导致编审效率不高。

第四，应加强造价监督。建筑行业控制工程造价的主要手段是侧重监管。通过监管来规范秩序、规范行为。随着公路建设市场环境的变化，造价行业管理机构逐渐认识到以事务性技术业务为主的造价管理方式不利于造价管理机构正确履行职责，实现造价管理目标；不利于公路工程造价行业的可持续发展。结合事业单位改革的总体思路，造价管理工作的重心需要从侧重造价审查向加强造价监督管理延伸，重点突出造价监督职能。目前铁路行业采用台账的形式进行造价监督。国内部分省份的公路工程造价管理也采用了台账的监督方式，但效果有限。因此，有必要设计一套工作办法和实现方式对施工过程中资金使用情况进行动态了解，及时发现问题并予以纠正。另外造价管理体系还应设计资金使用超概算的动态提示环节，建立资金使用风险预警机制，提示业主和造价管理部门资金控制的风险。

第五，应加强从业人员管理，培育健康的造价咨询市场。美国通过实行“黑名单”制度和“确定负责任”制度，对从业机构进行资质管理。我国香港地区对工料测量师的资质、执业、自律管理可谓极其严格。正是通过对从业人员和机构的严格管理，实现其执业行为的诚实可信。国内建筑行业也通过制订大量的规章制度，对工程造价从业人员和咨询单位的资质资格、诚信自律进行规范。

随着公路基础设施投资的增长，公路工程造价咨询行业快速发展。特别是在当前转变经济发展方式，加快经济体制和政治体制改革的时期，公路造价管理部门也在加快职能转变，未来工作将侧重于实现工程造价的动态监督和造价信息的发布更新等监管服务职能，剥离造价文件编制、审查、造价咨询等业务，以保障公路工程造价咨询市场参与者的平等和市场的健康发展。公路工程造价咨询行业在公路工程造价管理中的作用将更加突出，服务质量问题更加紧迫。公路工程造价咨询工作具有如此特点：跨度大，涵盖公路工程建设全过程；内容多，包括投资估算、工程概预算、工程招标标底、投标报价、竣工结决算、项目后评价等；专业性强，工程造价控制有涉及工程技术、经济、管理和法律等多专业领域的特点。但是目前我国公路工程造价咨询行业还存在一些问题和薄弱环节。如从业人员普遍知识面窄、知识结构还难以达到以工程技术为基础，兼具经济、法律、管理等方面知识的要求，造成咨询服务质量不高，编制的造价文件错误较多的情况。造价咨询行业管理较弱，行业自律意识差，咨询服务的公正性、诚信程度和质量难以保证，影响了工程造价的合理形成。因此，需要加强对公路工程造价从业人员和咨询机构的管理。但是目前，交通运输部门对咨询机构不具有资质管理权限，公路工程造价甲、乙级资格也没有得到人事主管部门的认可，使交通运输部门在造价从业人员和咨询机构的管理上极端薄弱，交通与建筑在复杂性和专业性上有较大的不同，需要行业管理部门进行专业化的管理，以保证从业人员和机构能够满足交通造价管理的需要，正如我国香港地区的工料测量师资格评审，从专业性的角度出发，政府不参与而由专业学会负责。因此，交通运输部门应该加强与住房和城乡建设部、人事主管部门的协调，对公路工程造价从业人员和咨询机构进行专业化的行业管理，并通过制订资格资质管理、执业管理、诚信业绩管理、继续教育培训、行业自律、违规惩处方面的法规制度，加强对从业人员和机构的管理。

从技术层面看，全过程造价管理能够将影响造价形成的全部阶段流程和业务范围都纳入监管范围，优化造价形成过程，保证工程造价符合工程实际和市场规律；从实际效果看，凡是采用了全过程造价管理方式并扎实推进的，造价管理效果普遍较好；从使用的普遍程度看，全过程造价管理也是目前使用最普遍的造价管理方式，全国大约一半以上的省份都采用了这种造价管理方式，不同省份根据自身人员结构、技术能力和管理权限的差异开展的深度有强有弱。总的来说，从使用效果和发展趋势来看，重视计价依据管理，加强造价审查，严格造价监督，提供信息服务，建立“事前控制、事中监督、事后核定”的全过程动态管理机制是实现造价可控的有效方法。

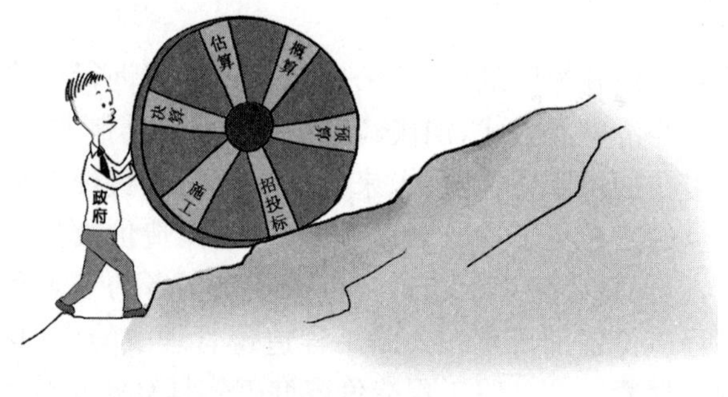

造价管理的有效方式：专业部门全过程管理，政府重点阶段监管

2.5.4 公路工程造价管理信息公开是保证造价合理的有效手段

在美国，政府不直接管理工程造价，也不发布定额、工程量清单等计价依据，即使是政府投资项目，依然采用市场定价的机制，但是工程造价水平仍然能够保持相对合理，一个很重要的原因就是造价信息公开。政府投资项目从项目规划开始，就要征询公众意见、开展调查、举行听证接受社会监督。政府还要向所有可能承包政府项目的承包人就政府相关项目的规章和制度进行广泛宣传，有关如何对承包人进行评估以授予其项目合同的程序方法要公示于众，开标公开进行，对于没有得到合同的投标人要告知没有中标的原因。通过这一系列的公开活动，使工程造价处于社会可视的环境下，一切不合理的费用都可能被发现，迫使工程建设参与方遵守法律、程序和客观事实，实事求是，科学计价，从而使造价相对合理。因此，从国际经验看，推行造价信息公开化是保证公路工程造价合理的有效措施。

从国内社会发展方向看，我国正在积极推进政治体制改革，建立社会主义民主政治和法制社会。胡锦涛总书记指出，发展社会主义民主政治是中国共产党始终不渝的奋斗目标。要坚持和完善社会主义民主的各项制度，发展基层民主，从各个层次、各个领域扩大公民有序参与政治，保证人民依法实行民主决策、民主管理、民主监督。坚持国家一切权力属于人民，最广泛地动员和组织人民依法管理国家事务和社会事务、管理经济和文化事业，推进决策民主化，增强决策透明度和公众参与度。实现法制社会的关键是建立并完善监督制约机制，法制社会的含义在于，既能充分地利用国家权力促进和保障公民权利，又能防止国家权力的滥用和腐败。防止权力滥用和保证权力正确行使的基本措施就是把决策、执行等环节的权力全部纳入监督制约机制之中。建立起完备的监督机制，明确监督主体、监督内容、监督对象、监督程序和监督方式，提高权力运行的透明度。因此，从中国社会的发展方向看，也需要将公路工程造价信息向社会公开。

公路工程造价管理的对象——工程建设成本最终将由用路人或纳税人承担，公路工程造价管理直接关系到社会公众的切身利益，公众理应享有知情权、监督权。因此，从政府维护公共利益的角度出发，也应该将公路工程造价管理的过程和结果向社会公开。

但现实中，虽然各方都在呼吁，但真正公开公路工程造价的省份寥寥无几，福建省交通运输主管部门对此做过有益的尝试，但就大多数省份来说，即使公开也只是公开几个孤立的数字，各阶段造价情况、资金支出细目都没有进行公布，公众无法从中了解资金使用的详细情况，也无法判断其合理性，真正的监督也就无从谈起。因为我们的公路工程造价管理还处于初级阶段，难免有不足和疏漏之处，甚至可能存在违法、违规行为，一旦公开，将工程造价的全部细节、资金使用的各个方面都曝露在公众监督下，让大家看懂、看明白了，就可能引起社会的广泛质疑和热烈讨论，将行业管理部门和相关人员推上舆论的风口浪尖，整个行业和个人都会背负极大的压力，极为被动（即使我们可能始终竭尽全力在维护社会公共利益，试图把造价管好，但由于业务能力有限，实际效果不好）。因此，无论是行业部门还是从业人员，都不情愿将工程造价信息进行公开。但社会监督是成本最低和最有效的监督方式，也是推进造价管理技术进步的最有效手段。我国香港地区工料测量师正是由于背负“责任机制”，才有极大的进取心和令人称赞的职业操守，从而使其具有极高的业务能力。因此，从负责任的政府部门的角度，从实现有质量的公共服务的角度，从国际经验和社会发展趋势的角度来看，公路工程造价管理部门都应该积极推进造价信息公开。通过公开，披露造价信息，提高信息透明度，让管理者、企业、各种组织的活动处在公众监督之下，避免公众在涉及公共利益问题上被边缘化，造成信息不对称，增加利益与权力合谋的空间导致公共利益受损，政府陷入公信力危机。也避免公众的质疑、失落和挫败感吞噬其对制度的信心。

造价信息公开不是为了周知社会造价数据，而是要让公众明白整个造价形成的过程，知晓哪些地方花了钱，花了多少钱，做了哪些事情，做的效果如何，要清楚地告诉大家资金的来龙去脉，让大家看懂、看明白。因此，需要以清晰、明了、简洁的方式向社会提供完整、准确、详细的造价信息和便捷的查询途径，保证公众能够查得到、看得懂，打通公路工程造价管理中信息、表达、沟通的节点，完善公路资金使用中的理性决策机制。公路工程造价管理应该公开的信息，包括公路工程造价管理法律法规的制度信息和工程造价数据信息。关于法律法规、行业规章，包括宏观层面的原则性规定如《公路法》、《招标投标法》等及微观层面的具体规定如《公路建设市场管理办法》、《公路工程施工招标投标管理办法》、《公路工程基本建设项目概算预算编制办法》、《公路工程标准施工招标文件》等。需要公开的造价数据信息包括：各公路建设项目各建设阶段的造价数据信息；各阶段造价文件相互之间的对比分析；各建设项目工程造价与可比的其他建设项目之间的对比分析等。同时还要考虑造价信息公开的途径和时间，必须是以社会公众最常见、最易获得的方式，如在公共场所张贴公告，在报纸、网络等较普及、常见的媒介上发布信息，公开至足以使社会周知的时间。

公路建设具有阶段多、造价文件类型庞杂、数据量大的特点，将各阶段造价数据及时、动态、透明、便捷地，以简单明了、标准完整、准确无误的方式向群众公开，接受监督，既是对造价管理人员开放心态和服务意识的突破，也是对造价监督管理工作质量效率和实现技术手段的挑战。让这一设计、建议实现的关键是政府施加强有力的公开压力。

2.5.5　层次清晰、职责明确的管理架构是公路工程造价管理的组织保证

从建筑工程造价管理的经验来看，引入发展和改革、财政、审计部门共同参与造价管理的制度有其道理。从政府投资项目建设程序看，首先要申请投资计划，再安排财政资金。从行政职能的角度看，发展和改革部门作为投资计划安排部门，应关心生产力的合理布局，关注项目的投资规模和资源的合理分配，财政部门负责核拨资金，从行政职能的角度看，关心政府拨款使用的合理性；审计部门作为政府资金使用的监督者，应关心资金使用的合规性。从职责定位和考虑他人利益关切的角度看，应该将发展和改革、财政、审计作为造价管理的参与者。但是由于交通行业特殊的专业复杂性，发展和改革、财政、审计部门直接监督工程造价，审查造价的合理性，可能在业务能力和专业性上有所欠缺，可以发挥公路工程造价管理部门的技术优势，将公路工程造价管理部门的审查意见作为建议供相关部门参考。这样也避免了各部门分管一部分业务产生的业务能力不高的问题。

建筑和水利工程造价管理的另一个特点是行政主管部门、行业管理机构、行业协会共同参与管理，形成分工负责的管理体系，发挥各组织、机构的作用，有利于动员一切资源做好各层面的造价管理工作。公路工程造价管理也应该借鉴这一经验，形成行政主管部门、行业管理机构和行业协会齐抓共管的局面。由交通运输部门负责公路工程造价的监管，公路工程造价管理机构全过程地负责造价管理的具体工作，成立交通工程造价协会使行业自律。发挥交通建设从业单位的企业自律作用，以及在提升造价管理水平方面的技术、人才、经验、管理优势，调动其共同参与行业管理的积极性，突破行业管理单一依靠交通行业主管部门通过行政手段制订规章制度的局限，使造价管理机构专注于主业。

从工程造价管理体系层级架构来看，建筑工程形成了国家—省—地市—区县三至四级造价管理体系，水利工程形成了国家—流域—省三级造价管理体系。目前，国内公路工程造价管理基本形成了国家—省—地市三级造价管理体系，地市一级建立造价站的较少。目前，国家层面的公路工程造价行业管理机构——交通公路工程定额站，定位尚不够清晰，从整个公路工程造价管理行业布局规划的高度考虑职责定位和工作开展，进而对下级公路工程造价管理机构进行有力的业务指导。地市一级公路工程造价管理机构应该尽量普及，承担辖区内的造价管理工作，既缓解省一级造价管理机构的压力，又能够使管理覆盖所有公路建设项目。

造价管理大厦需要强大的机构基础

本章小结

本章主要通过对国内外工程造价管理模式的分析，在分析一些国家和地区工程造价管理模式的同时，反思西方国家的工程造价管理为什么能够成功，对于这些成功的案例应当如何借鉴。其次，对我国国内其他行业工程造价管理模式进行介绍，突出不同行业工程造价管埋的特点，例如建筑工程造价管理更倾向于对造价的监管，铁路工程造价管理更倾向于对造价管理流程的梳理，水利工程造价管理是一个立体式的管理等。之后，对我国公路行业工程造价管理模式进行分析，主要从管理体制、管理模式和管理技术的现状介绍我国公路工程造价管理的现状。最后总结我国公路工程造价管理存在的问题和不足。

学习借鉴是改革创新的基本途径，充分了解国内外以及其他行业工程造价管理领域好的做法和优秀经验，并结合自身行业特点进行思考，从中获得一些启示，是形成好的管理方式，提高管理效果的途径。

3 广东省公路工程造价管理的创新之路

本章导读

3 广东省公路工程造价管理的创新之路

——全过程一体化造价管理

基于公路建设快速发展的形势需要，广东省交通运输工程造价管理站十多年来不断改进公路工程造价管理工作，在总结既有成功经验，借鉴国内外优秀元素的基础上，构建起一套既继承中国现有公路工程造价管理传统优势，又吸收了国际先进做法，覆盖公路工程造价所有阶段、所有业务环节的全过程一体化造价管理体系。这里对这一体系构建的合理性和框架结构进行简要介绍。

3.1 全过程一体化造价管理模式的提出

全过程一体化造价管理是在系统识别了公路工程造价管理的利益相关者，准确把握公路工程造价管理自身具有的优势和劣势，全面分析面临的机遇和挑战的基础上，高瞻远瞩、审时度势提出的新时期公路工程造价管理的新方法、新技术。这里对这一管理模式提出的背景进行全面分析，说明其必要性和合理性。

3.1.1 理论基础——公路工程造价管理利益相关者分析

公路建设项目一般由政府部门倡导并组织发起，各级财政部门投入大量资金予以支持；项目的勘察设计、施工、监理由市场提供；建设施工可能引起沿线土地，房屋建筑，电力、水利、铁路等基础设施和自然资源的征用、拆迁或功能影响；收费公路竣工通车后还存在社会公众极大关注的收费定价和收费期限问题。可见，公路建设项目是一个涉及政府、建设参与方、沿线资产所有者、用路人（或纳税人）等多方利益，在政府、市场和社会之间结合环节较多，也较为独特的公共服务供给项目。而根据世界银行研究，对于公共服务供给，忽视相关方（Stakeholder）利益或者对关键参与者信息告知缺乏，会导致民众对公共服务越来越不满，决策者自满情绪的膨胀以及地位无懈可击幻觉的增长，其后果都会导致公共服务的不可持续。基于此，深入了解公路工程造价管理中的利益相关方并在机制方面做好合理制定，对于推动公路建设又好又快发展至关重要。

公路建设应坚持以公共利益为主导的方式

(1)利益相关者理论

1963 年，美国斯坦福大学研究小组首次提出“利益相关者”概念，并将其定义为“对企业来说存在这样一些利益群体，如果没有他们的支持，企业就无法生存”。1984 年美国经济学家弗里曼(Freeman)在《战略管理：利益相关者管理的分析方法》中提出利益相关者管理理论(Stakeholder Theory)，认为任何一个公司的发展都离不开各利益相关者的投入或参与，企业追求的是利益相关者的整体利益。利益相关者理论虽然源于企业管理，但揭示了目标实现与可能影响因素之间的互动关系。因此，基于利益相关者理论，公路工程造价管理只有综合考虑了各相关方的利益需求，才能保证最终公路工程造价控制效果最优。

(2)公路工程造价管理利益相关者识别

弗里曼将利益相关者定义为“能够影响一个组织目标的实现，或者受到一个组织实现其目标过程影响的所有个体和群体”。根据弗里曼对利益相关者的定义，公路工程造价各利益相关者的关键利益如表 3-1 所示，公路工程造价的利益相关者如图 3-1 所示。

公路工程造价相关方关键利益分析表 表 3-1

利益相关者	拥有资源	角色	关键利益
用路人(或纳税人)	社会舆论，支持或反对项目建设、收费定价	要求参与监督	关心道路通行费的高低和财政支出的合理性
居民，企事业单位，电力、水利、铁路部门等沿线资产所有者	支持或阻碍工程建设	对其财产的损失补偿是工程造价的组成部分	关心公路建设带来的资产损益和损失补偿情况

续上表

利益相关者	拥有资源	角色	关键利益
交通行业主管部门	项目造价监管	审批概算、预算、决算，监控资金使用	关心项目成本，期望花较少的钱修更多的路
发展改革部门	项目审批	审批估算、概算	关心项目资金需求的合理性，对项目投资进行总体控制
财政部门	项目拨款(政府投资项目)	办理和监督财政拨款	关心项目的资金需求规模、申请拨款额度和财政拨款使用的合理性
审计部门	项目审计	审计预算执行情况和决算，审批决算	关心项目资金使用是否合理、合规
出资人	投资与否	筹集建设资金	对于政府投资项目，政府关心项目社会效益，关心项目对社会运行成本、社会公平和生活幸福指数的影响，对经济社会发展的拉动；对于企业(国有、民营、外资)出资项目，企业考虑的是项目的经济效益
项目管理者(政府投资项目)	—	资金使用，负责资金使用的规范性、合理性，项目造价自控	关心管理费高低，竣工决算能否顺利通过审查
建设承包人	—	其服务报酬是工程造价的主要组成部分	关心自身经济利益、承包费用高低
勘察、设计、监理、造价咨询等交通技术服务者	—	勘察深度，设计、造价咨询服务质量直接影响工程造价高低，监理单位负责工程计量支付；其服务报酬是工程造价的组成部分	关心自身经济利益、技术服务费用高低

公路建设过程中用路人(或纳税人)，沿线资产所有者，交通运输主管部门，发展和改革部门，财政部门，审计部门，出资人，项目管理者(政府投

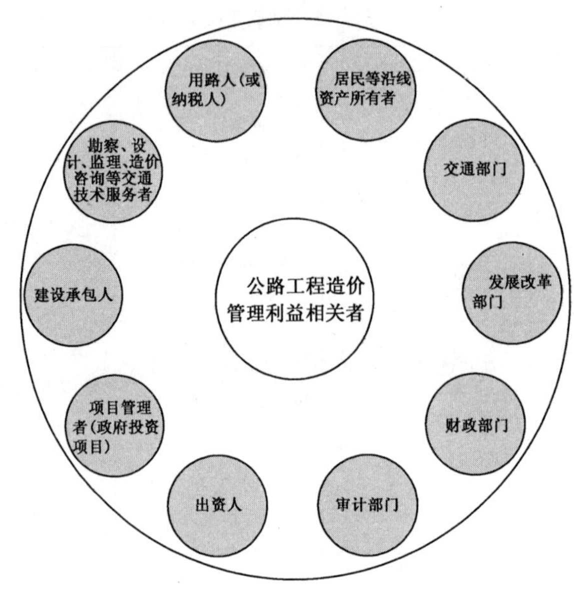

图 3-1　公路造价利益相关者

资项目),建设承包人,勘察设计、监理、造价咨询等公路工程造价管理相关方自身利益关切不同,对工程造价的态度、期望和影响也有所差异。公路建设的成本最终将由道路使用者或纳税人承担,他们希望用最少的经济代价换取尽可能便捷的交通服务,期望工程造价低。居民,企事业单位,电力、水利、铁路部门等沿线资产所有者其自有财产在公路建设中被征用、拆迁或功能受影响时,要求给予赔偿,并争取最大经济利益,因此会推高工程造价。交通运输主管部门作为行业管理部门,考虑的是交通对经济社会发展的带动和服务,追求的是社会效益,期望花较少的钱修更多的路,以满足经济社会发展的需要。发展和改革部门考虑的是国民经济社会的协调发展、生产力的合理布局,关注项目的投资规模和投资结构,关心资源的合理分配,期望工程造价低。财政部门考虑的是社会财力的综合平衡,关心政府投资项目的资金需求规模和政府拨款使用的合理性,希望少花钱多办事,期望工程造价低。审计部门考虑的是维护经济秩序,提高资金使用效益,促进廉政建设,保障国民经济和社会健康发展,关心的是支出的真实、合法和效益,对工程造价高低没有倾向,但关注造价的真实性、可靠性和投资绩效。出资人考虑的是项目效益。对于政府投资项目,政府关注项目的社会效益,关心项目实施对群众出行时间、费用成本的影响,对社会运行成本的影响,对经济社会发展的带动和对社会公平、生活幸福指数的影响,期望工程造价低。对于企业出资项目,企业考虑的是项目的经济效益,追求尽可能多的经济回报,期望工程造价高,往往千方百计把投资“做大”,但实际工程造价较低。通过“做大投资”,既可以从银行多得贷款减少自己实际出资额度,甚至获得额外贷款资金,又可以申请较长的收费年限和较高的收费标准以谋取超额投资利益。部分企业投资项目甚至出现中标合同价高于正常市场水平,与市场经济中“花最少钱,争最大投资回报”规律相悖的情况;政府投资项目的管理者不是事实上的出资人,考虑的是项目费用要有足够余地。建设成本的高低,资源消耗的多少,项目效益的好坏与其没有直接利害关系。而且项目造价越高,其提取的管理费用越多,自身的经济利益也越大。因此,政府投资项目的项目管理者往往不顾建设项目近期效益好坏,千方百计争取“工可”投资估算、设计概算批高,愿意多花钱,多用资源,建设项目中出现保守工程、违规工程,违背市场经济规律和行业规定的情况。建设承包人关心项目施工费用,考虑的是自身经济利益,往往通过低价揽标获得建设资格,再通过工程变更,获取更多经济利益,最终推高了工程造价。勘察、设计、监理、造价咨询等交通技术服务者主要关心的是自身经济利益,一般是按照项目造价提取技术服务费用,希望工程造价高。同时较业主相对劣势的服务合作关系决定其愿意按照业主要求做大工程投资。

用路人(或纳税人),沿线资产所有者,交通运输主管部门,发展和改革部门,财政部门,审计部门,出资人,项目管理者(政府投资项目),建设承包人,勘察设计、监理、造价咨询等公路工程造价管理相关方之间造价管理目标对立,追求效益不一致,这种利益关切的矛盾造成公路建设领域部分建设项目造价偏高的现象并引起社会的极大关注。政府作为社会公共利益的倡导者和维护者,应该站在以人为本和建设和谐社会的高度,坚持以公共利益为主导,建立一套符合公共利益优先的原则,能够适应行业可持续发展需要,全面、合理地反映各方利益诉求的公路工程造价管理模式,形成公路造价管理的利益协调机制和矛盾疏导机制,在错综复杂的利益格局下,科学有效地规范、控制工程投资,维护好各相关方的利益,促进公路建设行业健康、持续地发展。

3.1.2 SWOT 分析方法——全过程一体化造价管理模式的提出

SWOT(Strengths—Weaknesses—Opportunities—Threats)分析方法是一种普遍应用于企业战略制订的模式。SWOT 中几个英文字母的含义是 S(Strengths)代表系统内部的优势,W(Weaknesses)代表系统内部的劣势,O(Opportunities)代表系统发展的机遇,T(Threats)代表系统面临的威胁、挑战。SWOT 分析方法虽然起源于企业战略管理,但该理论揭示了系统发展战略与可能影响因素之间的互动关系,以及如何采取策略实现影响因素之间的优化组合，形成有效发展战略的关系原理，适用于公路工程造价管理模式的构建。SWOT 分析在对系统具有的优势和劣势，面临的机遇和挑战进行梳理的基础上，识别来自系统外部环境的机遇与威胁和内部优势与劣势之间的适应性与差异性，即判断系统内外部环境因素相互一致（重叠）或相互偏离的程度，通过这种内、外部环境的综合分析，决策人员可以建立内、外部因素一致吻合和相互适应的管理系统，发挥自身优势，克服劣势，避开威胁，把握发展机会。这种战略选择分析原理就像一个人拿着照相机为人拍照，摄影者旋转照相机上的调焦旋钮，让照相机外部的人与相机内部的底片成像一致起来，内、外部成像因素相互适应重叠，从而获得清楚完美的照片。这里，将通过对公路工程造价管理的 SWOT 分析，选择制订公路工程造价管理发展的策略。

（1）公路工程造价管理的 SWOT 分析

公路工程造价管理 SWOT 分析中的优、劣势分析主要着眼于公路工程造价管理体系的自身特征，分析整个造价管理体系在完成造价管理工作，实现造价管理目标时可以利用的资源、能力以及技能方面的优势和不足。而机遇和挑战分析则将注意力放在外部环境的变化及其对公路工程造价管理可能带来的影响上。从我国社会的发展经验来看，中国共产党全国代表大会和中央委员会全会、全国人民代表大会和中央领导的重要讲话，国家制订的五年规划，体现和反映了我国社会的时代特征，谋划和绘制了中国社会的发展方向，这里以梳理历次会议、中央领导讲话精神和发展规划内容为切入点，从政治、经济、技术、社会文化环境等方面分析外部环境可能对公路工程造价管理带来的机遇和挑战。

①优势

公路工程造价管理已经初步形成了设有管理机构、配有管理人员、拥有管理手段和方法、建立了管理制度、取得了管理效果的造价管理体系。

在管理机构方面，国家层面虽未设立专职机构，但交通公路工程定额站受部委托开展公路计价依据的制订工作；省级层面，从 1988 年原交通部发出通知要求各省成立公路工程定额站开始，各省相继成立了相关机构。不管是成立了单独的造价管理局、站，还是挂靠在设计院、公路局，或是与交通基本建设质量监督部门合署办公，或是下设在公路局、高等级公路管理局下的一个处室，目前全国 31 个省、自治区、直辖市无一例外地设有公路造价管理机构；基层——建设项目层面，成立项目指挥部或是项目法人负责建设项目造价管理和控制。目前，总的来看，从上至下基本建立起了公路工程造价管理机构。

在管理人员配备方面，省级造价管理机构，根据机构设置情况，多则配有四五十人,少则有五六人专职负责造价管理工作。项目建设管理单位造价管理人员较少,往往只有个别人负责相关工作。

在管理手段和方法方面,目前公路工程造价主要采用定额计价或工程量清单计价的方法。定额计价主要用于工程前期造价控制,包括编制工程估算、概算、预算,工程量清单计价主要用于招投标、计量支付和工程结算。不同省份,根据各自实际情况,在公路工程造价管理方面的侧重有所不同,有的省份侧重定额管理,有的省份侧重前期设计阶段造价控制,有的省份以行业监管为主,还有的省份采用全过程造价管理模式。为了提高管理效能,各省造价管理机构普遍采用了信息技术开展具体业务,有的使用"三算"软件,有的开发了定额测定出版系统,有的开发了信息管理系统。总的来说,各地都已形成了一定的管理方法和工作手段。

在管理制度方面,各省、市级造价管理机构制订了一系列的造价管理制度,涉及计价依据、人员管理、造价文件编审、造价监督、工程变更管理、材料价差调整、信息发布等内容。

在管理效果方面,各级造价管理机构取得了一定的管理成效,以广东省为例,广东省交通运输工程造价管理站在历年来各种造价文件审查过程中核(增)减的金额达到项目总金额的5%,以"十五"期间造价审查情况统计测算,如果公路建设每年投资200亿元,按平均核减幅度5%测算,核减工程投资达10亿元。

②劣势

a.公路工程造价管理定位不清晰,职责不明确,在公路建设管理中的地位还比较模糊。

目前,国家层面公路造价管理归口主管机构是交通运输部公路局,公路局未设置专职机构负责全国造价管理工作,仅委托中交公路规划设计研究院公路经济室,下挂交通公路工程定额站,主要职责包括公路工程定额等计价依据的制修订及宣贯、公路造价人员考试教材编制、试题库的征集管理等工作。国家层面的造价管理制度下的规范主要是"定额"和"编制办法"等计价依据,类似"造价管理办法"等宏观管理制度和"造价从业人员管理"等具体业务管理办法还很缺乏。从上层公路工程造价管理机构、职能设计来看,现阶段,国家层面公路工程造价管理体制比较模糊,既缺乏独立的造价管理机构,也没有相应的管理办法,下级单位在开展造价管理工作时,由于缺乏上位法的支持,导致公路工程造价管理定位不清晰,职责不明确,陷入无法可循、无章可依的局面,极不利于公路工程造价管理工作的开展。

b. 侧重阶段性控制的造价管理模式还较为普遍。

从目前各省份公路工程造价管理机构采取的造价管理模式来看，有的省份侧重定额管理，负责制订计价依据，主要承担定额测定工作；有的省份侧重前期设计阶段，主要承担定额测定和估、概、预算文件的审查工作；有的省份造价管理以行业监管为主，通过制订行业规则、规范，维护公路建设市场秩序，不承担或承担少量的造价文件审查业务；还有的省份采用全过程造价管理模式，承担定额测定、各阶段造价文件审查、造价监督以及从业人员资质管理等具体工作。目前全国大约一半左右的省份采用了全过程造价管理方式，但不同省份根据自身人员结构、技术能力和管理权限的差异开展的深度也是有强有弱。侧重阶段的造价管理模式由于不能把造价形成的全过程有效搭接起来形成闭环系统，不能将前期的设计计价（估算、概算、预算）与中期、后期的市场定价（合同价、结算价）进行比照，难以分析造价的合理性、发现造价存在的问题，因而造价管理漏洞较多。

公路造价管理：船小浪大

c. 注重造价具体事务性管理，行业监管缺乏，制度建设薄弱。

一直以来，公路工程造价管理机构的整体工作偏重于造价审查，造价管理过程的指导和监管薄弱。对造价有实质影响的资金使用环节，以及影响造价文件编制水平进而影响工程造价的造价从业人员缺乏监管，不能预防和及时发现问题，不利于造价管理机构正确履行职责，实现造价管理目标，也不利于公路工程造价行业的可持续发展。

传统公路工程造价管理也存在虽有做法但少制度、忙于具体业务而在建章立制上进展缓慢的情况，造成如此结果：第一，好的管理技术、管理方法、管理经验不能及时总结、提升并形成规范和制度进行普及推广，不能广泛指导实践、普遍提升管理效能，也不利于优秀做法的传承和进一步提升；第二，制度建设滞后，管理规章不健全，容易形成制度漏洞和缺失，给试图利用政策空隙的人留下可乘之机，也为人为干扰留下了空间和余地；第三，制度体系不完善，不能保证各项造价管理工作按照规范的程序、统一的标准要求，在最少的干扰下，在受控、可靠的过程环境中稳步推进，个人特征影响严重，随意性、随机性、偶然性大，管理质量、效率无法保证。

d.信息技术在造价管理中的应用还处于大量使用单机软件阶段。

目前，我国公路工程造价管理过程中应用信息技术的基本情况是：很多地区公路工程造价管理或停留在手工操作阶段，既费时又费力，低效、错误率高，信息交互差，无法做到信息挖掘。或者只在某些环节应用计算机或单机软件，包括：(a)利用计算机进行基础信息搜集、工程分解、数据分析和测算，编制定额等工程造价计价依据；(b)编制软件进行工程估、概、预、结、决算文件的编制和审核；(c)编制施工管理软件，动态了解工程进度、资金使用、预算执行情况，管理工程变更业务，纠正施工中存在的资金问题；(d)积累完工项目工程造价信息，形成经验数据库，进行数据分析与挖掘，为新项目造价管理提供借鉴；(e)利用互联网实现政府、造价管理部门、业主、设计、施工、监理单位等参与方之间的远程交互和组织内部交互。这些单机软件首先存在功能简单、开发还不深入的问题。如造价文件编审软件自动化程度不高，仍然需要大量人工辅助，没有最大限度减轻工作人员劳动量，在提高工作准确率和效率方面的潜力没有充分发挥。数据挖掘软件的数据分析其深度不够，未形成具有指导作用的经济指标，经济分析及评价工作未能有效开展起来。在建项目资金管理软件程序化、规范化、动态化管理程度低。除此以外，目前只在某些环节使用计算机，或者单机软件的更大弊端还在于不同软件实现不同环节的造价管理工作，而不同的软件往往又互不兼容，数据模型、存储方式各有不同，各系统之间没有统一的技术架构、数据接口，系统集成十分困难，数据资源难以共享，造成造价管理的各个阶段不能有机结合，不能用信息技术完整地将各阶段造价管理工作串接起来，导致后续的造价文件审核检查、对照分析，造价数据挖掘，定额信息进行动态更新等业务功能难以实现，影响了造价管理工作的效果。目前，全过程造价管理的信息化、集成化、自动化尚无法实现，信息技术在造价管理中的优势还没有充分发挥出来。

造价管理各方面内容：缺乏联系

e. 计价依据、造价监督、造价文件编审和从业人员管理还不标准。

在计价依据方面，各阶段造价文件的编制格式还不统一，部分省份结合工程实际和造价管理的需要编制了补充定额，但各省补充定额的编制原则和方法不尽相同，造成编制的造价文件并不统一、规范。不同地区、不同业务人员编制的造价文件差异较大，给相互交流带来困难；在造价监督方面，由于国家层面没有统一的规定，不同省份造价管理模式有所不同，在哪些阶段、由谁进行造价监督不尽相同，不利于资金使用过程的监管；在造价文件编审方面，由于定额体系的项目表和清单体系的项目表子目划分与工程实际还不一致，有的子目设置不符合施工工艺和施工组织，有的条目划分过粗以致不能有效区分价格差异，有的专业工程缺乏计价子目，而且定额子目与清单子目不能有效转换，使造价文件的编制自由量大，不同业务人员编制的造价文件差异较大，难以保证造价编制的准确性和科学性，给审查也带来了极大困难；在从业人员管理方面，虽然交通运输部发布了公路工程造价从业人员管理规定，但由于交通运输部门在从业人员管理上的尴尬位置，持证上

“不标准”与“标准”

岗一直没有推行，公路工程造价管理机构从业人员管理普遍薄弱，而且也不清楚应该从哪些方面着手，虽然各省都提出并开展诚信管理，但能客观、准确地评价从业人员诚信水平、业绩水平的管理工具较少，对从业人员的管理存在极度不规范甚至失控的情况，造价文件的编制质量、造价从业人员在工程建设中的成本控制能力具有不确定性。

③机遇

a.“以人为本”的社会价值取向。

“以人为本”是中国共产党十六届三中全会提出的新要求，体现了中国社会的价值观和发展观，明确把“以人为本”作为最高价值取向。胡锦涛总书记指出，坚持“以人为本”，就是要以实现人的全面发展为目标，从人民群众的根本利益出发谋发展、促发展，让发展的成果惠及全体人民。以人为本就是坚持人是社会发展的主体，经济与社会发展是为了满足人的需要、利益、愿望和诉求。要实现好、维护好、发展好最广大人民的根本利益，从解决人民群众最关心、最直接、最现实的利益问题入手，协调和处理好各方面之间的利益关系，完善社会利益分配机制和调处机制，制订经济政策、实施社会管理应围绕人民群众的实际承受力并能够降低百姓负担。

公路建设成本最终要由纳税人或用路人承担，公路工程造价的高低直接决定了纳税人或用路人的经济负担和生活幸福指数。从以人为本的社会价值取向来看，公路工程造价管理工作会得到进一步的重视和加强，并要求坚持公共利益主导。以人为本的另一方面含义，就是在公路工程造价管理中要充分考虑造价从业人员、政府管理人员、行业管理人员、业主等造价管理参与方。对于造价从业人员，一方面要充分考虑减少造价从业人员的劳动强度、工作负荷，通过提供信息化、自动化的工具和手段提高工作效率和准确性；另一方面，要为造价从业人员提供充分的信息支持，使他们能够方便、准确、及时地获取各种所需的定额信息、人材机价格信息、各种造价指数、历史项目的人材机消耗量信息等计价依据，便于开展计价工作；同时还要为他们提供规范的工作标准和流程甚至业务模板，辅助他们便捷、准确、规范地完成各种业务，生成各种造价文件，最终实现造价从业人员以最少的劳动消耗来高质量地完成造价业务。对于政府管理人员，要为他们提供途径和手段以便及时、动态地了解项目实施过程的资金使用情况、计划和实际的变化情况以及在建项目与类似历史项目的比照情况。对于行业管理人员，要为他们提供技术工具，一方面方便他们生成或者采集定额、造价指数、价格等各种计价信息，并及时发布、适时更新；另一方面，方便他们准确及时地掌握资金使用过程的关键信息，有效开展资金使用监督，还要方便他们能够查询到造价从业人员和单位的翔实业绩信息，以便开展资格管理工作。

"以人为本"是"幸福"造价的源泉

对于业主，为他们设计并提供技术工具，一方面帮助他们记录、存储各种施工过程中的造价数据，减少编制造价文件时寻找数据的困难，并快捷生成各种上报文件和决算文件；另一方面，帮助他们分析工程变更时承包方提供单价的合理性，规范变更过程。最后，还要为造价管理工作提供信息传输路径和资源共享平台，实现不同造价管理主体之间信息的便捷传输和资源共享。

b."科学发展"的社会发展模式。

中国共产党十六届三中全会提出了科学发展观，并在党的十七大上写入党章，明确了推动中国经济社会改革与发展的思路和战略。胡锦涛总书记指出，科学发展观的基本要求是全面、协调、可持续性，根本方法是统筹兼顾。坚持全面，是指发展要有全面性、整体性，生产与管理、生产力和生产关系、经济基础和上层建筑各个方面都要发展；注重协调，是指发展要有协调性、均衡性，合理地优化调控社会财富的分配以及财富在满足社会需求中的行为规范，维持效率与公正之间的平衡，维持市场发育与政府调控之间的平衡；强调可持续，是指发展要有持久性、连续性，不仅当前要发展，而且要保证长远发展。在不超出维持社会系统涵容能力的前提下实现生活品质的改善、行业社会的可持续发展。实现科学发展重在统筹兼顾，正确反映和兼顾不同方面的利益，统筹个人利益和集体利益、局部利益和整体利益、当前利益和长远利益，正确处理最广大人民的根本利益、现阶段群众的共同利益和不同群体的特殊利益的关系。

从科学发展的经济社会发展改革思路来看，必须坚持公路建设需要造价管理的基本方针。合理控制建设成本，保证行业内部财政的可持续性。基于造价管理在公路建设中的利益分配协调职能，坚持公平与效率的原则，合理反映各相关方利益，做到社会公共利益与建设参与方之间利益的相对公平、公路建设行业内部与外部利益的相对公平。

有序的造价管理能保证公路建设驶在正确航向上

c."改革开放"的社会发展路径。

改革开放是推动各项事业向前发展的基本途径。胡锦涛总书记在中国改革开放30周年的讲话中指出,"不动摇、不懈怠、不折腾,坚定不移地推进改革开放。"改革开放包括对内改革和对外开放。对内改革,就是要改革不适应发展形势的体制机制,建立起满足实际需要的工作机制。对外开放就是要大胆吸收和借鉴世界各国包括资本主义发达国家的一切反映现代社会化生产和商品经济一般规律的先进经营方式、管理方法和科学技术,根据国情,融会贯通,促进体制创新、制度创新和技术创新。交通运输部在总结既有经验,借鉴国外先进做法的基础上,提出工程项目建设要按照发展理念人本化、项目管理专业化、工程施工标准化、管理手段信息化、日常管理精细化的要求,全面推行现代工程管理。

更好的发展可以将拿来与改良相结合

公路工程造价管理作为公路建设管理的一项重要内容,应该抓住全面推行现代工程管理这一重要机遇,以建立现代工程管理制度为推手,融入人本化、专业化、标准化、信息化、精细化等优秀元素,做到发展理念人本化,将降低用路人负担、为造价从业人员提供便捷服务作为公路工程造价管理的核心;造价管理专业化,通过建立专业化的组织机构和人才队伍实施专业化管理;造价管理标准化,通过制订制度标准、管理标准和技术标准,把造价管理过程流程化、规范化、清晰化,规范造价形成和管理过程;管理手段信息化,通过广泛应用信息技术、网络技术和通信技术,搭建公路工程造价管理系统平台,提高管理效能;日常管理精细化,将造价管理的各阶段、各环节、各元素都纳入管理监督体系,使造价处于受控状态。

d.现代交通业的发展方式转型。

交通运输发展涉及经济、社会、资源、环境等主要因素,需要处理好交通运输与社会经济和资源环境之间的互动关系,形成一个良性运行状态的互动系统。随着资源和环境制约日趋突出,转变交通发展方式,走资源节约、环境友好型发展道路,发展现代交通业等,成为交通科学发展的必然要求。按照《交通运输部关于加快发展现代交通业的若干意见》确定的现代交通业工作重点,"要集约利用资源,减少对资源的占用和消耗,降低全寿命成本;强化对资金安全和使用效益的监管,不断提高交通资金的使用效率和效益;规范行政权力运行;建立、健全重大决策的社会公示、听证和信息公开等制度,积极推进交通政务公开;完善交通统计体系和统计制度,充分利用和整合信息资源,建立交通信息共享平台。"

从现代交通业的发展方式转型来看,公路工程造价管理面临规范资金使用和权力运行,降低公路全寿命成本的交通政策环境,而其在实现上述目标方面的优势,将使交通管理部门进一步重视和加强公路工程造价管理工作。而整合信息资源的现代交通发展目标,要求积累造价信息以便再利用。

④挑战

a."和谐社会"的社会发展目标。

中国共产党十六届四中全会提出并通过的构建社会主义和谐社会,体现了和谐是社会发展的目标。胡锦涛总书记指出,社会主义和谐社会,应该是民主法治、公平正义、诚信友爱、充满活力、安定有序、人与自然和谐相处的社会。

发展社会主义民主,是要保障人民的知情权、参与权、表达权、监督权。从各个层次、各个领域扩大公民有序政治参与,保证人民依法实行民主决策、民主管理、民主监督。最广泛地动员和组织人民依法管理国家事务和社会事务、管理经济和文化事业。推进政务公开,按照《政府信息公开条例》的要求,将"公开为常态,保密为例外"和"让权力在阳光下运行"制度化,增强公共政策制订的透明度和公众参与度。

发展社会主义法治,是要让国家权力和社会关系按照明确的法律秩序运行，而不是依照领导者的个人喜好以及亲疏关系来决定经济和社会等方面的公共事务。既充分利用国家权力促进和保障一切社会成员和组织的权利，又防止国家权力的滥用和腐败。通过建立结构合理、配置科学、程序严密、制约有效、监督有力的权力运行机制，并把决策、执行等环节的权力全部纳入监督制约之中，明确监督主体、监督内容、监督对象、监督程序和监督方式，提高权力运行的透明度。通过制度管权、管事。

发展社会公平正义，是要逐步建立以权利公平、机会公平、规则公平、分配公平为主要内容的社会公平保障体系，不断消除人民参与经济发展、分享经济发展成果方面的障碍。权利公平，就是要实现每个社会成员和组织在生存权、发展权等基本权利方面是平等的。机会公平，要保证社会成员和组织面临发展可能时能够具有同等机会，并能基于能力实现优胜劣汰。规则公平，要实现社会成员和组织在法律、规则面前一律平等，不允许某些人或组织通过对过程的控制而谋取不当利益。在涉及个人与集体、国家，企业与企业之间的利益关系时，避免公权侵害私权和行政权侵害财产权。分配公平，要保证社会成员和组织在劳动成果的分配以及最后目标的实现上体现公平，特别是要保护弱者，让贫困群体、弱势群体分享社会进步和改革开放的成果，使得社会各方面的利益关系得到妥善协调，经济社会发展成果惠及全体人民，人民内部矛盾和其他社会矛盾得到正确处理。制度是实现社会公平正义的根本保证，从实现社会公平正义的要求看，在进行制度设计和制度安排的过程中，要用规则与制度创造公平发展的空间、共建共享的平台，找准最大多数人的共同利益和不同阶层、不同群众具体利益的平衡点，妥善协调社会各方利益，分好社会财富这个“蛋糕”。

从建设和谐社会的社会发展目标来看，第一，公路工程造价管理作为一项影响社会公共利益的管理行为，其过程和结果要向社会公开，方便公众监督。但公路建设具有阶段多、数据量大的特点，将各阶段造价数据及时、动

造价信息公开需要行业部门支持

态、便捷地，以通俗易懂、标准完整、准确无误的方式向群众公开，既是对造价管理工作质量效率的挑战，也是对造价管理人员开放心态和服务意识的突破。第二，在法制社会的背景下，以权限管理、过程控制和监督制约为核心的造价管理体制，与中国传统社会“官本位”思想和“趋利避害”的行为模式冲突严重，能否克服传统社会思想的影响以实现造价管理目标是公路工程造价管理面临的新的挑战。

b. 优化投资结构，加快综合运输体系建设的经济发展阶段。

调整优化投资结构，加快综合运输体系建设仍然是未来经济建设的着力点。进一步发挥投资对扩大内需的重要作用，保持投资合理增长，提高投资质量和效益，引导投资进一步向民生和社会事业等领域倾斜，推进基本公共服务均等化，使发展成果惠及全体人民。明确界定政府投资范围，加强和规范地方政府融资平台管理，防范投资风险。鼓励扩大民间投资，放宽市场准入，支持民间资本进入基础设施、市政公用事业、社会事业等领域，推动公共服务提供主体和提供方式多元化。按照适度超前原则，统筹各种运输方式发展，构建便捷、安全、高效的综合运输体系。推进国家运输通道建设，基本建成国家高速公路网，加强省际通道和国省干线公路建设。截至 2010 年底，全国设施公路网总里程 398.4 万公里，其中高速公路总里程 7.4 万公里，国家高速公路网通车里程 5.8 万公里，高速公路覆盖 20 万以上城镇人口的城市比例为 80%，二级及以上公路总里程 44.5 万公里，其中国道二级及以上公路比例为 60%，农村公路总里程 345.5 万公里，每年实施国、省道大中修工程比例约 13%，国、省道总体技术状况(MQI)72%。对比“交通运输‘十二五’发展规划”目标，在 2015 年末全国公路网总里程要达到 450 万公里，高速公路总里程达到 10.8 万公里，其中国家高速公路网通车里程达到 8.3 万公里，高速公路覆盖 20 万以上城镇人口的城市比例大于 90%，二级及以上公路总里程 65 万公里，国道二级及以上公路比例大于 70%，农村公路总里程达到 390 万公里，每年实施国、省道大中修工程比例大于 17%，国、省道总体技术状况(MQI)大于 80%。在未来一个较长阶段，公路交通发展仍处于战略机遇期和大建设、大发展阶段。

从优化投资结构、加快综合运输体系建设的经济发展重点来看，第一，在未来一个较长阶段，公路建设任务仍然相当繁重，而国家强调投资效益并进一步管控投资风险，特别是 2009 年国家发展改革委、交通运输部陆续发布了“关于加强中央预算内投资项目概算调整管理的通知”、“关于印发加强重点公路建设项目设计管理工作若干意见的通知”，旨在强化建设项目资金使用预算编制的准确性和透明度，加大预算编制和执行管理的力度，强化资金使用监管。而国家燃油税政策的执行、被征地农民社保、预留发展用地等政策的相继出台，路用材料价格受宏观经济影响大幅度波动，以及公路向山区、地质条件复杂区域延伸，修造技术越来越复杂等多种情况的出现，使造价管理的政策影响因素越来越多、技术难度越来越大。造价管理任务无论从工作量、工作压力还是技术难度上都非常繁重。第二，国家总体上鼓励民间资金进入公路建设领域，但考虑到公路的公共产品属性，以及公路投资多元化带来的社会广泛关注的高收费和出现的种种不正常造价虚高现象，将公路多元化投资项目纳入造价管理范围，进行严格管理，无论从公共利益还是从负责任的政府角度都是理性选择。

c. 建设社会主义核心价值体系的社会文化建设主方向。

提高全民族文明素质，建设社会主义核心价值体系，倡导爱国守法和敬业诚信，构建传承中华传统美德、符合社会主义精神文明要求、适应社会主义市场经济的道德和行为规范是当前社会文化建设的主基调。从国家修复社会价值体系的目标任务和当前社会现状来看，在目前社会主义市场经济体系还不成熟，市场发育还不完善，法律法规体系尚不健全，监督惩戒机制有待强化的环境下，市场参与者普遍较为短视，为了追求短期利益，违反公平正义、职业道德的行为较多。公路投资处于道德风险较大的外部环境，资金使用问题也较多。国家也把工程建设领域突出问题专项治理作为工作重点，2009 年 6 月，中央政治局常委会决定用两年左右时间集中开展工程建设领域突出问题专项治理工作。

道德风险较大的外部环境要求公路工程造价管理对估算、概算、预算、决算及招投标、施工等造价形成环节加强监督，形成相互衔接的闭环管理系统，实现动态监督、及时反馈和风险预警。对与公路工程造价形成有关的勘察、设计、施工、监理和造价咨询中介等提供交通技术服务的单位和从业人员，要加强诚信管理，以建立企业行为档案制度和个人信用体系为核心，以

加强造价管理，有效遏制腐败

合同履约与服务质量为信用记录重点，以建立信用监督、失信惩戒制度和守信激励制度为保障建立诚信体系，并通过建立信用管理系统，健全负面信息披露制度，减少和纠正“市场失效”带来的社会代价。另外，在市场参与者的行为有较大不确定性的环境下，公路造价要坚持政府调控与市场形成相结合的原则，在政府定价确定的范围内适当竞争，保证造价合理，避免“低价揽标”带来工程质量风险或“造价虚高”带来的投资失控风险。

(2)全过程一体化造价管理模式的提出

对比公路工程造价管理的优势、劣势、机遇和挑战，从造价管理信息流形成闭环回路的角度来看，需要有一个专业技术机构，完整、系统地负责公路工程造价形成过程的管理，并且采取全过程造价管理方法，对项目前期进行造价控制、对实施过程进行造价监督、对项目竣工进行造价核定，将造价形成的全部过程纳入监管体系，使整个造价形成过程处于受控状态，这是保证造价管理效果的前提和基础。但是，目前公路工程造价管理虽然对项目实施的各个阶段都有相应措施，但项目前期、实施和竣工阶段的造价管理方法、内容无法有效衔接，各个阶段的造价数据相对独立，不能形成贯穿各阶段的连贯造价数据流，各个阶段的管理成果脱节，不能对项目各阶段进行无缝对接，进行全程连续性管理，无法进行前期、中期、后期各阶段造价数据的比照，不能完全发挥全过程造价管理的整体绩效。因此，形成一体化成套管理技术，通过数据连接共享、阶段管理连续，实现公路工程造价的全过程一体化连续管理是造价技术发展的关键。从正确履行职责的角度看，造价管理机构需要由侧重造价具体事务性管理向行业监管与服务并重的管理模式转变，公路工程造价管理的业务范围由过去侧重单一的定额测定、造价文件审查向计价依据管理、造价文件编审、造价监督、人员资格管理并重的管理业务范围系统化、一体化方向转变，将与造价管理要素相关的业务统筹纳入管理系统，形成造价管理业务范围的全过程一体化。这将有利于实现全方位的管理。信息技术作为提高造价管理效能的重要的主抓方面，要根据阶段全过程和业务范围全过程的公路工程造价管理全过程发展趋势，从人工或单机软件阶段向集成管理信息系统转变，实现公路工程造价全过程信息化管理。同时，公路工程造价管理的方法、流程要通过制度固化下来以便推广普及。

因此，从对造价管理进行全过程、全方位、全要素管理，发挥整合集成效果的目的出发，需要构建全过程一体化造价管理体系，实现对各个造价管理阶段的连续化管理和各造价相关业务的系统化管理。这里的**全过程一体化造价管理是指，充分利用专业化、标准化、信息技术，贯穿项目前期决策(设计)阶段、中期实施阶段、后期交竣工验收阶段，实现管理方法衔接、造价数**

据连贯、阶段管理连续，并涵盖计价依据管理、造价文件编审、造价过程监督、从业人员管理等业务范围的全过程、一体化造价管理技术。

3.2 全过程一体化造价管理模式框架

全过程一体化造价管理模式包括全过程和一体化两个方面，下面分别从“全过程”和“一体化”这两个角度，对该模式进行介绍。

3.2.1 关键词一：造价管理的范畴——全过程

公路建设项目，从项目立项到建成运营，要经历项目决策和可行性研究阶段、设计阶段、招投标阶段、施工阶段和项目交竣工阶段等多个前后接续的环节，具有分阶段、多次计价的特点，每一阶段的工程造价相互关联但又独立计价，因此，应该按照工程项目的过程与活动的组成与分解的规律对项目进行全过程造价管理。在项目建议书阶段，项目发起人编制初步投资估算，经相关部门批准，作为拟建项目列入国家中长期计划并作为开展前期工作的控制造价。在可行性研究阶段，项目发起人编制的投资估算，经评审后上报审批，造价管理部门提出估算审查意见供审批部门决策参考。在初步设计阶段，由设计单位编制初步设计概算，组织评审后上报审批，造价管理部门提出概算审查意见供审批部门决策参考，批准后的设计概算作为拟建项目工程造价的最高控制限额，当概算突破批准的投资估算 10％时，应修编可行性研究报告和估算并报请原批准部门重新审批。在施工图设计阶段，设计单位按规定编制施工图预算提交业主，造价管理部门提出预算审查意见供有关部门参考。工程发包阶段，采用招投标制度，承包合同价经招标后确定，招标设有标底的一般由设计单位或造价咨询单位编制，送造价管理部门审核。施工阶段，施工期间的变更、索赔价由业主或监理工程师确定，重大变更需编制设计预算报行业主管部门审批（由造价管理部门提出预算审查意见提供审批部门决策参考）。结算阶段，由发、承包人双方协商确定结算价，部分争议工程委托造价管理部门或造价咨询单位核定。竣工决算阶段，由业主负责编制竣工决算报告，上报交通运输主管部门和审计部门，交通运输主管部门委托造价管理部门进行审查后，由竣工验收委员会审议通过，批准的工程竣工决算作为核定项目的最终总成本。

整个造价管理过程用投资估算控制设计方案的选择和初步设计概算，用概算控制技术设计和修正概算，用概算或修正概算控制施工图设计和预算，用预算控制工程决算，最终确定工程实际总成本。如图 3-2 所示。

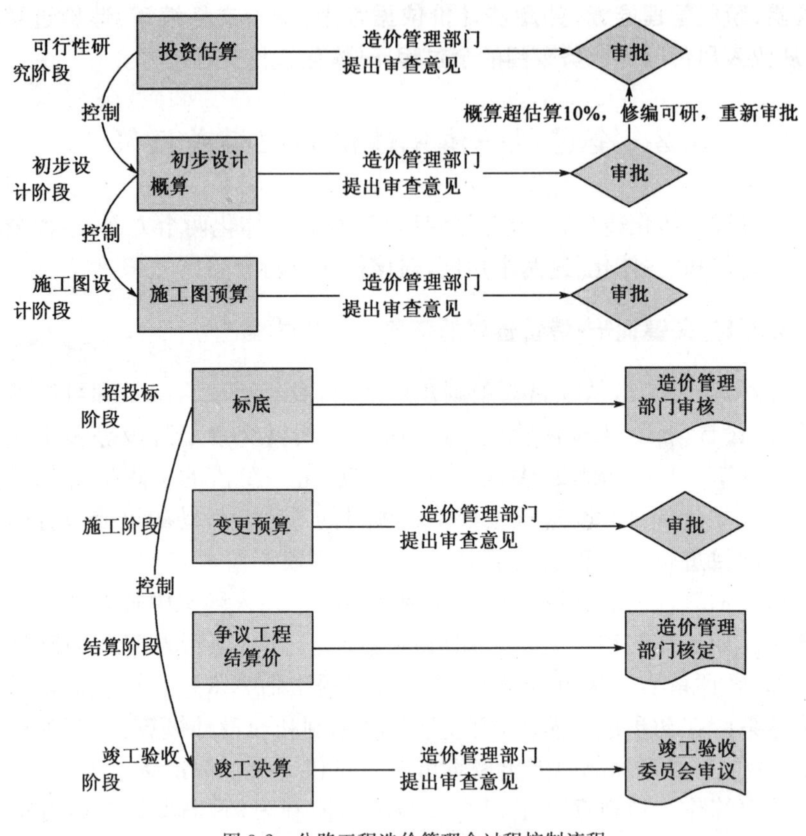

图 3-2　公路工程造价管理全过程控制流程

3.2.2　关键词二:造价管理新技术——一体化

一体化技术包括专业化、标准化、信息化技术,专业化是保障,标准化是基础,信息化是手段,三位一体构成造价管理技术的创新。

(1)专业化是指公路工程造价管理专业化程度高,需要一支专业过硬的技术队伍承担公路工程造价全过程的管理工作。

公路造价形成过程是一个包含阶段多、涉及建设单元多、计价元素庞杂而且价格波动大的技术、经济、社会三方面因素交织结合的过程。

从公路建设项目的技术角度来看,公路建设项目由于建设里程较长,往往会跨越平原、山地、河谷、丘陵,甚至沙漠等不同地质地貌区域;而且随着人们对出行服务品质要求和公路建设等级的提高,公路沿线的附属设施也越来越多,整个公路项目涉及的建设单元越来越丰富,包括路基、路面、桥梁、涵洞、隧道、交通安全设施、绿化及环境保护设施、机电工程、附属区房建工程等,特别是公路向山区、向地质条件复杂地区延伸,公路项目修建技术越来越复杂，项目的规模也越来越庞大，要科学合理地确定工程造价，要求综合公路工程、房建工程、材料工程、环保工程、机电工程的专业知识和丰富的施工组织经验，还要掌握人工、材料、机械各种计价元素的即时价格信息和分布产地，是一项专业性、技术性非常强的工作。特别是科技创新在交通建设中引领作用越来越突出，各种新材料、新技术、新设备、新工艺在公路建设中的应用也越来越广泛，及时了解掌握这些新材料、新技术、新设备、新工艺并合理定价，更是对相关人员业务技术能力的挑战。因此，需要一支专业技术力量来科学合理地确定工程造价。

从公路造价形成的流程看，一个建设项目从进行可行性论证到竣工验收，一般要经过估算、设计概算、预算、招标控制价、合同价、工程结算、竣工决算等多次计价过程，这些计价阶段分布于工程建设从前期准备到后期验收的不同阶段，时间跨度较长，往往会经历几年时间，不同阶段的计价文件虽然计价时间节点不同，但计价对象一致，计价所依据的都是同一建设对象的设计技术文件，只不过设计技术文件的粗细程度不同，但工程结构物、施工组织方法是相同的。各阶段造价文件相互关联，有一定逻辑对应关系。从各阶段造价文件构成的数据流角度看，整个造价形成过程在本质上是一个有反馈的数据流闭合循环过程(图 3-3)，在造价数据流循环过程中，前一计价阶段的造价数据对下一阶段造价数据有控制作用，而最终项目竣工决算的数据可以为日后类似项目建设提供造价数据参考，优化造价形成。这是造价数据内生的相互联系规律。如果将各阶段造价管理工作分别交由多个部门来管理，每个部门分管一段，将人为切断各阶段造价数据之间的内在关联，每个部门在管理造价的过程中，都需要将整个项目建设过程学习一遍，既降低了效率，也难以保证深入理解，而且部门之间由于部门壁垒的存在，将使部门之间以及每个阶段的造价数据之间形成信息孤岛，无法互联互通、整合利用、反馈优化，造价数据的内在逻辑关系没有被充分利用，造价管理质量难以提高。同时，造价管理的技术流与数据流一样，也是分段、割裂的，每个部门只做一件事情，从未从头至尾完整地做一遍，总是在关注一个环节，缺乏终端结果的反馈校正，始终不知道做的好与坏，管理技术始终是停滞的，无法充分利用造价数据的内生规律实现技术进步。相比之下，如果由同一个部门负责全部过程、各阶段的造价管理工作，每个项目都系统完整地做一遍，既减少了学习过程，还能够将各阶段造价文件呼应起来，同时通过大量实践项目积累的经验，可以更好地开展新项目的造价控制，这是一个技术过程闭环、反馈，管理水平不断提高，台阶式上升的过程。

综上所述，结合公路建设的技术特点和造价的内生规律，从满足技术要求、推动技术进步,提高造价管理水平和质量的角度出发,需要有专业技术机构和一支专业队伍,完整、系统地负责公路造价形成过程的全过程管理。但是需要注意的是,由同一个部门完整地进行公路工程造价全过程管理,技术上有优势,但从行政治理、权力制衡的角度看,权力较为集中。西方谚语有云"绝对权力导致绝对腐败",因此,必须加强对这一个部门的监督和制约。公路工程造价管理数据流程见图 3-3。

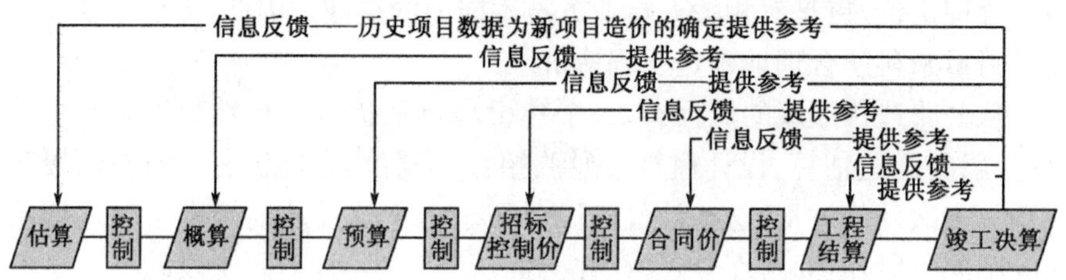

图 3-3 公路工程造价管理数据流程

(2)标准化是指通过对构成公路工程造价管理的诸多要素,找寻其内在规律,建立系列技术标准,以达到统一的造价管理平台,提高管理的规范性和高效率的行为。

标准化是信息化的基础,只有形成了造价要素的标准编码规范、编制格式、管理流程,才能真正实现造价管理的信息化。标准化包括计价依据标准化、管理流程标准化和管理技术标准化等内容。计价依据的标准化包括定额体系的标准化,即在全国定额的基础上,结合省情和地域实际制订、发布补充定额;造价文件编制办法的标准化,即在全国统一编制办法的基础上,结合省情制订编制办法补充规定;材料价格信息的标准化,即适时公布和更新地区统一的材料价格信息。管理流程标准化,指管理流程、过程的标准化,即通过制订"造价管理办法"、"造价监督实施细则"、"造价从业人员管理规定"等规范公路建设项目的可行性研究、初步设计、施工图设计、招投标、施工和交竣工验收等各阶段的造价监督、人员资质管理。管理技术标准化,包括造价文件的计价项目和编码规则标准化、造价文件编制审查标准化和造价文件质量评分的标准化。

(3)信息化是提升造价管理效能的主抓方面。

公路工程造价管理的特点主要如下:

①公路工程造价数据系统信息量大、存在地域差异、波动变化快、需要及时更新。

②造价文件类型多、编审工作量大,一份造价文件可能包含几万条甚至几十万条条目信息,信息查询、调用、计算次数甚至是百万次量级,但各种造

价文件之间有密切的关联性。

③造价管理中政府与市场结合的环节较多也较为独特，包括政府、造价管理部门、环境保护、水利、国土资源、地震、文物保护等部门，勘察、设计、施工、监理单位，社会公众之间，造价管理参与方之间，其业务交互频繁。

④对历史数据应用独特，同样的工程结构，工程量有参考性，能够指导新建项目资金的使用与控制。

信息技术在数据采集、传输、存储、更新、查询、调用、关联、组合、计算等方面的优势，可以在造价管理中较好地运用。例如利用造价文件结构内在的逻辑关系，生成所需要的其他类型造价文件，减少编制造价文件的工作量；能够通过减轻计算工作量、提高计算准确性和计算速率，极大地减少造价文件编审工作量，提高造价文件编审正确率和效率；能够借助各种造价文件的关联性，实现造价数据对照分析，有助于造价管理部门和业主发现资金使用存在的问题，优化资金使用和提高资金监管效果；能够使造价管理参与方之间的造价信息便捷地交互，实现即时传输及时响应，解决远程交互的时间空间障碍，有助于动态管理、动态监督；能够及时更新人、材、机价格信息，能够有效挖掘造价信息，动态更新概预算定额、企业定额，生成其他需要的造价指标，保证编制的造价符合公路工程的价值规律和价格规律，实现合理控制工程造价的目的。能保证编制的工程报价符合企业生产水平，能够有效控制企业经营风险，并能够为在建项目和新建项目资金筹集使用提供建议和咨询服务。

公路造价管理信息系统是在系统化地分析各参与方进行公路工程项目全过程造价管理的需求，在形成标准化的全过程造价管理工作规则和行动计划的基础上（因为公路全过程造价管理信息化程度低与行业管理力度、管理理论提炼深度、信息化标准建设配套准备有密切关系）设计的一套具有造价基础信息（价格信息、定额信息、造价指数、投资控制指标）采集、传输、存储、加工、更新和维护功能，能够满足决策层、管理层和操作层不同层面造价管理工作需要，能够实现造价管理各参与方之间信息共享、信息交互，与公路造价管理需求深度结合，能够满足全过程造价管理需要的，集成信息设备、通信网络、数据库和支撑软件的功能齐全、性能稳定、结构开放、简单高效的造价数据信息化整体解决方案，包括项目管理、造价文件编审、监督管理、计价依据管理、材料价格管理、资质资格管理、综合查询管理和电子政务平台等功能模块。

3.2.3 “全过程”与“一体化”之间的关系

“全过程”是目标，“一体化”是实现手段，通过“一体化”实现“全过程”，以达到各阶段造价管理受控，合理控制公路投资的目的。随着现代公路建设项目规模越来越大，造价管理工作也越来越复杂，阶段分割的造价管理方式由于无法形成反馈的造价信息流，难以实现全过程造价管理目标。而与此同时，造价文件编审、全过程造价管理需要搜集的数据也越来越多，已经无法依靠人工可靠地完成造价管理任务，必须借助信息化手段，利用其在存储、调用、关联、计算方面的优势，辅助管理人员进行管理。而信息化又是以标准化为基础的，因此集专业化、标准化、信息化于一体的"一体化"是"全过程"的实现手段，是全过程造价管理的必然要求。

本章小结

本章结合第 2 章对于国外工程造价管理模式的启示，结合目前我国社会发展的方向，提出广东省以公路工程造价管理利益相关者理论为基础的，借鉴国内外工程造价管理模式，走一条具有中国特色的公路工程造价管理模式，即全过程一体化公路工程造价管理模式。采用管理学理论中的 SWOT 分析方法，对全过程一体化造价管理模式进行分析，指出全过程一体化造价管理模式符合未来我国社会的发展方向，对我国进行现代化公路工程造价管理改革起到推波助澜的作用，其注定会成为我国公路工程造价管理发展的一个"新起点"。

4 全过程一体化造价管理的运行机制

本章导读

4.1 公路工程造价管理参与者及其职责

4.2 交通运输主管部门公路工程造价管理职能划分的设计

4.3 部门的职能应体现专业分工和管理分级的原则

4.4 造价从业人员专业化建设

4 全过程一体化造价管理的运行机制

管理学原理指出,组织机构决定组织行为。公路工程造价管理参与者及其职责定位构成的管理架构的合理性将直接影响公路工程造价管理的效果。在上一章对公路工程造价管理利益相关者识别的基础上,这里将进一步讨论基于各相关方的利益关切,如何搭建公路工程造价管理机构并设计相应的职能,如何提高公路工程造价从业队伍的专业化程度,以高效地开展公路工程造价管理工作。

4.1 公路工程造价管理参与者及其职责

根据前面对公路工程造价管理利益相关者的识别,公路工程造价管理利益相关者包括用路人或纳税人,居民等沿线资产所有者,交通运输主管部门,发展改革部门,财政部门,审计部门,出资人,项目管理者,勘察设计、施工、监理、造价咨询单位等。从照顾各方利益关切,保证造价合理的角度出发,各相关方都应参与造价管理,并根据利益关切的不同,对口负责相应的管理职责。这里分别从政府部门(发展和改革、财政、审计、交通运输)、建设单位(出资人、项目管理者)、交通建设服务提供者(勘察设计、施工、监理、造价咨询)和社会公众(用路人或纳税人、居民等沿线资产所有者)等不同方面讨论各自的职责定位。

公路工程建设的全过程包括如下几个阶段:可行性研究阶段,初步设计阶段,施工图设计阶段,招投标阶段,施工阶段,交工验收阶段,竣工结算阶段。各阶段涉及的造价文件以及各参与方的愿望或可能不当的愿望如表4-1所示。

公路工程造价主要管理的目标就是要合理确定、有效控制公路工程建设过程中的成本。目前参与公路工程造价管理的政府部门有发展和改革委员会、财政、审计、建设、交通运输等主管部门,这些部门或多或少地参与了公路工程各阶段的造价管理和控制。但是这些管理部门并不能做到全过程地参与公路工程造价管理的各个阶段、各个环节,同时管理部门之间的管理责任、管理权限碾压严重,利益交叉的环节上出现利益冲突与不一致。这些利益冲突导致了我国公路工程造价管理能力的不足，如何协调这些利益矛盾是实现全过程一体化的关键所在。

公路工程造价管理参与各方的愿望及其可能不当的愿望　　表 4-1

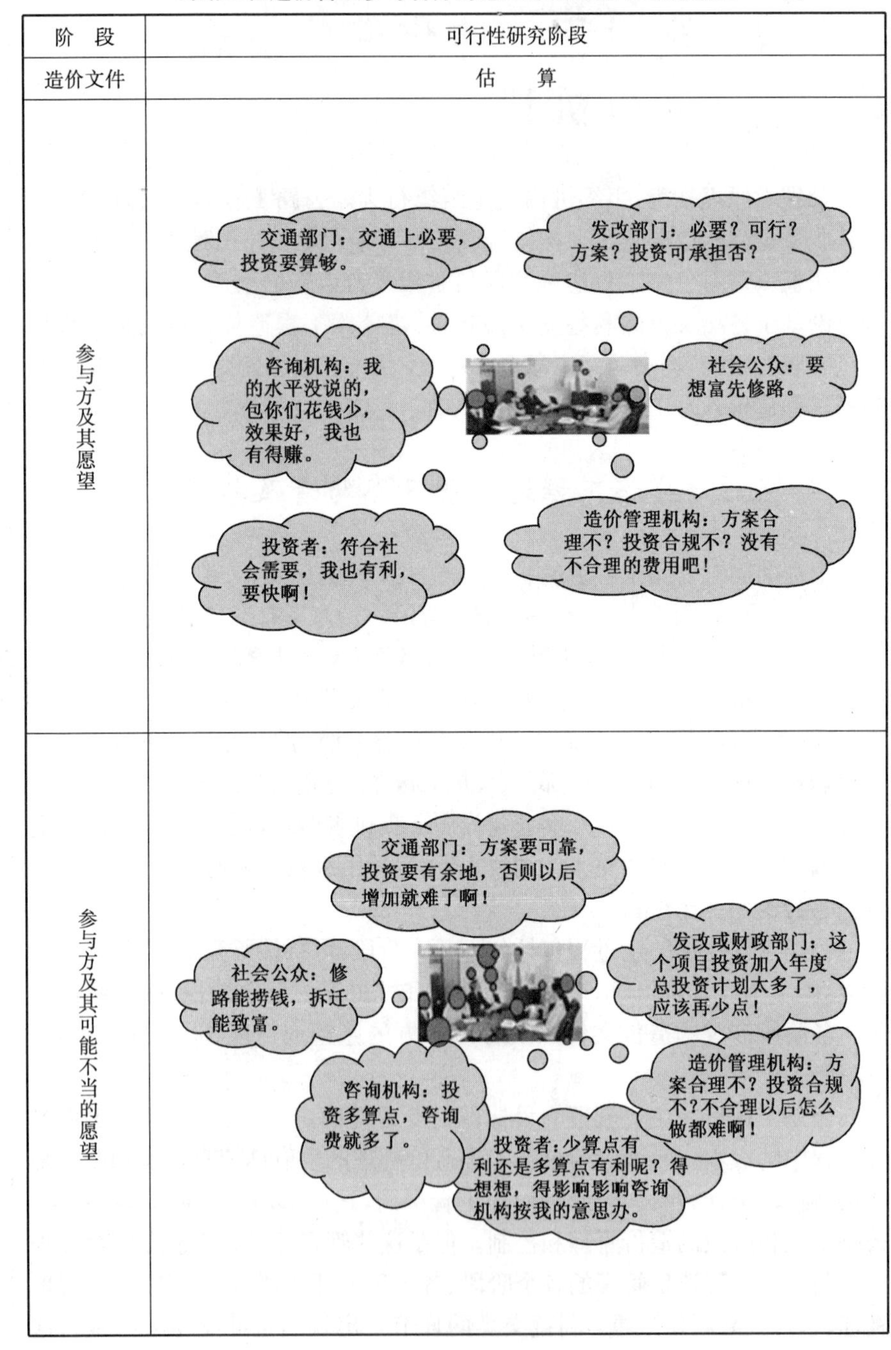

阶　段	可行性研究阶段
造价文件	估　　算
参与方及其愿望	交通部门：交通上必要，投资要算够。 发改部门：必要？可行？方案？投资可承担否？ 咨询机构：我的水平没说的，包你们花钱少，效果好，我也有得赚。 社会公众：要想富先修路。 投资者：符合社会需要，我也有利，要快啊！ 造价管理机构：方案合理不？投资合规不？没有不合理的费用吧！
参与方及其可能不当的愿望	交通部门：方案要可靠，投资要有余地，否则以后增加就难了啊！ 社会公众：修路能捞钱，拆迁能致富。 发改或财政部门：这个项目投资加入年度总投资计划太多了，应该再少点！ 咨询机构：投资多算点，咨询费就多了。 造价管理机构：方案合理不？投资合规不？不合理以后怎么做都难啊！ 投资者：少算点有利还是多算点有利呢？得想想，得影响影响咨询机构按我的意思办。

续上表

阶　段	初步设计阶段
造价文件	概　　算
参与方及其愿望	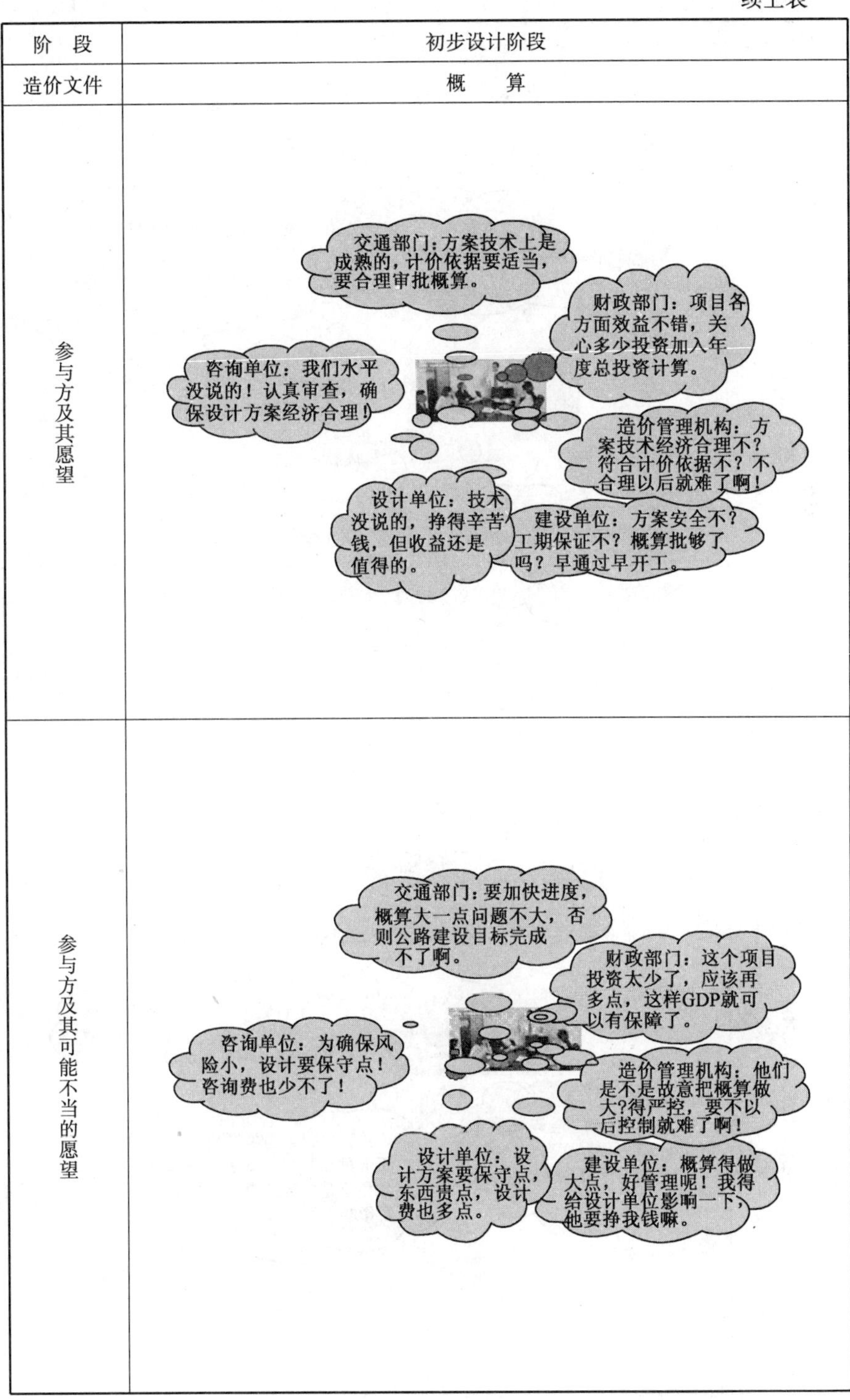
参与方及其可能不当的愿望	

续上表

阶　段	施工图设计阶段
造价文件	预　　算
参与方及其愿望	交通部门：方案要可行、先进，造价要控制住，超概就被动了。 咨询单位：我们水平没说的！认真审查，确保设计方案经济合理！ 造价管理机构：方案比初步设计有变化不？预算计算合规不？不合规不处理有责任，要细心。 设计单位：我的技术，挣辛苦钱呐！ 业主：设计水平行不？方案好实施不？技术先进还要经济，工期短。
参与方及其可能不当的愿望	交通部门：技术上要成熟，设计要有保险系数，造价多点就多点，以后再说。 咨询单位：为确保风险小，设计要保守点！咨询费也少不了！ 造价管理机构：宁肯施工难点，效果差点，也不能轻易增加投资，不能超概算。 设计单位：设计保守点，预算打高点，我的设计费也多了。 建设单位：方案要便于建设，便于早点开工。微调的少算点有利还是多算点有利呢？我要影响一下。

续上表

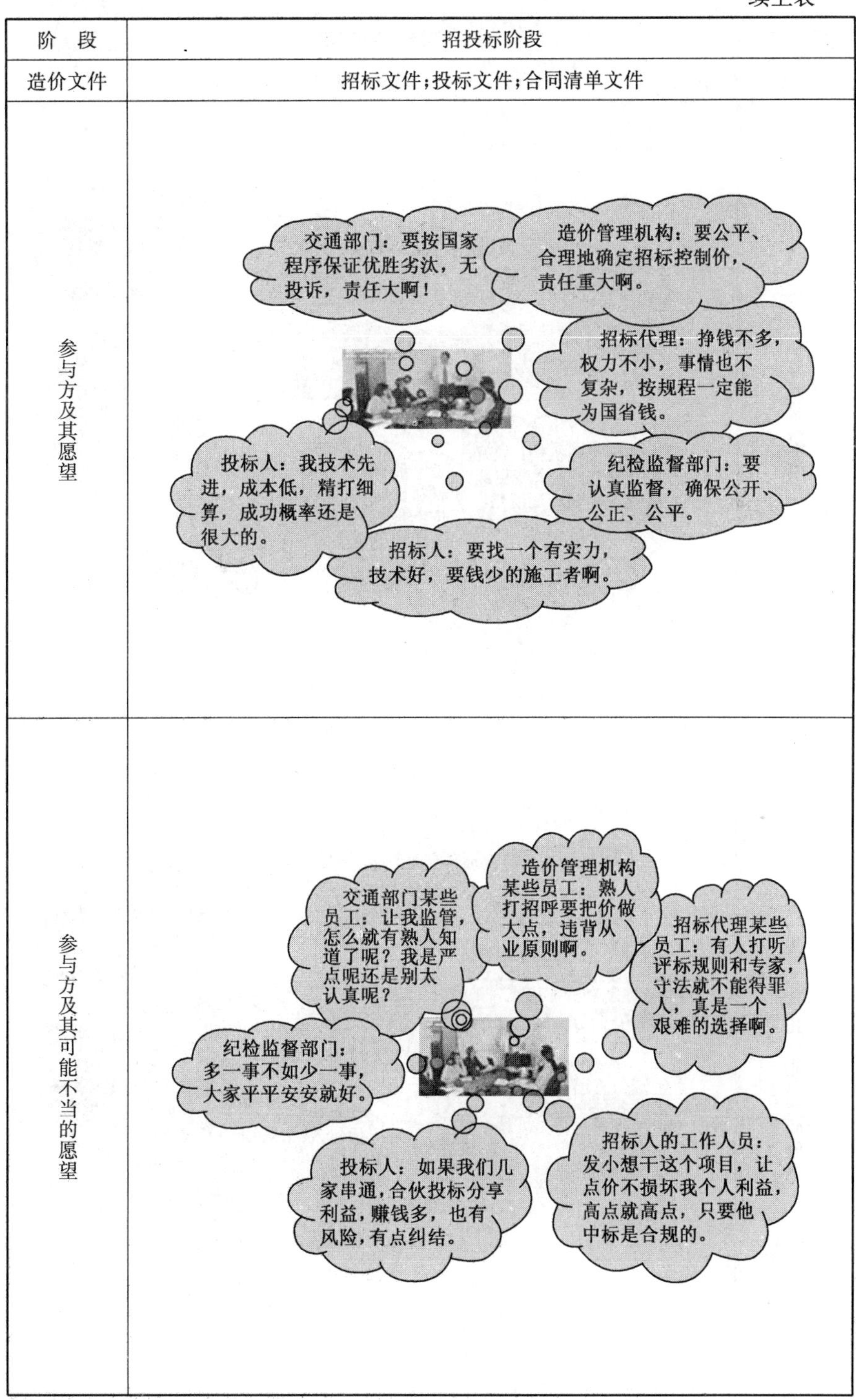

阶　段	招投标阶段
造价文件	招标文件；投标文件；合同清单文件
参与方及其愿望	交通部门：要按国家程序保证优胜劣汰，无投诉，责任大啊！ 造价管理机构：要公平、合理地确定招标控制价，责任重大啊。 招标代理：挣钱不多，权力不小，事情也不复杂，按规程一定能为国省钱。 投标人：我技术先进，成本低，精打细算，成功概率还是很大的。 纪检监督部门：要认真监督，确保公开、公正、公平。 招标人：要找一个有实力，技术好，要钱少的施工者啊。
参与方及其可能不当的愿望	交通部门某些员工：让我监管，怎么就有熟人知道了呢？我是严点呢还是别太认真呢？ 造价管理机构某些员工：熟人打招呼要把价做大点，违背从业原则啊。 招标代理某些员工：有人打听评标规则和专家，守法就不能得罪人，真是一个艰难的选择啊。 纪检监督部门：多一事不如少一事，大家平平安安就好。 投标人：如果我们几家串通，合伙投标分享利益，赚钱多，也有风险，有点纠结。 招标人的工作人员：发小想干这个项目，让点价不损坏我个人利益，高点就高点，只要他中标是合规的。

续上表

阶 段	施 工 阶 段
造价文件	造价台账;工程款支付证书;工程结算单
参与方及其愿望	设计单位:做好技术服务,服务工期需要提前,变更方案要注意技术经济性。 交通部门:重大变更要严格把关,安全、工期、质量要保证。 建设单位:征地、拆迁、建设、筹资,难关不少。要是精打细算,相信能成功。 监理:按设计,少变更,工期、质量、费用严把关,方能显示我的水平。 造价管理机构:做好监督检查。重大变更经济性一定要论证清楚,不能让人钻空子。 沿线拆迁户、银行、材料供应商、相关单位:合法合理地得到公路建设带来的收益。 承包人:精心组织,优化施工方案,确保质优级价廉,有利润。
参与方及其可能不当的愿望	交通部门某些人:领导要加快,有人要价高,刚认识的朋友很热情,但有造价管理、审计等制度约束,还是按规矩办事是关键。 建设单位:物价、利率、工期变动多,投资控制难。投资大点,收费也会多点,我何必管那么死呢?投资增加多点不是坏事。 设计单位:老张挺豪爽,两个方案技术上都行,这个方案他利润率高点,那就支持一下啦。 监理:老张对我不错,是不是手松一点呢?反正这样做也是可解释的,总价高点希望能解释过去。 造价管理机构:虽然各种变化多,但理由不充分,以后有麻烦,重大变更不严格点影响深远啊。 沿线拆迁户、银行、材料供应商、相关单位:唐僧肉,多宰点。 承包人:好好研究合同条款,干得多、处处节约不一定能赚到,多交朋友,利用制度漏洞,一定要多动脑筋通过变更多挣点。

续上表

阶　段	交工验收阶段
造价文件	工程结算文件
参与方及其愿望	交通部门：终于完工了，质量合格，进度提前，交通拥堵要缓解了，费用高了点，社会效益还是显著的。 建设单位：干完了，辛苦几年，付出很大，造价高了点，总体上是成功的，预期的收益就要来了。 造价管理机构：监督检查了几次，重大变更基本厘清，造价基本受控，该指导他们编制决算了。 监理：各种程序、质检都合格，在进度提前的情况下，征迁又那么难，真辛苦。费用方面手续要仔细点，决算肯定是重点啊。 设计单位：变更理由要充足，手续要齐全，我再查查档案，做好交接。 承包人：辛苦啊！利润与付出比太少了点啊。
参与方及其可能不当的愿望	交通部门某些人：程序合格，资料齐全，目标任务完成得不错，朋友们也不错。 业主方某些人：各方面工作做好过渡，很快又要到新岗位了，一些难处理的交给别人处理吧！ 设计单位：老张标段变更怎么感觉有点贵?开动脑筋，做好解释，看来当时不慎重啊。 监理：技术水平就是行，人际能力也很强，这是我利润高的关键。 造价管理机构：重大变更基本厘清了，造价基本受控，等着审决算了。 承包人：不仅挣了点，还交了些朋友，我真能干。长袖善舞，多动脑筋，傻干活早破产了。

续上表

阶　段	竣工验收阶段
造价文件	工程竣工决算文件
参与方及其愿望	交通部门：竣工决算周期比施工期都长，总算履行完验收手续了。管理要加强啊。 建设单位：那几个当年干活的家伙都走了，很多事理由和结果事后难解释，我真是掉了层皮，还扣了些费用，领导总算没责怪。顺顺利利验收了。 发改委：多年前核准的一个项目，总算履行完程序了，我都不知道。 造价管理机构：发现设计方案有很多地方技术经济性差，以后工程的这些方面要严把关。要重视前期设计方案的经济性。 审计部门：以前没介入，对工程情况不清楚，就决算审计，尺度难把握啊。 承包人：没办法，还是被扣了一些不合理费用，尾款还能要来点吧。 监理：交工几年了，怎么施工的我都不记得了。
参与方及其可能不当的愿望	交通部门：竣工工作推进难度大，主要是决算难，造价管理在设计施工阶段不加强，工作会被动。 发改部门：公路项目临界面多，方案变化大，工期又提前，超概算多，竣工处理难，怎么才能好转呢？ 设计单位：设计技术经济性分析要加强了，要降低犯错风险，造价分析一定要全过程对应、精细化。 造价管理机构：决算做了这么久，设计、施工关联性差，变更管理要加强技术经济论证，要让大家更幸福，技术上不难，不改变现状，管理就很难。 审计部门：公路投资大，涉及方面多，情况复杂，存在违规问题可能不少。应早点介入啊。 承包人：看来钻空子还是风险很大啊，以后要多控制工程成本，争取管理出效益，赚得心安。 建设单位：掉层皮啊，亏得不算犯罪，为了事后少有麻烦，造价前期加强管理我们就简单了。

续上表

阶　段	运 营 阶 段
造价文件	养护费用文件
参与方及其愿望	交通部门：收费公路政策，使国家快速形成了高水平交通运输网络，对经济发展功不可没。 发改及财政部门：公路建设投资拉动效果显著，是中国经济快速发展的先锋。 道路使用者：修路方便了我，收益还是主要的。 管养单位：关心的是能提供优质的公路给我们，减少养护工程量。 投资方：修路投资没有房地产回报高，我注重社会效益和商业利益双赢。 造价管理机构：公路造价管理好着呢，投资额很大，按投资比例对应看，我的造价比别的行业低。
参与方及其可能不当的愿望	交通部门：大家对过路费意见多，要加强公路投资技术经济论证才公开啊。 发改财政部门：收费公路成了社会热点，修路投资要慎重了。 道路使用者：路修得这么贵，我交钱我有意见。 建设单位：我的修路投资不错啊，上市公司收益榜居然到前面了。 造价管理机构：全过程一体化造价管理看来是必需的了。这样才能漏洞少，工作质量高，让大家拼技术和效率挣钱。

这些利益冲突造成了我国公路工程建设项目各阶段造价管理方法、内容的不同;各个阶段的造价数据之间不连贯,形成了"信息孤岛";虽然保证了单一的造价阶段在管理中处于受控状态,而对整体的造价缺乏管理,割裂了造价文件作为整体控制造价的优越性;造价管理上缺少统一的管理目的和管理主体,管理内容分散,无法形成一个完整的管理框架。在项目前期,发展改革部门作为控制估算的主体,交通部门作为控制概、预算的主体,在项目的中期施工、后期交竣工验收中并没有发挥出控制的作用,而后期的审计部门、财政部门无法调控建设项目前期支出,即便发现问题也无法对应到关键环节。造价数据的不连贯,造成了造价信息公开存在着技术性难题,无法有效地接受社会和政府的有效监督,公路建设行业无法实现"阳光"造价,使得整个公路建设行业投资、收费等经济行为备受质疑。

因此,为了实现公路工程造价整体受控,使得造价信息能够公开透明,维护公路行业建设市场投资管理整体有序,化解部门之间利益矛盾冲突,需要一个强有力的专业管理机构实现对公路工程造价的有效管理控制。这个机构的工作职责应涵盖公路工程建设的整个过程和造价管理的各个环节,具有较强的从事公路工程造价管理工作的专业能力,能够满足与实际公路工程建设项目的紧密联系,对整个行业的行为作出规范,保证公路工程建设市场的有序化,实现对公路工程各阶段造价文件的审查、公开、监督、核备等管理内容。对于政府主导的公路工程建设项目,通过对各环节造价文件编制过程的有效监督、审查,为政府控制公路工程建设项目造价提供专业化的建议和帮助;对于多元化投资的建设项目,这个专业化的管理机构能够有效保证市场的运行,充分调动市场经济的调节能力,实现对投资人行为的监督管理,鼓励真正能够在公路建设行业发挥作用的投资者参与公路工程建设,清除信誉较差、管理能力低下的投资者参与,降低风险,提高公路工程建设的可持续性。保证社会大多数公民的利益,即让有能力的投资者有利可图,又维护了公共利益。这个专业化的管理机构的管理手段包括:对各阶段造价文件的信息公开,完善现有的法律法规体系,监督审查各阶段造价。信息公开的目的就是为公路工程建设项目清除"黑幕",建立完整、有序、高效、公平的市场秩序,鼓励更经济的施工方案,更高效的技术手段,更优秀的管理团队参与公路工程建设,清除那些存在漏洞的技术方案,效率更低的管理技术,以及信誉较差的投资者。建立以社会监督为主导,政府监督为基础的公路工程造价监督体系。完善现有的法律法规体系就是建立统一的造价管理规范标准,使得整个造价管理行业能够有据可循,有法可依。实现历史数据的对比,建立健全行业标准、项目标准、数据标准的标准化体系。监督审查各阶段造价就是建立各阶段造价的数据联系，增强造价的可控性，同时以专业的角度贴近公路工程建设的实际情况，由于公路工程建设受到实际地形等条件的限制，非专业的公路工程造价审查很难准确地发现实际问题，审查的准确性较差，而专业的公路工程造价审查能够更好地结合公路工程建设的实际情况，使得审查结果更具代表性。同时建立全过程的监督体系，保证公路工程造价管理各业务环节的专业化、标准化，从而达到对公路工程造价整体的控制作用。

对于各阶段公路工程造价管理参与方的职责，应该突出系统控制的原则，保证各控制主体应统一控制目标，实现自身控制职能保证公路工程建设全过程的管理目的，协调各部门之间的利益冲突，使得各部门之间的利益要建立在统一的管理利益的基础之上。因此，需要对政府、专业管理机构、经济参与方等部门进行职能的重组，完成多部门的职能整合和职能转变，有效协调利益冲突，共同构建和谐的公路工程造价管理模式，有效地发挥公路工程造价对于公路工程建设控制和协调的作用，使得公路建设过程能够被公路使用者所接受，公路管理者对工程建设的管理更加深入。

4.1.1 政府部门职责

(1)发展和改革部门

发展和改革部门是综合研究拟定经济和社会发展政策，进行总量平衡，指导总体经济体制改革的宏观调控部门。在公路工程造价管理过程中，发展和改革部门扮演的角色主要是公路建设项目投资的审核、批复、核准，审查公路建设项目资金需求、概算控制情况以及项目建设是否符合基本程序等方面。

按照国家固定资产投资项目审批权限划分，按照公路建设规模由不同层级发展和改革部门审批项目投资计划，对于国家重大项目，省级发展和改革部门负责审核交通运输主管部门提交的公路建设项目投资计划，而后上报国家发展和改革委员会，执行最终审核程序，并批复或核准；对于地方项目而言，省级发展和改革委员会负责审核本省内由交通运输主管部门提交的公路建设项目投资计划，并执行最终批复或核准。

(2)财政部门

财政部门是负责财政资金的管理部门，在公路工程造价管理中，财政部门扮演的角色主要表现是：国家投资公路建设项目在获得发展改革部门批准后，由财政部门负责交通资金的管理，并按照国库集中支付的要求拨付资金，同时建立交通建设资金的监督机制，审查公路建设项目(财政投资项目）概算、预算、决算阶段的资金使用情况，加强统贷资金的使用和偿还的监督管理。

(3)审计部门

审计部门是国家财政资金的监督部门。在公路工程造价管理过程中，审计部门扮演的角色主要表现在项目建设过程中审计概、预算的执行情况及完工后对竣工决算进行审计。

(4)交通运输部门

交通运输部门是交通运输行政主管部门，负责项目造价监控。通过建立从地方法规、行业规范性管理文件到各类造价管理技术标准的制度体系，全面、配套地覆盖公路工程造价管理的各方面，并负责制度体系的监督控制，构建公平、公正、公开的市场环境；通过审查、监督等行政手段，价格杠杆等经济手段，信息技术、标准规范等技术手段，从公路建设项目立项开始，经方案优选、初步设计、施工图设计、组织施工、竣工验收直至项目试运行投产，实行全过程的造价控制和管理，以达到降低生产造价，减少资源消耗，维护公共利益，提高经济效益的目标。

4.1.2 专业造价管理机构职责

由于资金、人力、技术等因素的限制，交通运输主管部门缺乏足够的精力和专业的技术人员全权负责公路工程造价管理业务，专业造价管理机构应运而生。专业造价管理机构是介于政府和公路建设参与者之间的专业化管理队伍，一般为交通运输行政主管部门直属部门，代政府行业主管部门行使造价监管的具体工作。因而各级专业造价管理机构在公路工程造价管理中应承担的职责为贯彻执行各级交通运输行政主管部门的管理制度、法规和标准；收集本地公路工程造价信息，结合工程特点，细化各类标准，测算、编制并发布相关补充计价依据和材料信息，满足本地公路工程造价管理需要；搜集、整理项目历史数据，并纳入造价信息数据库，利用信息化手段核对、分析，并作技术经济性研究；借用技术经济性研究指标，指导项目估算、概算、预算和决算等阶段的审查和监督管理工作；从维护公共利益、降低公路工程造价、提高投资效益的角度出发，通过总结审查和监督工作中存在的问题及对类似项目的技术经济性研究分析，提出在专业化、标准体系和信息技术等方面的改进方向，推进公路工程造价管理的进步与创新。此外，针对公路建设参与者而言，专业造价管理机构还具有监督、审查从业队伍资质资格、规范从业行为、发布考试信息、组织安排再教育培训等职责。

案例 1：

经调研我国 24 个省市（自治区、直辖市）每公里高速公路的造价指标发现，广东省按照本体系进行管理以来，其每公里高速公路的造价指标较低于我国大部分省市（自治区、直辖市）。表 4-2 为“十一五”部分省份高速公路每公里造价指标统计表。

“十一五”部分省份高速公路每公里造价指标统计表 表 4-2

序号	省份	新建高速公路项目数量（个）	里程（km）	批复概算（亿元）	公里指标（万元/km）	其中				其中			
						六车道数目（个）	里程（km）	批复概算（亿元）	公里指标（万元/km）	四车道数目（个）	里程（km）	批复概算（亿元）	公里指标（万元/km）
1	广东	9	680.970	553.920	8 134	7	423.5	464.21	10 961	3	217.7	130.17	5 979
2	A省	7	915.352	632.430	6 909	0				7	915.352	632.43	6 909
3	B省	10	607.367	483.097	7 954	4	187.292	131.82	7 038	6	420.075	351.27	8 362
4	C省	10	883.582	696.670	7 885	0				10	883.582	696.67	7 885
5	D省	12	450.911	476.230	10 562	5	251.87	291.53	11 575	7	199.04	168.45	8 463
6	E省	16	1 418.138	993.766	7 008	0				16	1 418.138	993.77	7 008

——摘自全国公路工程造价管理工作调研资料

案例 2：

根据调研资料可知，在“十一五”期间全国送审的公路工程估算、概算、预算经过造价审查，核减比例为 1.2%～5.6%，平均核减 3.4%。广东省审核调整比例全国最高。“十一五”期间部分省份审查情况汇总见表 4-3。

“十一五”期间部分省份审查情况汇总 表 4-3

序号	省份	送审金额（亿元）	调整费用（亿元）	审查金额（亿元）	调整比例	备　注
1	广东省	10 229	−572.82	9 656	−5.60%	“十一五”期间
2	A省	420	−12.46	407	−2.97%	2010 年 14 个建设项目
3	B省	1 870	−64.00	1 806	−3.42%	2002～2010 年
4	C省	1 407	−44.91	1 362	−3.19%	估算、概算、预算
5	D省	2 496	−100.00	2 396	−4.015	“十一五”期间
6	E省	5 870	−72.34	5 798	−1.23%	“十一五”期间
平均值					−3.40%	

——摘自全国公路工程造价管理工作调研资料

4.1.3 建设管理单位职责

建设管理单位作为公路项目的发起人和投资者，受资本运作利益最大化的驱使，参与公路工程造价管理，要求采取有效措施对建设过程各阶段实施控制，从而使工程建设目标控制在计划之内，发挥项目建设资金投资效益，确保工程如期优质完成。基建程序不规范和计价行为执行不力是预算发生变动、出现工程变更、导致造价超标的主要原因，也是建设单位在公路建设过程中最敏感的环节。

所以，对于建设单位而言，如何进行制度设计，根据项目合同条款，严格执行项目基本建设程序和双方规定的计价行为，实现工程项目变更程序化、标准化，避免随意变更、扩大工程规模和高套价格指标，骗取工程费用等现象的出现，是其在公路工程造价管理中的职责所在。

4.1.4 交通建设服务提供者职责

公路工程造价管理中的交通建设服务者包括勘察设计单位、施工单位、监理单位和造价咨询单位。勘察单位在造价管理中的职责是保证勘察的深度，提供全面、准确的地质、水文等勘测资料，为保证设计质量提供基础保证，减少由于勘察深度不够带来的施工变更；设计单位的职责在于设计时统筹技术与经济指标，做到限额设计和多方案比选，用经济指标联动影响设计方案；施工单位的职责是按照合同和图纸施工，合理变更；监理部门的职责是按照施工图纸和合同正确计量支付以及确定变更费用；造价咨询单位的职责是规范开展造价咨询业务，科学、合理测定工程价格，提供有效的工程成本控制建议和措施。他们在造价管理中承担的都是自控的职责。

4.1.5 社会公众职责

社会公众在公路工程造价管理过程中的职责是：利用信息公开渠道，积极了解公路工程造价管理的各项规章制度、公路建设各阶段的造价数据、公路实际投资情况以及相关的运营与管理成本等资料，监督资金使用的合规性，参与监督各级管理机构在公路建设过程中的行为。

众人拾柴火焰高

4.2 交通运输主管部门公路工程造价管理职能划分的设计

交通运输部门作为公路工程造价管理的主管机构，承担公路工程造价管理的主要任务，是公路工程造价管理体系的核心。应按照部、省、地市的纵向层级关系和行政主管部门、行业管理机构的横向职能划分，合理设计各自职能。建议交通运输部门在公路工程造价管理中的职责分工如下。

(1)交通运输部

交通运输部主要承担如下职能：

①根据国家政策、法规，制订并组织实施公路工程造价管理法规。

②制订造价从业单位和个人的资格资质准入标准、审批和管理办法并监督实施。

③发布用于指导全国公路工程估价基准的公路工程定额。

④承担政府投资大型公路项目的概算审查，参与国家大型公路建设项目的竣工验收。

⑤指导和管理全国公路工程造价管理工作。

(2)部属交通运输工程造价管理专业机构

部属交通运输工程造价管理专业机构主要承担如下职责：

①制订、修订公路工程建设估算指标，概预算定额、施工定额以及其他费用定额，对地方的公路补充定额编制原则、方法进行行业指导。

②进行全国重大公路建设工程造价监督检查。

③具体负责公路工程造价从业人员和咨询单位的资格管理和执业管理。

④收集、储存、分析已完工程造价资料，并建立公路工程造价数据库。

⑤对各省交通运输工程造价管理机构进行业务指导。

⑥承担交通运输部交办的其他事务。

(3)各省交通运输厅

各省交通运输厅主要承担如下职责：

①贯彻执行国家造价管理法规，根据需要制订实施办法并组织实施。

②在现阶段，中介咨询机构发育不成熟的条件下，仍应组织或参与审查本地区公路建设的估算、概算文件，对价格水准负有监督责任。

③行使造价法规和程序方面的监督职能。

④对于政府投资项目或收费公路投资项目，通过审核招标工程的标底、结算的形成过程和落实造价形成的程序，参与价格与合同纠纷的仲裁。

⑤组织本地区造价咨询人员及从业机构的资格认定工作。

⑥指导和管理本地区政府投资项目公路工程造价管理中的有关工作。

⑦负责造价信息的发布，价格指数、补充定额的测算等工作。

(4)省级交通运输工程造价管理机构

省级交通运输工程造价管理机构主要承担如下职责：

①负责全省交通建设工程造价管理，对全省交通建设工程大中型项目的投资估算、初设概算、竣工决算进行审查，为审批提供依据。

②负责交通建设工程定额管理工作。对交通建设工程定额资料进行收集、研究；对交通建设工程劳动定额进行测定；对新工艺、新技术定额进行测定；编制工程补充定额。

③负责省管交通建设项目造价监督检查工作，制订交通建设造价监督计划，编制交通建设造价监督检查报告，检查落实有关问题，并责成相关单位查找原因，提出整改措施，并报交通运输主管部门。

④负责全省交通建设工程造价人员的培训工作；负责全省交通建设工程造价甲、乙级资格认证的日常管理工作；参与省内本行业优秀勘察、优秀设计的评审工作；对申报国家(部)级优秀勘察、设计项目的造价情况提出评定意见。

⑤负责本省交通建设工程造价纠纷的调解工作；接受法院等司法部门的委托，对交通建设工程造价纠纷提供鉴定意见。

⑥负责本省交通建设造价信息资料管理，为本省交通建设工程造价、定额提供信息、咨询等服务工作；负责定额解释和概算、预算编制程序(软件)使用工作。

⑦参与本省交通建设项目招投标工作，对交通建设项目的施工图预算进行审查，为建设单位和评标委员会确定控制价和标底提供依据。

⑧承办省交通运输厅和有关部门交办的其他工作。

(5)地市级交通运输主管部门

地市级交通运输主管部门主要承担如下职责：

①贯彻执行国家造价管理法规及省交通运输厅颁布的实施办法，根据需要制订使用本地区公路工程造价管理的补充规定并组织实施。

②组织或参与审查本地区公路建设的估算、概算文件，对价格水准负有监督责任。

③行使造价法规和程序方面的监督职能。

④对于地区内的政府投资项目或收费公路投资项目，通过审核招标工程的标底、结算的形成过程和落实造价形成的程序。

⑤组织本地区造价咨询人员及从业机构的资格认定工作。

⑥指导和管理本地区政府投资项目公路工程造价管理中的有关工作，参与价格与合同纠纷的仲裁。

⑦负责造价信息的发布，价格指数、补充定额的测算等工作。

⑧负责其职责范围内及上级机构授权的其他公路工程造价管理。

(6)地市级交通运输工程造价管理机构

地市级交通运输工程造价管理机构主要承担如下职责：

①贯彻执行国家和省的有关基本建设方针、政策、法规以及省交通运输厅、省级交通造价管理机构有关工程造价管理的规定，依法对本市交通建设工程项目的造价进行管理。

②负责对本地区内立项交通建设项目的投资估算、设计概算、施工图预算、工程结算、竣工决算等文件的审查工作，并提出审查意见，为交通运输主管部门提供决策依据。

③负责对管理范围内交通建设工程造价进行全过程的监督检查工作，实行造价动态管理。

④参与管理范围内交通建设项目的招投标管理工作，进行招标标底审查，监督检查中标价的合理性，并收集整理投标资料，建立招投标资料信息库。

⑤参与交通建设工程项目的交、竣工验收工作。

⑥参与管理范围内的交通建设工程项目优秀勘察设计、优秀工程项目等的评审工作。对申报优秀勘察设计、优秀工程项目的造价控制情况提出评定意见。

⑦负责管理范围内交通建设工程项目造价纠纷的调解工作，对司法机关委托的本地区内交通工程造价纠纷提供鉴定意见。

⑧定期检查、整理本地区的工程材料价格和单位造价信息，收集整理已完工程的造价资料，建立公路水运建设工程造价数据信息库，向省级交通造价管理机构提供公路、水运工程有关补偿定额的基础资料和数据。

⑨承担上级造价部门委托的交通工程项目造价审核和管理工作。协助上级造价部门做好工程造价咨询机构和从业人员资格的审查考核工作。

⑩承办上级交办的其他相关工作。

4.3 部门的职能应体现专业分工和管理分级的原则

4.3.1 体现分级管理的原则

公路工程建设过程是一个复杂的、动态的、有序的系统，这对造价管理过程提出了更高的要求，结合我国现有的公路工程造价管理模式可以发现，在现有的公路工程造价管理模式中，组织结构环节缺失、管理模式混乱成为主要症结之一。因此，建立分级管理是我国公路工程造价管理的发展方向，而且在行政体制改革中分级管理作为中央对地方进行调控的重要手段，有不断被强化的趋势。对于公路工程造价管理，需要进行自上至下的管理制度。将现有的被割裂的各阶段管理目标依次淡化，整个造价管理的过程需要进一步增强。公路工程造价管理应该增强各个环节的管理内容，形成上层调控，同级监督，下级落实的快速反应能力。公路工程造价管理职能实行分级管理，直接由专门的公路工程造价主管部门统筹管理。同时建立垂直管理层，将公路工程造价管理延伸到地级市。

公路工程造价管理应该建立国家、地方和基层的三级管理模式，使得造价管理的各个阶段脱离封闭在旧的管理模式下的条条框框内，体现数据的准确性、管理的合理性、技术的可靠性。因此，对公路工程造价管理机构的管理角度和深度都提出了不同的要求。通常，从国家层面上来看，应该建立统一的、专业的造价管理机构来对造价进行控制，在项目建设的必要性阶段控制造价的合理审批，为交通运输主管部门、发展和改革部门等提供决策建议和准确的决策依据；完善现有造价管理的法律法规体系，宏观把握下级造价管理机构的运行机制，对地方重大建设项目的造价管理进行指导工作。从省级层面上来看，建立面对专业的交通工程造价管理机构，应监督属地内的公路工程建设项目的造价管理工作，制订、修订符合属地内施工实际情况的公路工程建设估算指标，概预算定额、施工定额以及其他费用定额，对属地内的高等级公路、干线公路的造价编制和审查提供指导，为下级造价管理机构提供必要的技术支持。从地方层面上来看，地方交通工程造价专业机构则更重视项目造价管理的具体工作，如组织或参与审查本地区农村公路、干线公路建设的估算、概算文件，负责造价信息采集和整理发布等。正是由于各部门在造价管理中关注的角度不同，才需要对其采用分级管理的职能划分方式，这样一来，不同参与方各司其职，既能有效避免责任冲突，又能提高管理效率。

因此，专业的造价管理机构应该体现分级管理、层层把关的管理原则，合理地、科学地控制公路工程造价。

4.3.2 专业分工协作

经济学鼻祖亚当·斯密认为，分工和专业化的发展是经济增长的源泉，分工的好处在于能够获得分工经济与专业化经济，从而得到生产效率的提高。分工是指明确具体的工作范围和职责，应该把主要的工作重心放在这项工作上。而协作是通过整体范围内相互帮助、支持对方工作来完成工作。在某项事情上做到相互帮助、相互支持，是显示整体效能的一种方法。当一个组织分成若干个部门、环节、岗位后，由于主、客观原因，在部门、环节、岗位间难免出现摩擦、冲突，如不能及时地妥善解决，就会使协作受阻，力量内耗。这时，分工离开了协作，其积极作用就荡然无存了。

由于公路建设本身具有复杂性和广泛性，涉及更多的专业性内容，包括道路、桥梁、隧道、机电、附属区房建及装饰、绿化、交通工程等各方面。以前的公路工程造价工程师在进行公路工程造价的编制和审查时，更突出地表现为测算造价数据的准确性，而忽视了对技术方案的合理性的建议。技术方案的合理性其中一个重要的依据就是技术方案成本的合理性，因此，对于应具有现代管理理念的公路工程造价管理人员和机构来说，如何确定工程技术方案的合理性，对技术内容进行合理化的建议是未来公路工程造价发展的必然趋势。专业的造价管理机构其管理人员就是要改革成为具有一定的专业性的人才，能够分析技术方案的合理性，具有论证方案经济指标的能力。因此，应吸纳更多具有实际工程经验的人员学习造价理论，从事公路工程造价管理的相关工作，在实际工作中，确定工程设计方案的合理性。更应该吸纳一些以非公路工程建设为主要内容的工程师进入公路工程造价领域，如建筑工程师、机电工程师等，以丰富管理队伍的专业性。专业的造价管理机构的分工协作则是造价管理的效率和质量的有力保证，同时也是我国交通行业健康发展的基础之一。公路工程建设过程是一个复杂的、动态的、有序的系统，任何一个造价管理人员不可能成为“全才”，而随着现代化施工的不断深入，对于公路工程造价管理，需要的不是“通才、全才”而是“专才”。每一个管理人员都在做其所擅长的工作才能增加工作效率，降低工作成本。同样的道理，任何工程造价的管理都不是一个需要全能的管理机构，而是需要一个具有专业才能的管理机构，这样的专业化的管理机构能够使管理工作的效率最大化，从而提高公路工程造价管理的整体质量。

因此，建立专业的公路工程造价管理机构符合专业分工的原则，从国家角度来看，能够从更为宏观的角度控制经济发展和社会的进步；从交通行业的角度来说，提升了行业整体的运行效率，从地方交通主管部门的角度来说，能够更好地保证交通建设的投资利用效率。

专业分工　管理分级

4.4　造价从业人员专业化建设

4.4.1　公路工程造价工程师应具备的基本素质

正是由于我国公路造价的上述技术特点，要求工程造价管理工作必须与建设项目的立项、决策、筹建、设计、施工、竣工交付使用等阶段的工作深度相适应，并贯穿于工程建设的全过程。造价工程师作为工程造价管理的专业人员，对项目建设全过程的各个阶段，运用专业知识和实践经验，从技术与经济相结合的角度，进行人力、物力、财力的最佳配置，从而获得最佳的投资收益。因此，作为合格的造价工程师，应具有深厚的工程技术知识和丰富的经济管理经验与法律知识。

随着我国社会主义市场经济体制的建立，公路工程建设通过有形市场形成并以承包合同约定工程造价。这就对造价工程师的职业道德水平、技术业务素质、市场应变能力和自我学习能力提出了较高的要求，主要包括以下几个方面：

(1)造价工程师要有较高的学习能力和丰富的实践经验。由于公路工程建设具有复杂性和特殊性，使它不同于一般的商品。以货币表现的工程造价的最终确定，要随着工程项目从可行性研究、项目评估、初步设计、技术设计、工程施工直到竣工验收这样一个完整过程的逐步实现，才能完全反映出来。要取得好的投资效益和社会效益，工程造价的管理与控制工作必须贯穿于工程建设的全部过程中，而不仅仅是通常认为的施工阶段。因此，如果没有深厚的现代工程管理理论知识、经济管理知识和法律基础知识做后盾，是不可能胜任工程造价管理岗位工作的。

一般说来，技术专业知识的学习应在大学本科阶段完成。一个合格的造价工程师，无论掌握何种学科和技术专业，都必须学习与掌握经济、组织管理和法律等方面的理论知识，以及经济评价、项目管理、合同管理和工程估价等实用技术知识。只有这样，才能贯彻执行国家的经济政策，当好“管家”。经济、法律知识的学习在第二学位或硕士研究生阶段完成。除此之外，造价工程师还应具备较强的外语和计算机应用的能力。

(2)造价工程师要有丰富的工作实践经验。工作实践经验也就是理论知识在工程建设及造价管理上应用的经验。专家研究证明，一些工程建设中的造价失控和报价失误，往往与实践者经验不足有关。一个大型的工程项目，从立项到竣工往往需要几年、十几年甚至几十年的时间。在这样长的时间里，会出现许多不确定的因素，如材料与工资价格的上涨；国家政策与贷款利息的调整，不利的自然、气候、地质条件的变化等，从而导致建设工程造价的改变。若没有足够的实践经验，造价工程师就难以适应各种变化的局面，难以自如地进行全面造价管理与控制。

当然，考察造价工程师的实践经验，除看他实践时间的长短之外，更应注意他的实践效果。因为虽有较长时间的工程实践，如果不善于总结和运用理论知识的经验，仍然达不到搞好工程造价管理与控制的目的。

(3)造价工程师要有良好的品质。一名合格的造价工程师，首先，要有科学的态度和分析的综合能力。在处理任何问题时，都能从实际出发，以事实和数据为依据，从复杂的现象中抓住事物的本质和主要矛盾，而不是凭“想当然”和“差不多”草率从事，使问题能得到迅速而正确的解决。其次，具有良好的职业道德，对业主或上级，既能贯彻其正确意图，也能坚持正确的原则；对施工单位或下级，既能严格管理，又能热情服务；对各种争议的处理，能做到合情合理，使各方正当权益得到维护。再次，具有终生学习的意愿和与时俱进的能力。造价管理工作信息量大，随着新技术、新材料的不断涌现，造价信息变化快，具有时效性的特点，因此需要造价人员不断更新旧有知识体系，与时俱进，以适应造价管理的需要。

(4)造价工程师要有健康的体魄和充沛的精力。由于造价管理工作具有现场性强、流动性大、工作条件差、任务繁忙等特点，因此，要求造价工程师要有健康的体魄和充沛的精力。如果虽有扎实的理论知识和丰富的工程经验，但年龄过高、身体不佳、精力不足，则难以深入现场和承担岗位责任。

同时要注意到，随着公路建设全过程一体化造价管理技术的推广，专业造价管理人员的相应知识结构也会有所扩充和变化，比如对计算机应用能力的要求会逐渐提高等。

随着近年来我国公路建设的快速发展，造价管理行业也积累了丰富的实践经验，各省及地方涌现出了一大批业务能力优秀的造价从业者，但从整体上看，当前我国公路工程造价从业人员管理仍存在一些不容忽视的问题。

4.4.2 公路造价从业人员管理中存在的问题

(1)从业人员数量短缺。尤其是具有甲、乙级造价从业资格的人数不多，远不能满足交通建设大发展的需要。大量从事造价管理工作的人员未经专业培训，应针对此群体建立培训、考核、评价制度，以避免从业人员流失、转岗。

(2)从业队伍整体素质亟待提高。当前造价工程师仍存在着专业知识面窄，学历层次较低，对工程技术知识掌握的广度和深度不够，缺乏富有实践经验的高层次复合型的技术、管理人才。法制观念、法律意识、质量意识、竞争意识、风险意识缺乏，致使造价工程师难以胜任从确定和控制工程造价的角度对设计、施工方案提出优化。另外，我国造价工程师对国际通行惯例的了解、掌握、运用能力较差，无法实现与国际对接，到国际市场上承揽业务还有困难，所以造价工程师的整体水平亟待提高。

(3)环境问题。体现为造价咨询业务服务的被动性，现实中公路工程造价咨询单位迫于生存和发展的压力，必须首先得到咨询业务。所以为了迎合委托方意愿或迫于压力，屈从行政干预的现象比比皆是，造价工程师经常会作出违心的处理，致使造价工程师不但没有起到应该起到的作用，反而成了委托方违规行为的帮手。

4.4.3 公路工程造价从业人员专业化建设的重点

2011 年 11 月 8 日，中央组织部、中央政法委、民政部等 18 个部门和组织联合发布《关于加强社会工作专业人才队伍建设的意见》(以下简称《意见》)，其要求："关于社会工作专业人才队伍的建设在发展定位、队伍建设、制度建设、环境建设上均提出了要求，《意见》提出完善社会工作专业人才职业水平评价制度，建立、健全以薪酬待遇、岗位津贴、社会保险、奖励表彰为主要内容的激励保障制度。为保证各项政策创制工作落到实处，形成行之有效的长效机制，《意见》明确要求建立以财政投入为主体、社会投入为补充的完善的经费保障机制，制订政府购买社会工作服务政策，加快推进与社会工作专业人才队伍建设有关的法律制度建设。"为了加强公路工程造价从业人员的队伍建设，有效应对新形势下造价管理的要求，应从专业化建设考虑如下几个方面：

(1)加强造价工程师的业务培训学习，提高造价工程师的整体水平。工程造价的确定，是靠最基层的工程计价人员的行为来体现的。造价工程师是工程造价管理的具体执行者，工程造价管理又是综合性很强的学科，融政策性、技术性、经济性、实践性为一体，这就要求造价工程师是多层次、高水平的人才。随着经济体制的进一步完善和投资主体的多元化，工程造价管理要强化项目投资前期确定及后期的预测，加强对工程的维护费用、寿命期成本效益、不可预见费用等的研究，加强对新领域如工程索赔、风险分析、投资策略等的探索，因此，需要造价工程师必须学习新的知识，掌握新的技能，开拓新的思路，勇于实践，把自己锻炼成为复合型、全面型、能胜任新形势要求的人才。维护造价工程师的职业荣誉和尊严，保持高标准的职业道德和品行是造价工程师执业的首要条件，造价工程师的工作直接涉及业主和承包人的经济利益，这种敏感的职业性质决定了造价工程师必须树立良好的职业道德，遵纪守法、诚实守信，坚持依法提供服务，客观、公正地为规范市场作出自己的贡献，只有这样，才能成为一名真正合格的造价工程师。

(2)认真贯彻执行交通运输部各类公路工程造价计价办法，规范计价行为，并致力于推动公路工程计价规范的出台。现行的公路工程估、概、预、决算编制办法及配套指标、定额等计价标准，认真总结了我国公路工程计价的改革成果，是适用我国公路工程建设模式的计价体系，造价从业人员应认真遵循，积极做计价标准的推行者。但是，深刻理解现有计价体系的不足，不断补充和创新发展更适合现代化交通建设需要的公路工程计价标准和规范，也是造价从业人员尤其是造价工程师们努力的方向。如何建立涵盖了工程前期、设计、施工到工程竣工全过程的造价计价和管理体系，使工程每一个阶段都有“规”可依，有“章”可循，造价工程师们应认真思考。

(3)建立相关法律法规，强化对造价行业的监督管理，同时健全造价行业准入制度。随着公路工程计价模式的清晰化，政府交通行政主管部门的工程造价管理职能不应削弱，而应大大加强。为保障公路市场的有序及防范风险，政府必须制订“游戏”规则，进行政策引导和宏观调控。具体要求为:出台造价管理办法，完善造价监管程序，建立施工合同价备案，加强竣工决算管理，做好重大项目造价监督检查，严格执行现行计价依据，确保不可竞争费用合理计取，完善公路市场工程价格形成机制。同时要加强造价从业市场内部自律，自觉抵制各类不良行为。加强对工程计价行为的监督检查，逐步建立公路工程造价行业准入制度，推动良好市场环境的发育。

(4)培养本行业的优秀造价咨询机构，坚持依法提供服务，全过程动态管理工程造价。工程造价咨询机构作为第三方，是沟通业主和承包人的桥梁，要形成这样一种氛围，工程造价咨询机构应从项目立项开始，直到工程变更、工程结算到竣工决算为止，对工程进行全方位、全过程的管理，为业主和承包人提供服务，对工程造价进行认定，对项目投资进行把关。同时要培养优秀的咨询服务机构，进一步加强造价咨询机构行业管理和诚信建设，倡导“诚信为本，公正为重”的行业理念，规范造价行业行为，要坚持依法提供服务，不能以一己之私利去迎合委托方，而是要坚定不移地维护国家和社会公共利益，树立公正的形象，发挥工程造价咨询机构公平、公正地核定工程造价的作用。

(5)加强造价信息积累，建立高效工程造价信息化管理。在工程项目建设的全过程中，会产生许多造价信息，其内容多、范围广、涉及面大，将这些信息进行收集、归类、分析、整理，形成工程造价信息数据库，是合理确定、有效控制工程造价的重要依据。这方面国外发达国家已形成了比较全面、完整的体系，依靠人工智能化的管理系统，可以高效、准确地提供工程造价咨询服务。而我国工程造价信息积累还很薄弱，因此，工程造价咨询机构及造价工程师应加快信息积累的步伐，将自己最基础、最直接的工程资料及时进行收集整理，逐步形成造价信息数据库，依靠工程造价管理信息系统及工程造价信息网，实现企业的信息积累和行业的信息共享。

本章小结

本章从适应公路工程造价管理发展需要，实现公路工程全过程一体化造价管理目标入手，从微观(公路工程造价管理参与者)和宏观(交通行业部门)两个层面对公路工程造价管理参与者及其职责定位进行了研究，强调部门职责分工应体现专业化管理，从业人员应具有较高的专业技术水平。

5 全过程一体化造价管理的标准体系

本章导读

5.1 公路工程造价管理标准化建设的意义

5.2 实现全过程一体化造价管理所需要的标准体系

5.3 今后公路工程造价管理标准化建设的重点

5 全过程一体化造价管理的标准体系

造价管理技术标准化是实现全过程造价管理的基础，只有造价数据、造价文件采取了标准化的格式，才能采用信息化的手段将公路建设各阶段的造价情况串接起来以实现全过程管理。这里在分析公路工程造价管理标准化建议的必要性的基础上，结合造价管理现状，分析公路工程造价管理标准化建设需求，进而讨论公路工程造价管理技术标准体系建设的重点。

5.1 公路工程造价管理标准化建设的意义

5.1.1 公路工程造价管理标准化的定义

标准化是指在经济、技术、科学和管理等社会实践中，对重复性的事物和概念，通过制订、发布和实施标准达到统一，以获得最佳秩序和社会效益。标准化可以改进过程、服务、产品的适用性，消除技术壁垒，促进技术合作。

开展标准化工作，要遵循三个原则，即统一原则、简化原则和协调原则。统一原则就是在遵循事物发展所必需的秩序和成效的基础上，对事物的形成、功能、特性等要素规范适应范围和条件，采用强制手段规范对象的形式，并使这种一致规范与被取代的对象在功能上达到等效。统一原则的目的是为了确定一组对象的一致规范，保证事物所必需的秩序和效率，核心是功能等效，即从一组对象中选择确定应一致规范，应能包含被取代对象所具备的必要功能。

简化原则是为了经济有效地满足需要，对标准化对象的结构、形式、规格或其他性能进行筛选提炼，剔除其中多余的、低效能的、可替换的环节，精炼并确定出满足全面需要所必要的高效能的环节，保持整体构成精简合理，使之功能效率最高。简化的目的是为了经济，使之更有效地满足需要；核心是从全面满足需要出发，保持整体构成精简合理，使之功能效率最高；基本方法是对处于自然状态的对象进行科学的筛选提炼，剔除其中多余的、低效能的、可替换的环节，精练出高效能的、能满足全面需要所必要的环节；实质不是简单化而是精练化，是在明确反映的基础上对对象的合理解释。

协调原则就是为了使标准化的整体功能达到最佳,并产生实际效果,需要通过有效的方式协调好系统内外相关因素之间的关系,确定为建立和保持相互一致、适应或平衡关系所必须具备的条件。协调的目的在于使标准系统的整体功能达到最佳并产生实际效果;协调的对象是系统内相关因素的关系以及系统与外部相关因素的关系;协调的方法有有关各方面的协商一致、多因素的综合效果最优化、多因素矛盾的综合平衡等。

掌握了标准化的原则,就可以结合公路工程造价管理的现状,对公路工程造价管理内容进行标准化改造。现阶段我国公路工程造价管理的业务内容主要包括计价依据管理、造价文件的编制与审查管理、造价从业人员(机构)资格资质管理、造价监督等。计价依据管理主要包括:制定和发布用于指导工程计价的造价文件编制办法,估算指标、概预算定额及其他取费标准,公路施工使用的人工、材料、机械价格信息以及工程造价指数等;造价文件的编制与审查管理主要包括:制定和规范公路建设各阶段需要编制、提交审查审批的造价文件类型,以及各阶段造价文件编制与审查的方法、流程;造价从业人员(机构)资格资质管理主要包括:对造价从业人员(咨询单位)的执业资格资质的准入与清出、考试考核、继续教育、业绩诚信进行管理;造价监督主要包括:对施工过程中的资金使用情况进行动态监督检查。因此,从标准化的定义出发,结合公路工程造价管理的业务内容,公路工程造价管理标准化即制定、发布和实施一套公路工程造价管理技术标准,规范、统一公路建设的计价依据、造价文件编审、造价监督和造价从业人员、咨询单位管理等造价业务,实现公路工程造价管理工作的标准化、制度化、规范化。

图 5-1 为公路工程造价管理标准化原理。

5.1.2 建立造价管理技术标准的意义

(1)建立造价管理技术标准是实现公路工程全过程造价管理的基础

要真正实现公路工程全过程造价管理,关键是要把公路建设的前期决策、中期设计施工和后期竣工验收各阶段有效串接起来,通过项目决策、设计、招投标、施工、竣工各阶段造价数据的关联、沟通,实现各阶段造价数据比照分析,及时发现资金使用过程中存在的问题,使资金使用受控,这才是全过程造价管理的实质。目前我国半数以上的省份都采取了全过程造价管理模式,对各阶段造价文件进行审查,在施工过程中进行造价监督。但由于我国造价文件编制办法在制订时,较少考虑各阶段造价文件之间固有的内在联系(即各阶段造价文件都是针对同一工程项目的建设成本进行费用测定,只是计价阶段不同,依据的技术文件的工作深度有所差异),造成各阶段造价文件缺乏呼应性设计,估算、概算、预算和工程量清单项目表相互不对

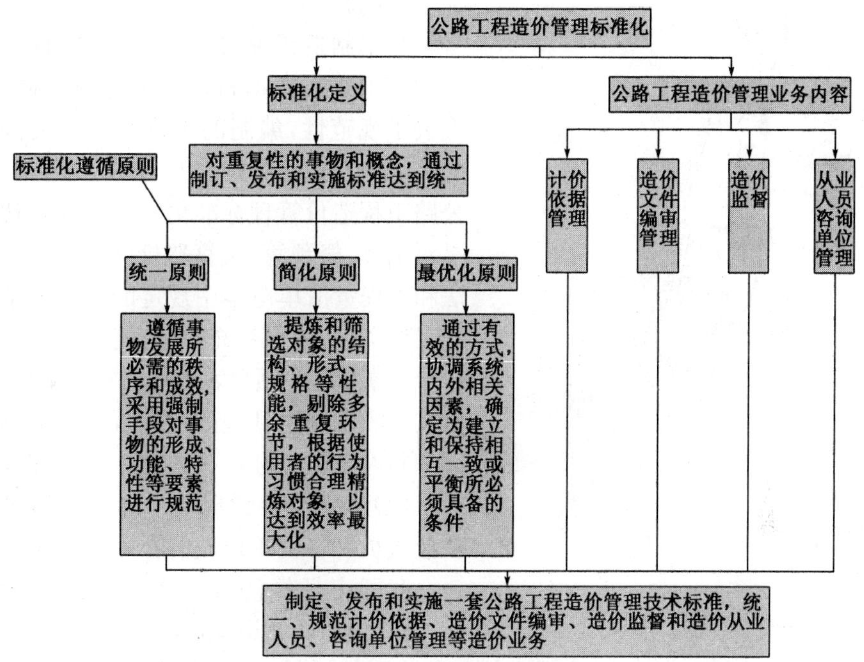

图 5-1 公路工程造价管理标准化原理

应，给各阶段造价文件相互比照分析带来了困难。结果是各阶段，各算各的账，各按各的算法算，各考虑各的成本，最终看到的是一个个孤立的数据，数据之间是什么关系，并不清楚，无法追溯资金使用过程，即使认为资金使用存在问题，但相关人员解释一下，也不知道到底对不对，可能就过去了，整个造价管理仍然存在漏洞。原本是想通过各阶段造价文件审查以及相互比照分析来实现全过程造价管理，但由于各阶段造价文件接口不同而落空。而公路工程造价管理标准化就是要消除实现全过程造价管理的各种障碍，在制定造价文件编制办法时，提前考虑各阶段造价文件的关联、转换，在造价文件表格、计价项目设计时考虑呼应性，统一各阶段造价文件的接口，便于各阶段造价文件比照分析。

与此同时，现代建设项目规模越来越大，数据也越来越多，已经不可能通过人工实现各阶段造价文件的审查和相互之间的比较分析，采用信息化手段是实现全过程造价管理的必然要求，但是使用信息技术进行处理的前提就是数据内涵和文件格式标准、无歧义，公路工程造价管理标准化也为满足这一要求提供了技术支持。

再者，我国目前的公路计价体系还存在子目划分较粗，编码、计价单位欠规范，部分子目缺乏扩展规则，对房建、绿化、机电设施等专项工程计价欠

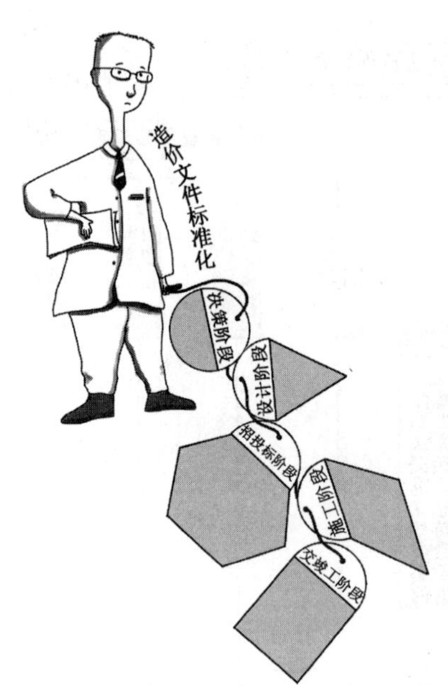

造价文件标准化是串接各阶段造价的纽带

完整等问题。

当编制造价文件涉及相关项目时，不同造价人员根据自己习惯进行编制，失去了规范性，编制的造价文件也无法交流，给全过程造价管理带来了困难。公路工程造价管理标准化的一个内容就是对估算、概预算、决算造价文件编制办法和工程量清单范本中规定的项目表结合工程实际，进行补充完善，使任何一个计价元素都能在项目表中唯一确定，使造价文件的编制达到统一、规范，消除了不同编制人员带来的不一致性和不确定性。

(2)建立造价管理技术标准是造价从业人员和咨询单位诚信管理的基础

我国市场经济发展尚处于初级阶段，与自由市场相适应的法制还不健全，市场诚信机制还未建立，市场主体的行为还缺乏约束，具有不确定性，违反公平正义和职业道德的行为时有发生。诚信体系建设是我国市场经济建设的重点。而对从业人员和单位进行客观的信用评价并与从业资格挂钩，是诚信管理的重要手段。公路工程造价从业人员和咨询单位承担造价文件编审和造价咨询业务，其工作质量对最终工程造价形成有重要影响，根据工作业绩对其进行诚信评价也是造价管理的重点环节和重要手段。但缺乏客观、有效的量化评价方法也是困扰造价管理的现实困难。公路工程造价管

标准化有利于检测从业人员的行为“健康”

理标准化建设一方面提供了统一、标准、规范化的造价文件编制规则，使评价造价文件编制、审查质量有了对比考核的模板；另一方面，公路工程造价管理标准化建设也通过制订“造价文件编制质量评分标准”，为评价造价文件编审工作质量提供量化工具。因此，公路工程造价管理标准化实现了对造价从业人员工作业绩的客观评价，进而为造价从业人员和咨询单位的诚信管理提供依据。

(3)建立造价管理技术标准，提高了造价从业人员的工作绩效

公路工程造价从业人员的主要工作，是编制和审查各阶段造价文件。随着公路建设项目规模的日益庞大，跨越山区、沙漠、河海等复杂地质环境的建设项目越来越多，公路建设“四新”技术应用逐渐广泛，公路附属设施渐趋复杂多样，一份造价文件动辄几十页、上百页，造价数据排列上万行，如果少量人员进行编制审查甚至需要几个月的时间。造价文件编制的长度、难度和复杂程度成为从业人员面临的一大挑战，准确编审造价文件既是对从业人员技术能力的挑战，也是对敬业精神的考验，而造价文件编制过程中的错漏重复和工作负担、压力也成为行业面临的突出问题。公路工程造价管理标准化建设既提供了格式化的编制方法和编制模板，使造价文件的编审成为机械化、程式化的套用、代入的数学运算。而统一、标准的数据格式也为信息化手段介入奠定了物理基础。功能完善的造价编审软件使程式化的数学运算自动完成，复杂、烦琐的造价文件编制变成了简单、快捷的鼠标点击。既克服了手工计算的准确性问题，也提高了造价文件编制速度，缓解了从业人员的工作压力。

(4)建立造价管理技术标准，有利于造价管理部门之间资源共享和技术交流

目前，我国公路工程造价管理模式还不统一，各地从补充定额的测定、造价数据的挖掘分析、公路地材信息的采集发布、信息管理系统的开发、从业人员管理等方面独立开展了大量的研究以提升造价管理水平。但是由于大量的造价管理工作还未建立统一的标准和规范，不同地区根据自己对造价管理的认识和工程管理实际需要开展相关研究，由于技术接口不同，各自的研究成果和资源不具有普遍适用性，不能共享，形成了技术壁垒，不利于不同地区之间的交流，阻碍了技术进步，也造成了管理资源的浪费。而公路工程造价管理标准化建设从计价依据管理、造价文件编审、造价监督、从业人员管理等方面提供了一套标准化的造价管理技术方案，不同地区按照造价管理技术标准确定的原则，开展造价管理研究工作，从事具体管理业务，积累造价数据，可以有效避免技术标准不同、接口不同带来的信息孤岛问题，为不同地区造价管理部门之间搭建了造价管理技术交流、共享的平台，

有利于相互之间造价数据、信息、技术的共享共用，可以实现以较少的投入获得较广泛的推广应用效果，能够更好地推动全过程一体化向深层次发展。

标准化提供了资源共享的平台

5.2 实现全过程一体化造价管理所需要的标准体系

根据全过程造价管理的业务内容，将公路工程造价管理分为三个模块，计价依据管理、造价管理流程和造价管理技术。公路工程造价管理标准化，即要实现计价依据标准化、造价管理流程标准化和造价管理技术标准化。下面从实现全过程一体化造价管理的目标出发，分别从这三个方面讨论公路工程造价管理标准化建设。

5.2.1 计价依据标准化

计价依据是测算工程造价的依据，我国公路工程计价依据主要有造价文件编制办法、估算指标、概预算定额、材料价格信息等。计价依据的标准化包括造价文件编制办法的标准化、定额的标准化和材料价格信息采集发布的标准化。

(1)造价文件编制办法的标准化

造价文件编制办法是测算公路工程造价的纲领性文件，规定了各阶段公路工程造价的基本组成、计算方法和计价标准，是测算工程造价的基本依据。作为指导工程计价的基础性文件，造价文件编制办法要能够适应公路建设专业化程度高、不断发展进步以及我国不同地区地质地形条件、经济发展水平差异大的特点，满足不同地区、不同地形公路建设计价的需要和公路修造技术进步发展的形势，为公路工程计价提供一个普适性的工具。因此，造价文件编制办法应该是一个开放的系统，能够适时修订和补充。交通运输主管部门应当根据公路修建技术发展趋势和公路造价管理的需要，及时组织公路建设各阶段造价文件编制办法制定、修编，制订近、远期工作规划，有计划、分步骤地更新完善造价文件编制办法体系。考虑到我国不同地区地质地形条件差异明显，公路结构形式、修建技术差异大的特点，以及不同地区经济水平差距悬殊，人工、材料、机械价格迥异的实际，如果制定全国统一的造价文件编制办法，面面俱到，必然繁冗，反而普遍适用性、针对性不强。可以提取公路建设共性元素，制定全国性的造价文件编制办法，突出广泛一致和普遍约束，各省再根据自身公路建设和经济发展的实际，制定补充规定，突出地域特征和专项规定，形成全国统一与地区差异互相补充的造价文件编制办法体系，既体现了造价文件编制办法共性与个性的统一，也反映了普遍规范与差别对待的原则，使造价文件编制办法体系结构清晰、科学实用。

另外，公路工程各阶段造价具有相关性，要实现全过程一体化造价管理，必须充分利用这种关联，将各建设阶段有效串接起来。因此，制定造价文件编制办法时要考虑各阶段造价文件的呼应性设计，通过各阶段造价文件项目表和造价表格的关联性设计，使各阶段造价数据固有的逻辑关系能够通过造价文件一目了然地表现出来、反映出来。

(2)定额的标准化

定额是在合理的劳动组织和合理地使用材料和机械的条件下，预先规定完成单位合格产品的消耗的资源数量之标准，它反映一定时期的社会生产力水平的高低。定额是控制公路工程造价的计划性手段，是对大量建设项目调查后测定得到的统计指标，体现了社会生产的平均先进水平。一方面，公路施工工艺和施工组织的相对稳定性决定了定额的相对稳定性；另一方面，随着公路向山区、沙漠、海洋等特殊地质地貌地区延伸，出现了一批新的工程结构，同时公路“四新”技术在施工中也广泛应用，这些都意味着定额体系只有不断地补充和更新，才能贴近工程实际，才能使定额计价客观反映公路工程的价值规律。因此，公路工程定额体系也应该是一个开放系统，并根据公路修建技术的发展适时补充和更新。为使定额体系具有灵活性，可以采取制定全国统一定额，各省结合工程建设实际制定补充定额的方法，建立完善定额体系。交通运输主管部门要根据公路建设形势和修建技术的发展变化，制定定额补充、更新的工作规划，推动定额补充更新工作，使定额体系符合工程实际。而且造价管理部门应该制订统一、规范、科学的定额抽取、测定方法，使各地区测定的补充定额具有规范、统一的技术接口，使不同地区之间能够相互交流，促进技术进步。

另外，对于建筑安装工程费以外的征地拆迁补偿费用、勘察设计费用、监理服务费用、专项评价(估)费用、建设期贷款利息等费用，计价各有特点，对工程造价的影响也日益增加，而且有些费用随国家或地方宏观政策的变化其波动较大，也需要制订规范的取费方法明确计价原则。

(3)材料价格信息采集发布的标准化

公路用材价格信息时效性强，具有地域特征，与运距、运输方式关系密切，而且受国家宏观政策影响波动较大，对工程造价影响较大，是工程造价测算准确与否的重要影响因素。采集、发布公路用材价格信息是造价管理部门重要的日常工作之一。长期以来，公路建设市场的价格信息采集与发布没有统一的标准和规则，部分地区根据工作习惯和信息采集难易程度，定期发布一些主要材料价格信息，但是受信息来源渠道及其稳定性和信息可靠性的影响，造价管理部门掌握和发布的价格信息往往与市场实际出入较大，对工程计价指导性不强，也间接造成了编制的造价文件可能不符合工程实际和价格规律，不利于造价控制。因此，应该从材料规格、料场分布和运距运费、价格信息采集方法、价格形成机制、发布周期、发布方式等方面建立一套规范的公路用材价格信息采集与发布的工作规范，促使公路造价管理部门掌握的材料价格信息符合市场实际，具有使用价值，能够指导工程实践。

5.2.2 管理流程标准化

造价管理流程标准化是指公路工程造价管理工作模式标准化，包括造价文件编审、造价监督流程标准化，从业人员和咨询单位管理标准化和造价公开标准化。

(1)造价文件编审、造价监督流程标准化

根据全过程一体化造价管理的要求，要充分发挥公路工程造价管理机构的控制作用，各级交通运输主管部门在批复报批项目时，应由其造价管理部门提供造价审查意见，建立项目前期阶段有效控制、设计阶段严格造价审查、施工阶段动态造价监督检查、竣工决算阶段详细造价审定等多阶段控制体系，合理确定和有效控制造价。在可行性研究阶段，项目发起人编制项目投资估算，由造价管理部门提出估算审查意见供审批部门决策参考；在初步设计阶段，由设计单位编制初步设计概算，由造价管理部门提出概算审查意见供审批部门参考，批准后的设计概算作为拟建项目工程造价的最高控制限额；在施工图设计阶段，设计单位按规定编制施工图预算，由造价管理部门提出预算审查意见供审批部门参考；招投标阶段，建设单位组织编制招标标底或招标控制价，由造价管理部门审核；施工阶段，建设单位按要求编制造价台账，造价管理部门定期检查造价台账，监督资金使用情况。对于施工过程中的重大变更，需要编制设计预算，由造价管理部门提出预算审查意见供审批参考；竣工决算阶段，建设单位负责编制竣工决算报告，由造价管理部门进行审查，供审批参考。

(2)造价从业人员和咨询单位管理标准化

根据部门职能划分，目前我国工程造价从业人员和咨询单位由住房和城乡建设主管部门负责管理。但是鉴于公路工程专业化程度较高，从保证从业工作质量的角度出发，交通运输主管部门应该加强与住房和城乡建设主管部门的沟通协调，争取公路工程造价从业人员和咨询单位由交通运输行业进行专业化、精细化管理，并从资格资质准入与清出、继续教育、业绩考核、诚信管理等方面建立起规范化的造价从业人员和咨询单位管理制度。

(3)造价数据公开标准化

目前，我国公路工程造价行业还没有建立起一套完整的社会监督机制，公路工程造价数据一般不对社会公开，个别省份对部分造价数据进行公开，但由于公开得较为粗略，仍然存在看不懂的问题。公众的知情权没有得到尊重和满足，公路建设的社会负面舆论较多，既不利于公路建设争取积极正面的舆论导向，更不利于造价管理。因为社会监督是最高效的监督方式，通过公开，既可以及时发现资金使用存在的问题，也可以激励造价管理的主动性和紧迫感，提高造价管理工作的质量。从建立民主政治的社会发展方向和公众要求对社会事务进行公开的强烈呼声来看，公路工程造价数据公开是必然趋势，交通运输主管部门作为负责任的政府部门，应该强力推进并制订公路工程造价数据公开的制度规范，要求造价管理部门对造价数据进行公开，而且从保证公开质量，实现有价值的公开的角度，通过制度明确造价公开的范围和公开方式，让社会公众真正看懂、看明白，了解每一笔资金的来龙去脉，从而判断资金使用的合理性。

5.2.3 管理技术标准化

管理技术标准化包括造价文件编审技术标准化和造价文件编审质量评价标准化。

(1)造价文件编审技术标准化

公路工程造价文件质量的高低，除与编制人员的业务水平有关以外，计价项目体系规范与否也对其有重要影响。为了便于利用信息技术进行造价文件编审，定额计价项目表和清单计价项目表的设置要结合工程实际和造价管理需要进行；条目划分及计价单位选择既要符合施工组织，又要能把产生造价差异的部分区分出来，并涵盖附属区房建、绿化、机电等相关附属设施；条目编码生成规则、子目扩展规则明确，形成系统化、科学化、规范化的计价项目体系。另外，现阶段公路建设决策和前期设计阶段采用定额计价，招投标和施工采用清单计价，定额计价与清单计价其计价原则不同，计价项目体系不对应。但从实现全过程一体化造价管理的要求看，需要把工程建设的前、中、后期贯穿起来，因此，需要在定额计价与清单计价之间建立转换关系，实现定额计价与清单计价的无缝对接。

(2)造价文件编审质量评价标准化

对造价文件编审质量进行评价，并将评价结果与从业人员的信用水平挂钩，是造价从业人员诚信管理的重要手段。但前提是造价文件编审质量评价结果既客观、准确又量化、具体。造价文件编审质量既包含格式上的规范性，还包括造价文件内容是否存在错漏重复，因此需要制订造价文件编审质量评价标准，从上述两方面客观量化造价文件编审工作的质量。

5.3 今后公路工程造价管理标准化建设的重点

根据公路工程造价管理标准化建设目标，结合工程造价管理现状，广东省交通运输厅经过多年探索建立起基于实现全过程一体化造价管理的公路工程造价管理技术标准体系。

5.3.1 标准化建设的重点之一——计价依据的补充和拓展

以我国公路工程系列计价依据为基础，广东省对部颁“概预算编制办法”和“概预算定额”进行了补充和拓展，以满足现阶段公路工程造价的核算能够更好地贴近公路工程建设的实际情况。

根据交通运输部《公路工程基本建设项目概算预算编制办法》(JTG B06—2007)(以下简称“部07编办”)及《公路工程概算定额》(JTG/T B06-01—2007)、《公路工程预算定额》(JTG/T B06-02—2007)、《公路工程机械台班费用定额》(JTG/T B06-03—2007)，广东省交通运输厅根据广东省公路工程建设的实际情况制订了《广东省执行交通运输部〈公路基本建设工程概算预算编制办法〉的补充规定》(以下简称“补充规定”)。

“补充规定”规定：

(1)从2008年7月1日起，广东省公路工程新建(包括改、扩建)项目的概算、预算的编制应按“部07编办”、本补充规定及省其他有关规定执行。

(2)按“部07编办”和本补充规定编制概算、预算文件时，需与按1996

年原交通部《公路基本建设工程概算、预算编制办法》(交工发〔1996〕612号,以下简称"部96编办")、原省交通厅《关于印发〈执行公路基本建设工程概算预算编制办法补充规定〉(试行)的通知》(粤交基〔1996〕340号)及《关于完善公路基本建设工程概算预算编制办法有关内容的通知》(交公路发〔2005〕230号)编制的概算、预算文件进行对比的项目,应将采用的办法、定额及政策性费用调整情况进行说明和分析。

(3)《广东省公路工程造价文件编制办法(试行)》(粤交基函〔2003〕212号)中的规定与"部07编办"和本补充规定不一致的,应按"部07编办"和本补充规定执行。本补充规定未明确的其他费用项目及其计算标准,均按"部07编办"的规定计列和计算。

(4)"补充规定"还规定了广东省公路工程人工工日、费率及工程建设其他费用的取费情况,并形成了及时根据政策或市场变化进行更新的动态发布制度。包括广东省公路工程人工工日单价和地区类别、沿海地区工程施工增加费费率及规费费率、广东省公路工程机械台班养路费及车船税等。以人工费为例,具体做法如下:

人工费费用标准将由广东省交通运输工程造价管理站根据广东省政府和有关主管部门公布的最低工资标准调整情况及时调整发布,抄报省交通运输厅备案。

表5-1~表5-3分别为:广东省公路工程人工单价地区类别表、2008年6月发布的广东省公路工程人工工日单价表、2010年9月发布的广东省公路工程人工工日单价表。

广东省公路工程人工单价地区类别表 表5-1

地区类别	适用地区
一类	广州
二类	珠海、佛山、东莞、中山
三类	汕头、惠州、江门
四类	韶关、河源、梅州、汕尾、阳江、湛江、茂名、肇庆、清远、潮州、揭阳、云浮
深圳	特区内
	宝安、龙岗

2008年6月发布的广东省公路工程人工工日单价表 表5-2

地区类别	一类	二类	三类	四类	深圳	
					特区内	特区外
工日单价(元/工日)	62.02	57.85	52.35	48.80	61.30	54.09

2010 年 9 月发布的广东省公路工程人工工日单价表　　表 5-3

地 区 类 别	一 类	二 类	三 类	四 类	深 圳
工日单价 (元/工日)	74.28	69.12	63.29	59.74	79.33

(5)对施工机械使用费、特殊地区施工增加费、工程建设其他费用有关内容进行了增补和细化。

(6)结合原交通部 2007 年第 1 号令《公路水运工程安全生产监督管理办法》增列安全生产经费，该项费用的计算按建安费的 1%取定。

5.3.2　标准化建设的重点之二——管理程序的规范

广东省结合多年公路工程造价管理的实践，建立由省交通运输厅领导、省交通运输工程造价管理站具体执行的公路工程造价监管程序，具体管理按公路建设项目类别分权而治。我国对于公路工程建设项目可分为一般公路建设项目和国家重大公路建设项目。国家重大公路建设项目必须由国家级政府主管部门审批通过，一般公路建设项目由省级政府主管部门审批通过。据此，确定公路工程建设项目的造价管理程序。

(1)国家重大公路建设项目

①投资决策阶段

公路项目的预、工可行性研究阶段，工可编制单位提交的项目投资估算报省交通运输厅组织评审后，受省交通运输厅委托省交通运输工程造价管理站进行估算审查，出具审查意见报厅，厅转省发展和改革委员会审查后，上报交通运输部，交通运输部对上报的项目可行性研究报告委托有关咨询机构审查后，报国家发展和改革委员会，由其委托机构审核并出具审核意见，国家发展改革委员会对项目可行性研究报告进行审批，对企业投资且不使用政府性资金的公路建设项目由国家发改委对其进行核准。

投资决策阶段造价管理程序流程图见图 5-2。

②设计阶段

设计阶段，项目初步设计概算经省交通运输厅组织初步评审后，受省交通运输厅委托省交通运输工程造价管理站进行概算初审，出具意见报厅，厅形成初审意见上报交通运输部，由部委托相应咨询机构进行审核，审核意见反馈后，交通运输部进行审批，在初步设计获得审批之后，项目开展施工图设计，一般部委托省交通运输厅对项目施工图设计进行审查，厅委托省造价管理站审查预算。

设计阶段造价管理程序流程图见图 5-3。

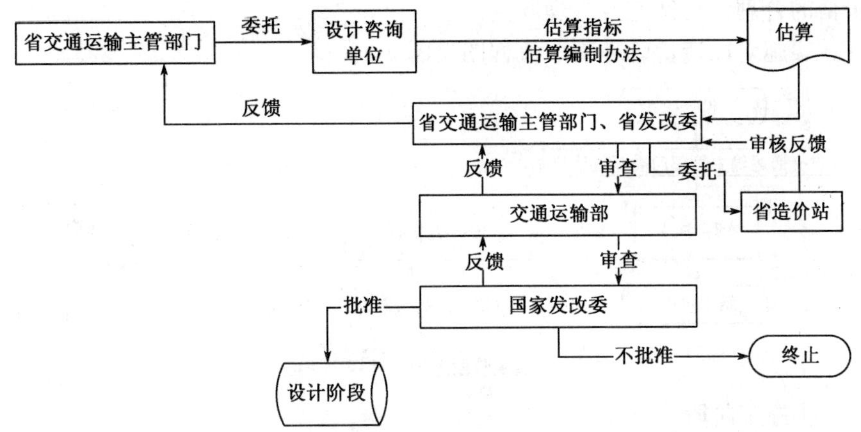

图 5-2　投资决策阶段造价管理程序流程图

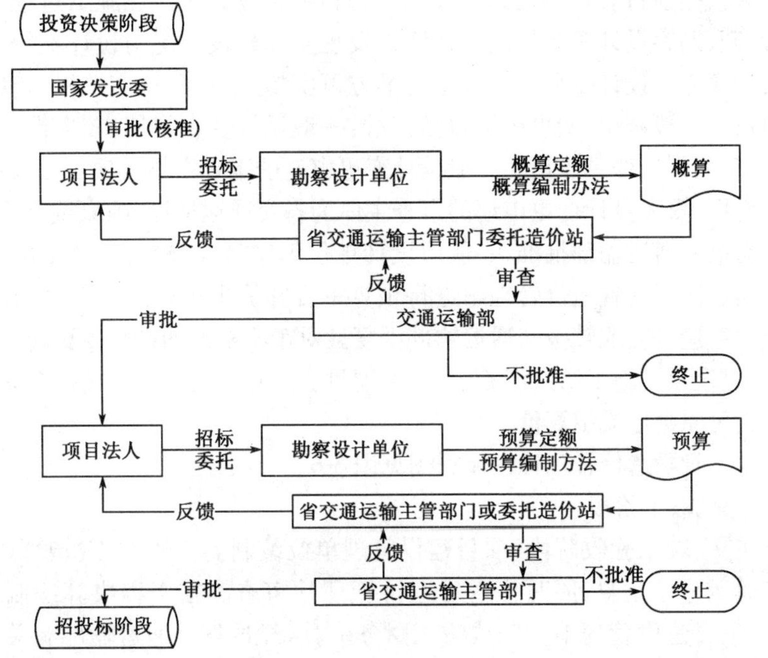

图 5-3　设计阶段造价管理程序流程图

③工程实施阶段

在项目的施工图设计得到批准之后，项目建设管理单位就开始组织项目施工招标工作。招标文件应报省交通运输厅初审后转报交通运输部核备。招标文件(含工程量清单、标底价的确定)的编制应符合国家和广东省相关补充规定，严格执行三级清单技术标准。一般由建设管理单位委托省造价管理站进行业主控制价的审核。省交通运输厅对整个招标过程及中标价格的合理性行使监督管理职责。

实施阶段造价管理程序流程图见图5-4。

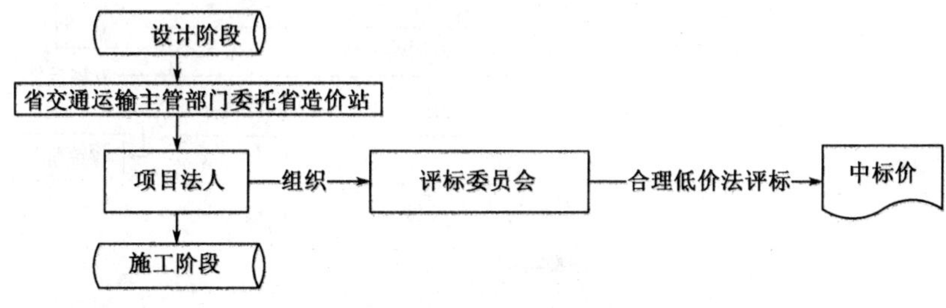

图5-4　实施阶段造价管理程序流程图

④施工阶段

在确定中标价后，项目法人要与中标单位签订合同，形成合同价之后，承包人根据项目管理单位和监理工程师指令进场施工。在施工过程中，施工、监理、勘察设计等单位或项目法人发现实际建设情况与设计不符，要进行设计变更。设计变更必须获得批准方可实施，申请程序应严格按管理规定执行。一般来说，变更申请包括三种：一般设计变更申请、较大设计变更申请、重大设计变更申请。一般设计变更申请的审查主体为项目法人；较大设计变更、重大设计变更申请的审查主体为省交通运输厅，国家重点公路项目尚需报交通运输部批准，一般由设计单位编制重大、较大设计变更预算，省交通运输厅转省造价管理站进行预算审查并提出审查意见后，由省交通运输厅直接批复或转报交通运输部批复。对于不批准的设计变更应不予实施，在建设项目施工结束经验收后，由项目法人对变更工程费用按合同约定计量支付原则形成结算价。

施工阶段造价管理程序流程图见图5-5。

⑤交、竣工阶段

在交、竣工验收阶段，项目建设管理单位编制的工程竣工决算须上报省交通运输厅批复，同时抄送省造价管理站审查。在工程决算编制的基础上，项目建设管理单位完成竣工财务决算，经过省交通运输厅有关部门审查或委托承担审计职能的机构进行审查，交通运输厅综合审查审计意见，形成行业主管部门对工程竣工决算的批复意见，作为核定该项目的最终建设成本。

交、竣工阶段造价管理程序流程图见图5-6。

⑥政府主管部门涉及的造价管理工作

涉及公路工程造价管理相关工作的政府机构还有：国家发展和改革委员会、审计署、财政部等。国家发展和改革委员会下设重大项目稽查办

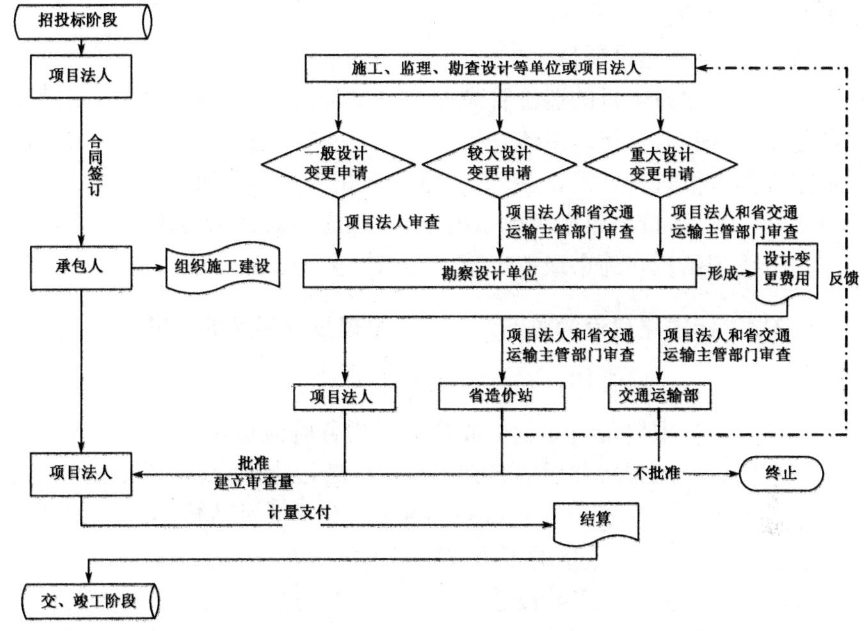

图 5-5　施工阶段造价管理程序流程图

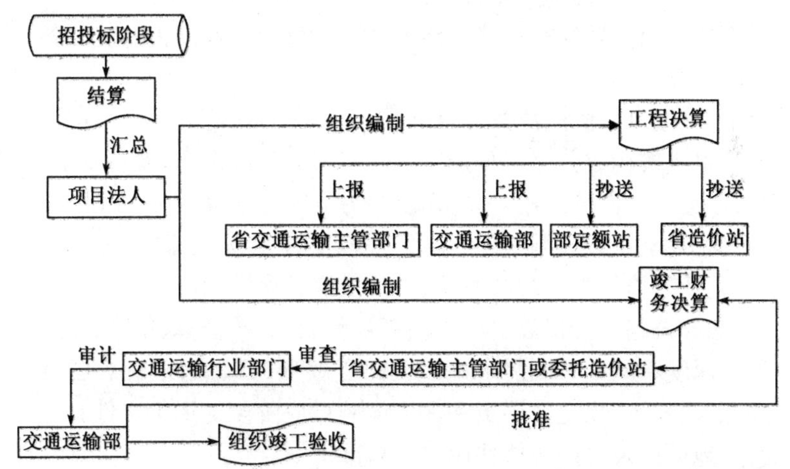

图 5-6　交、竣工阶段造价管理程序流程图

公室、审计署，在项目建设过程中及完成后分别履行其稽查、审计的职能。其中国家发展和改革委员会重大项目稽查办公室主要从公路建设项目资金的使用、概算控制的情况以及项目建设是否符合基本程序等方面进行稽查。审计署则是审计概预算的执行情况以及竣工决算的合法性方面。财政部是对公路建设项目（用财政性基本建设资金投资）的概算、预算及

决算等进行审查。

(2)一般公路建设项目

一般公路建设项目的造价管理程序基本与国家重大建设项目相同,不同的是审批、编制、监督的主体发生了变化,在具体造价审批过程中不必经国家层面的审批机构批准,一般由省级政府主管部门批准即可。对于工程建设规模不大、造价组成相对单一的项目,在进行具体的造价审查时,往往由省造价管理站授权地市级造价管理站承担。

5.3.3 标准化建设的重点之三——管理技术标准的改进

(1)规范造价组成、项目编号及计价单位

公路工程各项费用组成是构成公路工程各阶段造价的基础单元,制订公路工程的各项工程或费用的名称和编号标准是造价管理信息化、规范化、标准化的基础。为规范公路工程造价编制,实现项目造价的纵向、横向可比,需要制订公路工程造价的工程或费用名称及编号标准。

广东省对公路工程各阶段造价的工程或费用组成、名称、编号进行了分类及固化,形成了《广东省公路工程投资估算项目表》、《广东省公路工程概算、预算、决算项目表》、《广东省公路工程造价管理台账项目表》、《广东省公路工程土地征用及拆迁补偿费用清单》等系列标准,以规范并统一各阶段造价编制的内容。

①估算、概算、预算、决算项目标准

项目组成按构成公路工程造价的建筑安装工程费用,设备及工具、器具购置费,工程建设其他费用等划分,其中建筑安装工程包括临时工程、路基工程、路面工程、桥梁涵洞工程、交叉工程、隧道工程、公路设施及预埋管线工程、绿化及环境保护工程和管理、养护及服务房屋、其他工程。

《广东省公路工程概算、预算、决算项目表》中按概算、预算、竣工决算阶段的设计深度不同或不同需求确定公路工程项、目、节、细目的层级。原则上应按照“项目表”规定的层级和深度编制对应阶段的造价文件。

②土地征用及拆迁补偿费用清单标准

为规范公路工程土地征用及拆迁补偿费用的组成,特编制了土地征用及拆迁补偿费用清单供该类费用计价使用。

公路工程土地征用及拆迁补偿费用由土地征用补偿费、拆迁补偿费、临时用地和可能发生的其他费用构成。项目组成参照国土资源部《关于印发试行〈土地分类〉的通知》(国土资发〔2001〕255号)中土地分类确定。

③工程勘察设计费和监理服务费清单标准

为规范公路工程勘察设计费和监理服务费的组成,特编制工程勘察设计费和监理服务费清单标准供该类费用计价使用。

工程勘察设计费由初勘(测)、详勘(测)、初步设计、施工图设计、其他及后续服务费等构成,项目费用组成参照国家和发展计划委员会、原建设部联合发布的《工程勘察设计收费标准(2002)年修订本》中分类确定。监理服务费由施工监理服务费和其他阶段的相关服务费(含勘察、设计、保修等阶段)及其他费用等构成,项目组成参照监理服务内容分类确定。

(2)规范全过程造价文件编制标准

对各阶段造价文件编制要求进行梳理,增补缺失内容,形成从投资估算到竣工决算全过程文件编制标准。

①项目建议书、可行性研究阶段:

由于交通运输部刚于2012年1月6日发布《公路工程基本建设项目投资估算编制办法》(JTG M20—2011),投资估算造价文件编制格式仍依照此办法执行。

②设计阶段:

a.初步设计阶段

初步设计概算(修正概算)的编制格式依照原交通部《公路工程基本建设项目概算预算编制办法》(JTG B06—2007)和原广东省交通厅"2007概预算补充规定"执行。

b.施工图设计阶段

施工图设计预算的编制依照原交通部"部07编办"和原广东省交通厅"2007概预算补充规定"执行。

③招投标阶段:

a.三级清单文件的编制

招标阶段,由于《公路工程标准施工招标文件》(2009年版)中工程量清单子目的计量规则与预算定额中项目工程量计算规则不能一一对应,预算项目节反映的工程内容与工程量清单子目内容也不是一一对应关系。为了实现全过程公路造价数据的畅通,应分析两者差异性,构建定额体系概预算项目节和市场计量体系工程量清单子目的对应关系,为此广东省创新性地提出了构建"三级清单"的管理标准,建立了概预算项目节工程内容与工程量清单子目工程内容既独立又有一定统一性的关系。

三级清单作为实现公路工程设计计价体系和市场计价体系的有效结合,加强了工程实施阶段的造价管理和投资控制。广东省交通运输工程造价管理部门从2005年就开始致力于三级清单标准的研究,三级清单的核心是通过定义不同展现形式的清单及其编制原则,实现从设计图纸工程量到工程计量清单量的无缝对接,清晰地展现公路工程从设计到实施的工程量和费用变化情况，主动地关注工程造价的合理控制。

其组成体系是《广东省公路工程工程量清单编制办法》、《广东省公路工程工程量清单说明》、《工程量清单标准（含清单格式，子目名称、编号、计价单位规则、计量与支付规则）》、《工程项目清单标准（含清单格式，项目或费用名称、编码、单位规则，对应关系）》、《分项工程量清单标准（含清单格式，项目或费用名称、编码、单位规则，设计细目名称、编码、单位规则，对应关系）》。

其编制原理是以设计图纸工程量作为分项工程量清单编制的数据来源，通过分项工程量清单形式建立工程量清单子目与设计图纸工程量细目的关联，以使设计工程内容得到完整计量。分项工程量清单是三级清单体系中的基础数据文件，是以预算项目节格式为主骨架，建立工程量清单子目和对应的设计图纸中设计数量明细之间的关系，将设计、预算体系与清单计价体系相融合而形成的清单文件，详见图 5-7 三级清单组织关系图。分项工程量清单经过同类项合并及过滤设计数量明细后，按照规定的层级生成的以预算项目节格式为主骨架、下挂对应工程量清单子目的格式清单就是工程项目清单。其过滤掉预算项目节主骨架，对工程量清单子目经过同类项合并后，就生成了计量采用的工程量清单；过滤工程量清单子目后，就生成了可与概算、估算等造价文件类比的工程预算。通过三级清单的层级管理，实现设计预算管理与合同清单管理的无缝对接，达到有效开展公路建设项目全过程造价管理的目的，为实现合理控制造价提供了技术条件。

广东省三级清单标准除了实现设计工程图纸工程量到工程量清单的转换及概预算项目节和工程量清单的对应外，同时在以下方面对部颁招标文件范本进行了补充和统一：

(a)对工程量清单的编制办法进行了规范，补充了工程量清单的计量支付规则。

(b)按照相应的工程量清单子目划分原则对部颁工程量清单子目进行了扩展，将工程量清单子目的扩展规则进行了规范，明确了工程量清单子目在编制审查过程中的扩展依据，确定了广东省的实际施工情况对公路工程造价影响相对比较重要的因素，并按照这些因素划分子目。

(c)单独加入了机电工程（广东省公路工程量清单第 800 章）、公路工程附属区房建工程（广东省公路工程量清单第 900 章）的内容，使公路工程建设项目招标清单体系更完整。

b. 招投标阶段造价文件编制格式

按照公路工程中各专业工程的计价特点和招标分标段原则，对招投标阶段造价文件分类约定如下：

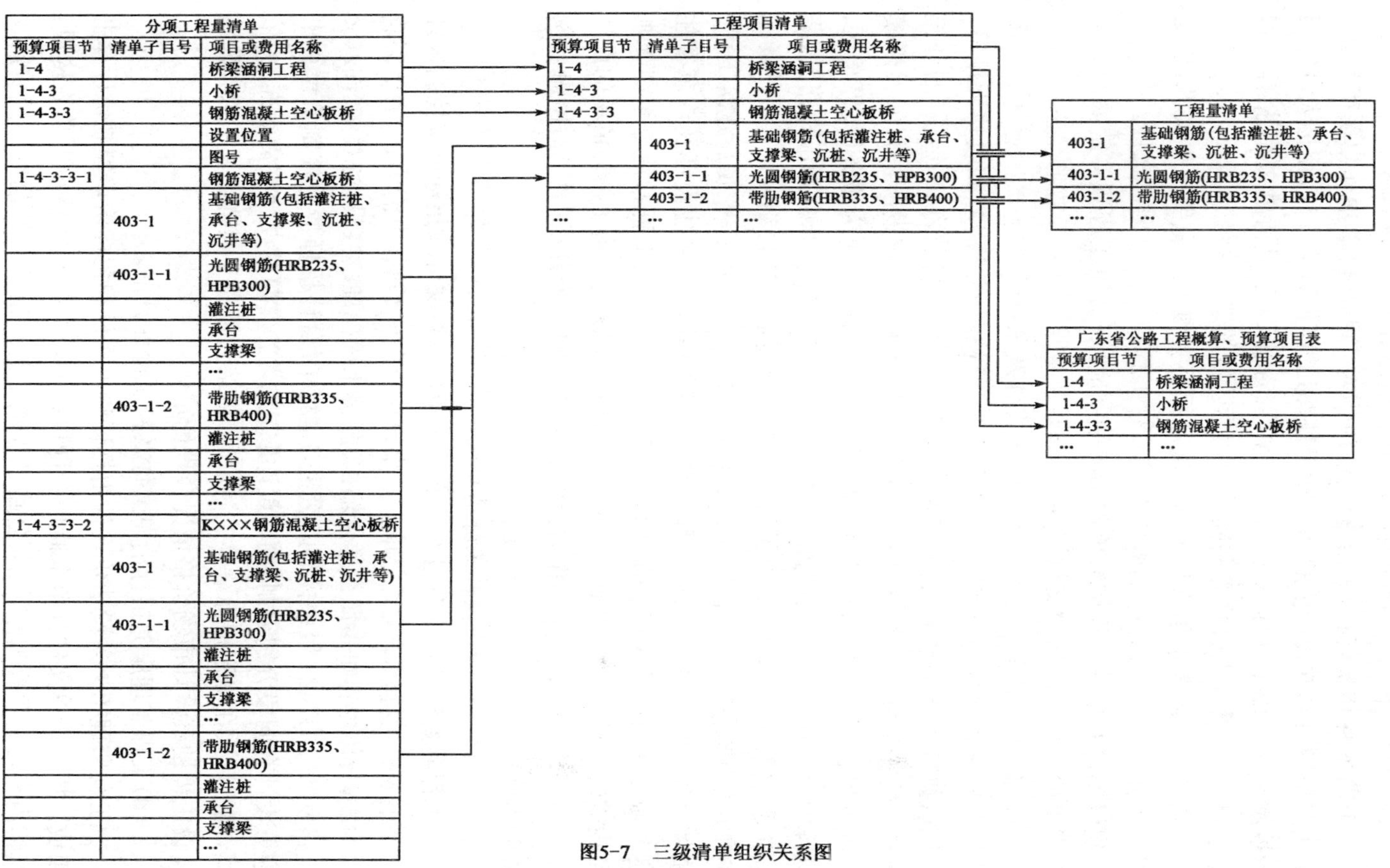

分项工程量清单

预算项目节	清单子目号	项目或费用名称
1-4		桥梁涵洞工程
1-4-3		小桥
1-4-3-3		钢筋混凝土空心板桥
		设置位置
		图号
1-4-3-3-1		钢筋混凝土空心板桥
	403-1	基础钢筋(包括灌注桩、承台、支撑梁、沉桩、沉井等)
	403-1-1	光圆钢筋(HRB235、HPB300)
		灌注桩
		承台
		支撑梁
		…
	403-1-2	带肋钢筋(HRB335、HRB400)
		灌注桩
		承台
		支撑梁
		…
1-4-3-3-2		K×××钢筋混凝土空心板桥
	403-1	基础钢筋(包括灌注桩、承台、支撑梁、沉桩、沉井等)
	403-1-1	光圆钢筋(HRB235、HPB300)
		灌注桩
		承台
		支撑梁
		…
	403-1-2	带肋钢筋(HRB335、HRB400)
		灌注桩
		承台
		支撑梁
		…

工程项目清单

预算项目节	清单子目号	项目或费用名称
1-4		桥梁涵洞工程
1-4-3		小桥
1-4-3-3		钢筋混凝土空心板桥
	403-1	基础钢筋(包括灌注桩、承台、支撑梁、沉桩、沉井等)
	403-1-1	光圆钢筋(HRB235、HPB300)
	403-1-2	带肋钢筋(HRB335、HRB400)
…	…	…

工程量清单

403-1	基础钢筋(包括灌注桩、承台、支撑梁、沉桩、沉井等)
403-1-1	光圆钢筋(HRB235、HPB300)
403-1-2	带肋钢筋(HRB335、HRB400)
…	…

广东省公路工程概算、预算项目表

预算项目节	项目或费用名称
1-4	桥梁涵洞工程
1-4-3	小桥
1-4-3-3	钢筋混凝土空心板桥
…	…

图5-7　三级清单组织关系图

(a)公路工程(含机电设备购置)施工招标清单文件及预算。

公路工程招投标阶段,招标文件应当对工程计价事项作出明确约定。采用工程量清单方式计价的,应当编制招标工程量清单文件;招标人设定招标控制价的,应编制招标工程量清单预算。招标工程量清单文件、招标工程量清单预算、投标人报价等共同构成招标阶段的造价文件。

招标工程量清单预算是招标人确定招标控制价的重要依据文件,也是签订工程施工合同、处理工程变更及签订工程结算的依据性文件。公路工程建设项目的招标工程量清单预算的编制应以《公路工程预算定额》和《广东省工程量清单计量与支付规则》为依据。

(b)附属区房建工程施工招标清单文件及预算。

公路附属区房建工程一般包括管理、养护及服务房屋和收费天棚等。广东省执行交通运输部《公路工程标准施工招标文件》(2009 年版)的补充规定(粤交基〔2010〕355 号文)中规定,为公路附属区建设所进行的大规模场地整平、土石方、排水防护、场地清理、路面工程(主要为服务区、停车区、管理中心、集中住宿区的路面)等招标工程量清单应参照公路工程路基、路面工程中相应的工程量清单子目及计量与支付规则进行制订。零星的场地清理(如为实施房建工程的±30cm 场地清理等)、户外工程、房屋建筑工程、园林工程、收费天棚等招标工程量清单参照住房与城乡建设部及广东省住房与城乡建设厅的房屋、市政园林建筑等专业工程的工程量清单编制规则及相应的计量与支付规则进行制订。附属区房建工程施工招标清单的设计应兼顾房建工程的特点和作为公路建设项目的一个分项的特殊性,融合两者要求确定。

(c)公路工程勘察设计招标清单文件及控制价计算书。

工程勘察设计招标阶段造价文件由招标清单文件和招标清单控制价计算书组成。招标清单文件分单个勘察设计合同段编制,由清单表、清单汇总表构成,具体内容可参照交通运输部《公路工程标准勘察设计招标文件》(交公路发〔2010〕742 号)中内容。公路工程勘察设计招标清单控制价计算书应分设计合同段分别编制,勘察设计取费以《工程勘察设计收费标准》为依据,但招标人在确定招标清单控制价时,应结合招标工程特点及广东省公路建设工程勘察设计市场价格情况合理确定。

(d)工程监理服务招标清单文件及控制价计算书。

工程监理招标阶段造价文件由招标清单文件和招标清单控制价计算书组成。招标清单文件分单个监理合同段编制,由清单表、清单汇总表构成,具体内容可参照交通运输部《公路工程施工监理招标文件范本》(交质监发〔2008〕557 号)中内容。工程监理招标清单控制价计算书应分监理合同段分别编制，工程监理费取费原则应以《建设工程监理与相关服务收费管理规定》(发改价格〔2007〕670 号)为依据，结合招标工程特点、监理服务范围及广东省公路工程监理服务市场价格情况合理确定。

④合同签订阶段

合同签订阶段，建设单位应该建立合同台账。该阶段造价文件主要指经过发包方和承包方合同谈判后，双方签订的合同文件中构成合同价格的清单文件。根据公路工程造价构成的特点，公路工程(含机电设备购置)、公路附属区房建工程、工程勘察设计、工程监理服务、征地拆迁补偿等是构成高速公路工程基本造价的主要内容，对上述工程的合同清单文件的格式进行规范很有必要。

a. 公路工程(含机电设备购置)合同清单文件。

招投标阶段的招标结果，经招标人和投标人双方确认后的工程量清单文件、招标文件中约定的其他相关文件共同组成合同清单文件。

b. 附属区房建工程合同清单文件。

招投标阶段的招标结果，经招标人和投标人双方确认后的工程量清单文件、招标文件中约定的其他相关文件共同组成合同清单文件。其中工程量清单第 900 章为“公路附属区房建工程量清单”，设计了“清单子目号”和“项目编码”两层次清单项目，该章合同计量应以“项目编码项”进行计量；其他 100～800 章按“清单子目项”进行计量。

c. 工程勘察设计合同清单文件。

工程勘察设计合同清单文件由发包方和承包方双方签订合同文件中的工程量清单文件、招标文件中约定的其他相关造价文件及合同汇总文件组成。

d. 工程监理服务合同清单文件。

工程监理合同阶段清单文件由发包方和承包方双方签订合同文件中的工程量清单文件、招标文件中约定的其他相关造价文件及合同汇总文件组成。

e. 土地征用及拆迁补偿合同清单文件。

土地征用及拆迁补偿合同清单文件主要由发包方和承包方经过合同谈判后，双方签订合同文件中的清单文件及约定的其他相关造价文件组成。

⑤工程设计变更

公路工程设计变更管理应严格执行《公路工程设计变更管理办法》(原交通部令 2005 年第 5 号)和《广东省交通厅关于公路工程设计变更管理的实施细则》(粤交基〔2007〕1241 号)的规定，严格按程序分级管理和报批。工程设计变更如涉及工程造价变化，需按规定编制相应的工程造价文件，该类造价文件是构成工程结算、决算的重要依据性文件。

工程设计变更的造价文件按设计变更类型(重大、较大、一般设计变更)和变更审批管理层次分为工程变更合同清单文件、工程设计变更预算文件、工程设计变更概算文件等。

a. 工程变更合同清单文件。工程变更合同清单文件主要是建设管理单位按双方合同约定的变更工程计价原则编制的清单文件。其反映的是工程变更前后的合同费用变化情况,计价依据为发包人与承包人签订的合同工程量清单文件等。一般来说,一般设计变更的造价文件采用合同清单文件格式。

b. 工程设计变更预算文件。工程设计变更预算文件是应工程重大、较大设计变更实行审批制的要求,以原交通部《公路工程基本建设项目概算预算编制办法》(JTG B06—2007)及配套《公路工程预算定额》(JTG/T B06-02—2007)、广东省交通运输厅有关补充规定为依据进行编制的造价文件。

c. 工程设计变更概算文件。工程设计变更概算文件主要是当工程设计变更超出初步设计工程规模,为便于审批,调整初步设计方案而编制的工程设计变更造价文件。其文件格式依照交通运输部概预算文件编制办法及省交通运输厅补充规定中概算文件编制的要求执行。

⑥造价监督——公路工程造价管理台账文件

公路工程造价管理台账文件是为反映项目批准概算至工程结算之间动态变化而建立的造价文件,是交通运输主管部门或造价管理部门进行造价监督管理、要求建设管理单位提供的主要文件,是工程实施阶段造价主要信息的反映,是动态地实现造价全过程管理的重要文件。在项目实施阶段,项目建设管理单位应结合管理情况,原则上开工后应按规定建立实施阶段公路工程造价台账,在建设过程中应定期动态维护。工程造价管理台账文件一般由项目建设管理单位负责编制,合同段承包人也可根据本合同段情况编制其造价管理台账。

⑦工程交工阶段

a. 交工验收造价文件。交工验收造价文件是指交工验收阶段,按交通运输主管部门对交工验收的备案要求,项目建设管理单位应在交工验收前上报的造价文件,主要内容为交工验收前工程变更情况统计。

b. 工程结算清单。工程完工后,发包人和承包人应签订工程结算协议,通常采取结算工程量清单文件的形式,是发包方和承包方在合同文件基础上,根据合同计价变更造价增、减而签订的造价文件。与合同签订阶段类似,按照文件格式和内容要求,主要的工程结算清单形式有公路工程(含机电设备购置)结算清单文件、附属区房建工程结算清单文件、工程勘察设计结算清单文件、工程监理服务结算清单文件、土地征用及拆迁补偿结算清单文件。结算阶段的造价文件除以上系列文件外，合同双方可以根据本工程特点、合同约定或双方一致同意，按有关规定增加涉及工程造价的其他内容，亦构成本阶段造价文件的组成部分。

⑧工程竣工决算阶段

工程竣工决算阶段造价文件一般由工程竣工决算报告组成，如果实际决算价格水准明显超市场平均价和预算价水准，除编制工程决算报告外，另应参照施工图预算的编制格式和编制原则，按竣工图工程量编制竣工图预算。公路工程竣工决算报告由项目法人单位组织编制，由封面、目录、建设项目地理位置图、竣工决算报告说明书、竣工决算甲组文件、竣工决算乙组文件组成。

本章小结

标准化已经成为我国社会领域未来发展的方向之一，标准化管理是一项复杂的系统工程，具有系统性、国际性、动态性、超前性、经济性。标准化管理是一套创新的管理体制，建立文件化的管理体系，坚持预防为主、全过程控制、持续改进的思想，使组织的管理工作在循环往复中螺旋上升，达到改革发展的未来方向。标准化管理的一个重要思想就是要求周而复始地进行体系所要求的“计划、实施与运行、检查与纠正措施和管理评审”活动，实现持续改进的目标。公路工程造价管理就是在这个周而复始、无穷无尽的循环中进步。

本章主要揭示了现阶段我国公路工程造价管理标准化建设的发展方向和改进重点，围绕计价依据、管理技术和管理流程的问题，寻找解决问题的方法，探索出能够适应全过程一体化管理模式的公路工程造价管理标准化技术措施。

6 全过程一体化造价管理的信息技术

本章导读

6.1 信息技术在公路工程造价管理中的应用现状

6.2 公路工程造价管理信息化建设设计

6.3 公路工程造价管理信息化建设的技术重点

6　全过程一体化造价管理的信息技术

本章基于公路工程全过程一体化造价管理目标，分析公路工程造价管理信息化建设需求，结合信息技术在公路工程造价管理中的应用现状，讨论信息化建设的重点。

6.1　信息技术在公路工程造价管理中的应用现状

信息技术(Information Technology)，是主要用于管理和处理信息所采用的各种技术的总称。它主要是应用计算机科学和通信技术来设计、开发、安装和实施信息系统及应用软件。信息技术已渗透到人民生活、工作、学习等方方面面。近年来公路工程造价管理的信息化步伐也在加快。

6.1.1　信息技术应用概况

近年来，虽然从信息技术的应用角度来说，我国取得了长足的进展，应用也较为先进，但是从公路工程造价管理的专业应用深度来讲，我国信息技术的应用进展并不大。各种公路工程造价管理应用工具的关联性不强，基本上都局限于各自小的功能范围，侧重对公路工程造价管理部分环节的信息利用，缺乏连贯性和与整体的关联应用，解决的问题大都比较单一，目前还没有形成贯穿工可研、设计、招投标与施工、竣工决算四大阶段，没有形成涵盖数据管理、文件编审、造价监督、计价依据、价格信息、人员及机构资质等管理环节的全过程公路工程造价管理软件系统。对互联网技术的应用也比较静态和表面，对各种信息的网络搜索、分析、发布还不完善，无法为行业用户提供核心应用服务。在这点上，与信息技术发达的国家相比，我国的公路工程造价管理的信息化程度还有一定的差距。

现分别从项目档案管理、造价文件编审、造价监督、计价依据管理、材料价格信息采集、人员管理、造价信息管理、信息交互等方面分析信息技术在公路工程造价管理中的应用现状。

(1)造价数据管理

目前公路工程造价项目档案管理，按照其数据存储方式的不同，可以分为三类：纸质版存储、计算机存储、数据库存储。

造价信息化愿景

纸质版存储:过去由于技术条件的限制,造价资料以纸质的形式存在,如果保存在技术人员个人手中,容易因疏于管理或因工作调动而丢失,并且查找困难,难以实现共享并发挥更大作用;如果存放在资料室中,成为死的数据被人遗忘,并且在存放过程中,极易受到外界因素影响(虫蛀等),造成资料的遗失。

随着计算机和网络技术的出现,计算机逐渐代替手工和计算器成为编制造价文件的主要工具,随之产生了大量的电子资料,在此阶段,有些造价管理部门运用电子计算机对已完工项目档案进行编目,建立简单的检索和借阅管理系统,方便查找和借阅历史项目档案,但是由于项目的数据还存储在造价编制人员的计算机中,并且缺乏统一的数据存储标准,编制人员个人喜好不同所导致的造价文件格式有所差异,给数据对比、分析增添了很多困难,导致数据无法使用。此外,由于计算机存储空间过小、时间跨度较大、编制人员工作调动等原因,容易造成文件丢失或文件移交不齐全等问题,文件资料的可靠性、完整性受人为影响较大。

进入21世纪以来,数据库技术、互联网技术的长足发展为大规模数据的存储、利用和传播提供了可能。为此,各地造价管理部门都在进行这方面的尝试,但都侧重于工程造价信息收集内容的界定。在数据库构建方面,湖北省交通基本建设造价管理站研发的公路工程造价资料数据库系统,实现了造价数据的信息化、分类存储,河南省交通工程定额站研发的河南省公路工程造价管理信息系统,实现了利用互联网技术远程存储造价数据。福建省通过建立省内分类、分地区的造价数据库,基本可实现造价指标的查询、对比、分析、预测等功能。

造价数据库技术的利用,为公路工程造价管理项目档案管理提供了一个新的契机,但在目前应用过程中还存在着很多问题。

造价数据信息化进程：a)纸质时代；b)单机时代；c)标准化数据库时代

①造价信息存储标准化研究缺乏

由于没有统一的工程项目分类，以往的研究都仅侧重于造价信息的存储内容，而对造价信息的交换协议、存取格式标准及规程研究得不多，因而虽然造价信息数据资料的积累已经十分丰富，但却是分散的、独立的、封闭的、非共享的，为后续造价信息挖掘带来了很大的困难。

②造价信息查询研究缺失

从工程造价的日常管理和工程建设的过程来看，参与或影响工程造价形成的机构、人员是多样的，而且对造价的信息、资料的需求也是不同的，既有针对某一特定项目的所有该项目信息查询，也有针对一项或多项特征(如所有概算、高速公路、沥青路面等特征信息)的多个项目信息查询,再加上造价数据繁杂与庞大,我国对项目档案访问研究得不多,容易造成数据库访问时间过长、检索失败或无效,数据库建设的作用没有得到体现等问题。

(2)造价文件编审

近年来,随着公路工程专业和计算机技术的发展,众多的软件开发商加入到公路工程造价软件的开发中,一些软件公司开发出了一批高质量的工程造价估、概、预算编制软件,以计算机辅助造价文件编制已经成为常态。除变更和决算文件以外,估算、概算、预算、招标、合同清单等造价文件均实现了利用软件代替手工编制的情况,极大地减轻了编制人员的工作量。在造价审查方面,部分省份公路工程造价管理部门已经意识到先进的信息化技术是解脱繁重的造价审查工作的重要手段,针对本省造价审查业务的具体情况,与软件公司共同开发了相应的造价审查系统,改变了审查业务繁重的现状,将造价管理人员从具体业务中解脱出来。此外,随着公路工程造价参与者对审查业务功能需求的不断提高,部分软件公司也开发出了具有审查功能的高级版本的软件。

目前,公路工程造价软件多达十几种,主要有经纬、同望、纵横、筑业、超人、鹏业、易海等。应用较广泛、影响力较大的有同望 WECOST 公路工程造价系统和纵横 Smart Cost 公路造价等软件。根据其功能和适用对象的不同,可以将现有造价编审工具软件分为如表 6-1 所示几类。

造价编审软件分类表 表 6-1

版 本	功 能	适 用 对 象
三算版	编制估算、概算、预算	设计单位
投标版	编制标底、清单报价等	施工企业
标准版	编制估算、概算、预算、清单报价等	建设单位、施工企业、造价管理、监理、咨询等单位
专业版	编制估算、概算、预算、清单报价等,同时具有审核功能	有造价审查需求的单位
网络版	基于局域网、广域网应用,编审一体、网络协同,多专业定制	建设单位、造价管理部门、综合性施工企业,大型设计院等有定制需求的单位

随着公路工程造价编审软件的广泛使用,不同软件本身所固有的缺陷也越来越多地暴露出来,这给公路工程造价编审工作的开展带来了很多问题。

①软件接口不同,数据转换、衔接困难

不同造价编审软件由于设计接口不同,产生的数据文件格式有所不同,相互转换困难,这就使得某一区域内造价文件编审阶段参与者必须使用相同款的编审软件，而这是相当困难的，因而给造价文件上报、共享带来了很大的困难。现阶段，甚至同一款软件的不同版本在设计时缺乏对数据流通的考虑，导致相互之间数据流通阻塞，软件升级前的数据不能被升级后软件利用，必须手工转换，这就增加了很多简单重复劳动，降低了造价管理效率。

②软件计算过程繁复，自动化程度不高，人性化设计不足

现有公路工程造价软件在编制造价文件的过程中，存在着手动操作过于繁复，自动化程度不高，人性化设计不足的缺陷，浪费了大量的时间。以某软件编制概算过程为例，修改工程数量以后，单价和清单金额不会相应发生变化，要查看清单计算结果，需要手工操作的步骤有：修改数据—菜单—造价计算—切换到报表—选择清单报表—选择章—滚动到目标—查看结果。若对结果不满意，需要再按照上述步骤重新操作一遍。如果需要改动数据较多，修改工作量还是相当“可观”的。这就使得原来在计算过程中节约的时间又被浪费在繁复的手工操作上；在人性化设计方面，从定额选择方式来看，某款软件(如纵横 Smart Cost)针对刚开始接触公路的造价编制人员，对公路清单的计量规则应该套用哪些定额也不是很清楚的情况，设计了一个参数化的自动选择定额工具，将某一清单可能用到的施工工序提炼出来，这对新手编制造价文件提供了很大的帮助，也减少了错误率。而对于大部分软件而言，这方面的设计欠缺或设计较为生硬。如另一软件根据自己公司相关规范设有统一的“标准模板”窗口(不能修改)，提供清单项目和项目指引，但在实际造价文件编制过程中，用户需要根据自身要求进行自定模板，因而该项功能并未得到实际有效利用。

数据结构标准化是造价文件编审标准化的基础

(3)监督管理

公路工程造价监督管理信息化的应用研究是一个十分复杂的体系，涉及多个部门，管理时间跨度也大，具有较强的综合性，国内还没有对此进行系统性地研究。有些省份的公路工程造价管理部门利用数据存储的计算机化及

数据处理的自动化，构建了公路工程造价监督系统，实现了造价监督决策支持的信息化。根据造价监督的不同需要，系统可实时提取决策信息支持，查找问题细目，分析问题原因等，显著地提高了造价监督的效率。并且系统采用了开放式的数据输入模式和数据导入，同时还有输入、剪贴等有效的方式，从而使项目造价部门编制的规范数据直接可以导入到系统数据库中，从造价数据的存储、处理、分析到造价监督信息提取的整个过程的设计，都严格遵循造价法规、办法，使造价监督的整个过程避免了人为因素的干扰，从而保障了造价监督的准确性。此外，系统利用三个规则，动态地确定造价监督的细目，并充分利用历史造价数据，用同一项目纵向分析和同类项目横向分析的方法查找问题，分析问题，从而提高了造价监督的准确性。但是该系统只对当前造价监督的通常做法进行了总结、归纳，没有对一些特殊的做法进行分析，因而，分析不够全面，可能存在一些有益的思路无法吸收的问题。此外，监督管理研究是基于对造价数据进行分析的基础上展开的，当前造价数据的存储形式是二维数据电子表格，面对海量的造价数据，还缺乏对造价数据存储形式变化的适应性的研究，其存储形式是否需要变化，值得进行研究。公路工程造价管理系统在造价监督中的应用其制度的规范性法规还有待研究，如监督的流程、监督各方的权利和义务、与建设单位项目管理系统的衔接等。

(4)计价依据管理

在定额数据采集方面，信息技术的利用主要体现在拓展数据收集渠道方面。有些省份造价管理部门(如河南)，在管理信息系统的实际运行管理中，按照数据标准化的要求，让具备一定资质的单位或地市定额站通过网络上报最新的补充定额，把施工过程中采用的新工艺、新方法涉及的定额或旧工艺条件下更为合理的定额及时发布到补充定额上报模块，经审核通过后及时在网上发布。同时，定额站通过多种媒介，加大宣传力度，引导并支持系统用户开展对相关定额信息的查询。例如，各地市定额站、相关单位及社会公众均可进入补充定额查询模块查询补充定额。在大量一般单位与用户的积极参与下，可以大幅提高补充定额的更新和使用效率，并满足全社会对公路工程定额信息的潜在需求。

在定额测算方面，信息化技术利用得较少，目前有些软件公司针对施工定额测算开展了部分研究，建立公路工程施工过程中与其相关的定额数据的采集、存储、显示、修改与处理的统一的框架和协同工作环境，开发了实现日常业务操作处理的应用软件，可以与相关系统进行综合集成，并建立公路工程施工定额数据库，实现与社会相关系统的综合信息发布与收集。

在计价依据发布方面，公路工程造价计价依据主要通过各级造价信息网发布。国家层面公路造价信息网，指由交通公路工程定额站主办的中国交通造价网，主要公布公路造价定额编制培训、造价编制办法等方面的内容。省级层面，目前全国已有 20 多个省市建立了自己的造价信息网站，通过网站公布各类定额、造价编制办法，并提供相关查询功能。

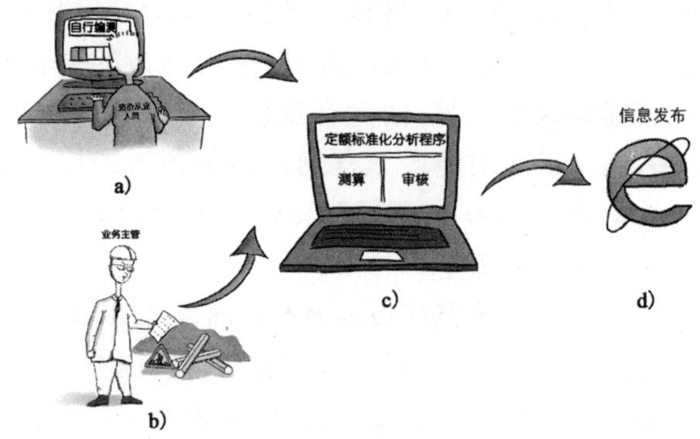

计价依据管理：a)造价从业人员自行编测；b)造价业务主管现场测算；c)造价行业主管审查与评估；d)发布

(5)材料价格信息管理

在材料价格信息采集方面，主要有人工采集和网络采集两种方式。网络采集的渠道目前主要有建材网、物价网等。信息上报形式有邮件上报和系统上报两种形式。邮件上报指将材料信息按照标准格式通过邮件的方式上报到省级交通运输工程造价管理部门。系统上报指信息员登陆该省造价材料信息上报系统或网站页面，按照格式要求填写材料信息或以标准文件形式将材料信息上传到系统中。此外，有些公路工程造价管理部门（如福建）通过与供货厂商建立互动平台，企业定期将材料设备名称、规格、出厂价、提货价、地址等信息通过网络上报到造价管理系统，通过造价信息系统中材料信息模块实现网络化管理，手段上更先进，效率也更高。此外还开展了各地市主要材料场调查，建立全省主要地材信息平台，提供材料和料场的信息查询。

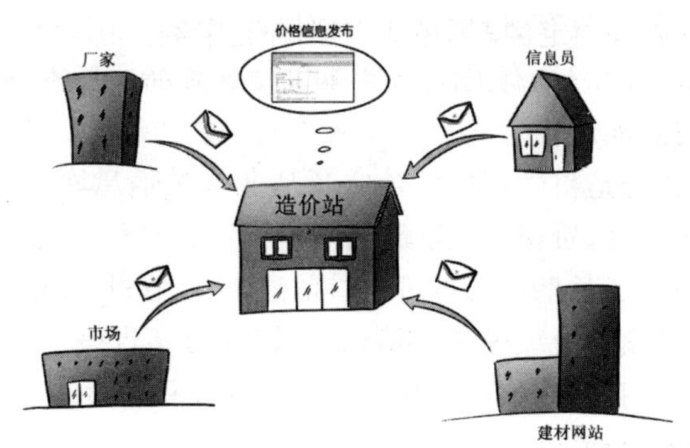

材料价格信息的多元化数据采集与发布

在材料价格信息发布方面，信息技术的发展给公路工程造价信息提供了一个非常好的网络发布平台，为此，各省公路工程造价管理机构基本都建立了相应的造价信息网站，提供公路建设相关材料价格和料场的信息查询。虽然各地造价信息网都定期发布材料价格信息和造价指数或价差系数，但各地的材料名称、代号均不统一，无法共享；造价指数的编制方法过于简单和单一化，如只有建设成本指数，而没有投标价格指数。此外，在工程造价信息发布工作中，由于缺乏对建设工程利益相关各方的信息需求作系统研究，仍然延续传统的内容和方法进行信息发布，导致信息发布的针对性不强，难以满足用户现阶段的需求。

在价格预测方面，针对公路建设涉及材料种类繁多、材料价格预测计算复杂，有些省份公路工程造价管理部门（如云南），根据本省材料管理具体情况，开发运用交通建设工程材料及设备价格管理系统，构建材料价格数据库，按照材料价格预测公式设立系统统计分析模块，实现材料价格分析功能，提高信息收集、统计、分析、发布预测质量。但在信息加工方面，也存在着处理带有较大的主观随意性的问题，如部分造价信息期刊中的市场综合价基本上都是采用加权平均的方法计算出来，很多情况下计算方法和权数是由工作人员凭经验确定的。造价信息发布很少运用数据库技术，用户只能获得某个时点的数据，无法利用时间数列进行对比分析和预测。此外，网络技术在造价信息发布上的应用也还很不成熟。

(6)资质、资格管理

①从业人员资格管理方面

在人员管理方面，信息技术的使用主要体现在造价信息网和从业人员数据库两方面。在信息网建设实践方面，有些省份（如福建）公路工程造价管理部门建立了造价信息网，造价从业人员通过网站注册，登记自己的个人信息，方便部门监管。此外，网站开通了公路工程造价人员考试网上报名系统，并提供会员信息发布、造价人员考前培训报名、继续教育报名、考试分数查询等方面功能，可查询有关的信息，同时，也实现了与各单位会员等相关网站的相互链接，实现信息共享。在从业人员数据建设实践方面，有些省份（如云南）公路工程造价管理部门建立了从业人员信息库，将造价从业人员基本信息、单位资质、资格证、业绩等相关信息按照统一的格式存储入库，实施动态管理，改变了长期以来造价人员信息不全、管理不规范的状况。但由于从业人员自己填报业绩等相关信息，系统没有实现编制质量与业绩直接挂钩的关联，可能存在着数据客观性、准确性不高的问题。

②中介机构管理方面

信息技术的使用主要体现在构建中介机构数据库方面。有些省份（湖

从业人员信息化管理

南)公路造价管理部门通过信息技术建立了社会中介机构备选库(2010年度确定了38家造价咨询单位进入库),明确需聘请造价咨询单位应从备选库内按竞争和议定方式择优选择,同时对入库单位实施动态跟踪、不定期检查、严格考核、优胜劣汰等,建立了对中介机构的基本评价方式和奖惩措施,对规范交通建设工程造价咨询企业的执业行为,引导和管理造价咨询中介市场的良性和健康发展有良好作用。但由于其评价过程受人为因素影响较大,可能存在评价方式欠科学、客观性不强等问题。此外,由于中介机构数据库与人员数据之间缺乏关联性,系统没有整合,导致数据信息不能共享,给造价管理带来了很多麻烦。

6.1.2 当前公路工程造价管理信息化建设存在的主要问题

(1)公路工程造价管理信息化建设缺乏系统规划

由于国家层面没有统一的规划原则,各级交通运输工程造价行业管理模式不统一,信息采集标准和编制方法不统一,造成了公路工程造价管理领域里信息技术的应用与管理处于各自为政状态。虽然公路领域造价管理软件琳琅满目,但不难发现,公路工程造价管理的信息化层次不高,管理手段单一,阻碍了公路工程造价管理向更深层次水平发展。主要表现为:

①软件重复开发,造成软件产品多,档次参差不齐。

②软件功能单一,或是服务于投资估算,或是应用于初步设计概算,开发与应用最多的是现行的预算定额软件,也只能用于计算工程量、套定额,做预(决)算和快速投标报价使用,而不能很好地涵盖和服务于工程造价管理全过程、全方位的决策之用,在整体集成化上还有待于深化。

③接口性能差。目前我国没有公路工程造价信息化建设的统一标准,现有信息化管理方式各自为政,商品软件之间数据交换困难,不同阶段造价

文件必须手动转化，原本在造价文件编制中节约出的时间又浪费在与下一阶段文件转换的过程之中。

如工程数量通常是设计人员在完成设计图纸的同时进行计算，再由造价编制人员按照定额、指标的要求摘取工程量编制造价。由于工程设计人员提供的工程数量大都采用 Auto Cad 的图标格式，造价软件无法直接应用，造价编制人员必须通过熟悉图纸，在造价软件中要重新输入工程数量，这就造成了不必要的人力浪费。

④智能化程序不多，还不能够对工程造价信息进行准确分析、精确判断和科学预测，无法为决策提供准确的依据，动态管理效果不明显。

当前造价管理信息化建设内容缺乏统一规划

(2)公路工程造价信息交互与利用标准尚未统一

目前我国缺少对工程造价数据库建设的总体设计和过程控制，各自为政。由于没有统一的工程项目分类，以往的研究都仅侧重于造价信息的存储内容，而对造价信息的交换协议、存取格式标准及规程研究得不多，因而虽然造价信息数据资料的积累已经十分丰富，但却是分散的、独立的、封闭的、非共享的。此外，造价资料标准格式的缺失，也导致了“信息孤岛”现象的出现，大量的工程造价管理信息资源不能得到有效的利用，难以有效利用历史数据来总结造价指标、分析造价影响因素、研究造价发展趋势、指导未来造价管理。

(3)信息发布粗糙，采集、处理方法落后，缺乏深度的整理和分析

信息分类标准不统一，数据格式和存取方式不一致，使得对信息资源的远程传递加工处理变得非常困难，信息资源的内在质量很难提高，信息维护更新速度慢，不能满足信息市场的需要；现有工程造价网多为各省造价管理部门或造价咨询中介所建，只是将已有的信息在网站上显示出来，缺乏对信息的整理与深度分析。

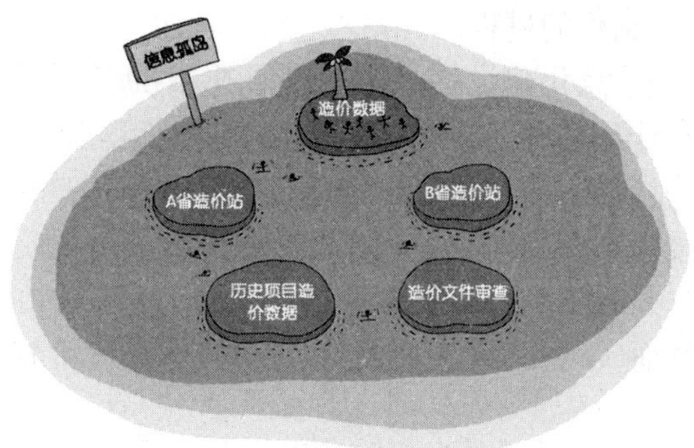

造价管理信息化建设主体各自为政

即使一些地区建立了一定功能的造价信息库，编制并发布初步的工程造价技术经济指标和工程造价指数，但是各地发展不平衡，信息采集标准和编制方法不统一，发布的内容也不够完善。

对于造价指数编制而言，各地一般采用定期颁布人工、材料差价调整系数或造价指数的方法来解决物价上涨问题，但这种被动式跟踪的办法难以及时反映价格水平的变化，而且由于每次以不尽相同的渠道和构成来测算工料价格，前后连贯性差，无法为造价审查等工作提供准确的信息。同时一般发布的为建造成本指数，投标价格指数未见有论及。

造价信息公开过于粗糙

(4)技术人员知识更新慢，专业水平不足

从从业人员的现状上看，开发工程造价管理信息系统需要一批既懂计算机应用及管理，又懂工程造价专业和相应工程知识的复合型人才。长期以来，由于我国造价信息管理起步较晚，市场发育还不完善，致使该行业人员整体素质不高，知识结构不合理，缺少强有力的开发队伍。从事工程造价管理的人员对信息技术知识的缺乏，导致难以有效利用信息技术，严重阻碍了工程造价管理信息化的进程。

工程造价管理信息化建设是一个循序渐进、不断完善的过程。工程造价管理信息化的范围不能仅局限于某一个单一的工程造价类软件，而应该朝着更先进的集成化模式发展，把工程造价软件与工程造价管理信息系统集成起来，通过接口实现不同功能系统之间的数据交换，通过信息平台连接成一个协同整体，并与 Internet 技术有机地结合起来，提供查询、对比及数据分析等功能，从而实现更强的功能，完成只靠单一造价软件不能完成的任务。

6.2　公路工程造价管理信息化建设设计

信息化建设的成功与否，取决于三要素：人、技术、组织管理。信息活动的主体是人，人的素质和管理水平对信息活动的效率和有效性起着决定性的作用。技术是信息化的一个关键因素，信息化的程度和水平，就取决于采用的技术是否先进。组织管理也要顺应信息化做出相应的变革，技术的进步，组织管理的变革和人员素质的提高必须互相配合，协同发展，信息化建设方能取得最佳效果。因而，基于公路工程造价管理具体业务，结合造价管理标准化制度、手段及信息化技术发展现状，从着重解决公路工程造价管理中存在的突出问题、热点问题（如劳动强度、资金管理、人员管理等）入手，明确公路工程造价管理信息化建设目标和建设原则，准确定位公路工程造价管理信息化需求，才能保证信息化手段的科学性与可行性，达到利用信息技术实现全过程造价管理一体化的发展目标。

6.2.1　公路工程造价管理信息化建设的基本原则和总体思路

公路工程造价信息化建设设计的基本原则是立足于标准化建设这个基础。

信息化建设总体思路是围绕公路工程全过程造价管理的需要，从造价管理标准、造价文件编审、计价依据管理、材料价格信息管理、从业资格资质管理、数据库管理等方面运用互联网、数据库等先进的信息技术实现数据连通、管理程序的连通和管理行为的规范。

公路工程全过程造价管理要求在现阶段造价管理的基础上，建立一种用于公路工程造价文件编制、审查、监督管理、信息发布与利用、人员与机构资质管理等全过程的、有序的、简化的组织模式，最终达到客观、准确、合理地反映工程造价水平的目的。信息化建设作为实现该目标的重要技术手段，其建设是一个长期过程，涉及专业多，技术复杂，时间跨度长。应本着统筹规划、突出重点、分步实施、务求实效的原则，从实际出发，由点到面，从易到难，从简单到复杂，循序渐进地开展工作。

6.2.2 公路工程造价管理信息化建设的目标

如上所述，公路工程造价管理信息化建设的总体目标是推进公路工程造价管理的现代化进程，最终实现集专业化、标准化、信息化为一体的交通现代化造价管理体系的构建。从近期来说，主要实现以下几方面的建设目标。

(1)减轻从业人员工作量，解决造价业务繁重与生产力不足之间的矛盾

公路建设具有分阶段和多次计价的特征，就造价文件编制而言，从项目前期进行计划建议、可行性研究阶段到工程交、竣工阶段，造价从业人员需要编制投资估算文件、设计概算文件、施工图预算文件、招标工程量清单和预算、合同清单、工程变更造价文件、工程结算文件和竣工决算文件等一系列造价文件。每一项造价文件的编制都是大量的工程量核算、定额套用的复杂的计算过程。一方面，不同类型造价文件编制原则、方法和标准不同，每种造价文件组成表格种类繁多，表格中需要反映的造价信息数量大；另一方面，公路工程分部、分项工程内容多、分类复杂，涉及计费项目多，包括建筑安装工程费、设备工具器具购置费、工程建设其他费用等，不同计费项目其计算方法、费率取值不同；此外，公路建设中施工工艺、技术、材料更新快，市场人力资源、设备、材料价格信息波动大，区域差异明显。近年来，由于高等级公路高速发展，跨区域合作日益频繁，公路工程建设规模、投资规模都远远大于以往。这些，都给造价文件的编制带来了更复杂、更大量的分析、测算、对比、计价工作量，而造价从业队伍扩增的速度远远跟不上公路建设快速发展的步伐。

从对造价管理各阶段的监管而言，在项目投资决策阶段首先根据发展战略和项目开发的需要，从技术、经济和环境保护等方面全面、系统地论证拟建项目的必要性和可行性，对拟建项目的建设规模、资源条件、市场预测、工程技术和财务经济评价等方面的真实性、客观性、可靠性进行全面评价，达到有效控制工程造价的管理目标。其次，进行投资估算审查，力求编制的投资估算尽可能全面、充分地考虑到项目实施过程中可能出现的各种情况及不利因素对工程造价的影响，使投资估算真正起到控制项目总投资的作用。在项目设计阶段遵循技术与经济相统一的原则，推行限额设计和多方案比选，严格进行造价审查；在工程招投标阶段，根据招标项目设计图纸、招标文件，参照国家规定的技术、经济标准、定额、规范，综合进度和质量要求审查标底；在施工阶段进行造价动态监督检查，掌握各在建项目造价执行情

况，使不合理费用在中间检查过程中得到有效控制，控制工程变更，实行变更设计方案的合理性和经济性比选，避免通过工程变更扩大建设规模，增加建设内容，提高建设标准；在竣工决算阶段，详细审查工程决算，根据招标文件、签订的合同文件、建设过程中的文件及有关支付凭证、竣工图纸，严格审核完成工程量、工程材料和设备价格以及费用支出，及时发现可能存在的问题。对项目实际完成的工程量和费用支出与批准的概(预)算进行对比分析，进行数据分析与挖掘，总结经验，为以后新建项目造价管理提供基础数据支持。

因此，公路工程造价管理是一项工作量大而复杂、体力和脑力劳动都很繁重的工作。加之国家燃油税政策的执行、被征地农民社保、预留发展用地等宏观政策的相继出台；路用材料价格受宏观经济影响大幅度波动；公路向山区、地质条件复杂区域延伸，建造技术越来越复杂等多种情况的出现，又给造价管理带来了新问题，造价管理的政策影响因素越来越多、技术难度越来越大，公路工程造价管理的任务也越来越繁重。在责任重、难度大、任务多的多重复合困难下，既要保证造价文件编制的合理性，符合计价规律和公路建设实际，也要加强项目实施过程中资金使用和预算执行情况的监督，设计高效的造价监督检查工具和机制是十分迫切的需求。同时，实现全过程造价管理，还要求造价编制过程透明，形式简洁易懂，便于接受社会监督，也是对造价从业人员工程建设经验、细心程度和价格信息掌握情况的综合挑战，而造价管理人员编制数量并未得到相应提升。加之，目前我们的信息化管理水平尚处于阶段性控制和功能实现阶段，一般只能实现某个造价管理阶段或造价管理环节的计算机化，信息技术在造价管理中的优势还没有充分发挥出来，公路工程造价管理工作量还未得到有效降低，使得造价管理工作成效大打折扣。因此，伴随着公路工程造价标准化体系的确立，实现公路工程造价管理信息化目标，要将造价管理人员从繁重的造价编制业务和管理业务中解脱出来，解决现阶段造价管理过程中造价业务繁重与造价生产力不足之间的矛盾。

(2)建立资金预警机制，方便政府、社会动态监督资金使用

由于公路建设投资巨大且多以政府投资为主，项目的勘察、设计、施工、监理服务由市场提供，因此，公路项目在政府与市场之间结合环节较多，也较为独特。一方面，建设过程中交通运输主管部门、项目管理者、交通技术服务者、承包人、用路人(或纳税人)自身利益关切不同，对工程造价的态度和期望也有所差异。交通运输主管部门作为行业管理部门，考虑的是交通对经济社会发展的带动和服务，追求的是社会效益，期望花较少的钱修更多的路，以满足经济社会发展的需要；政府投资项目的管理者不是事实上的出资人，考虑的是项目费用要有足够余地，建设成本的高低、资源消耗的多少、

项目效益的好坏与其没有直接利害关系；项目管理者追求的是自身经济利益，而项目造价越高，提取的管理费用越多，自身的经济利益也越大，致使其不顾建设项目近期效益好坏，千方百计争取“工可”投资估算、设计概算批高，愿意多花钱，多用资源，建设项目中出现保守工程、违规工程，违背市场经济规律和行业规定的情况；勘察、设计、监理等交通技术服务者，追求的是自身经济利益，一般是按照项目造价提取技术服务费用，期望工程造价高，愿意按照业主要求做大工程投资；而建设承包人追求的也是经济利益，期望工程造价高，往往通过低价揽标获得建设资格，再通过工程变更，获取更多经济利益；公路建设的成本最终将由道路使用者或纳税人承担，他们希望用最少的经济代价换取尽可能便捷的交通服务，期望工程造价低。通过对公路工程造价相关方利益关切的分析，交通运输主管部门、用路人(或纳税人)与公路从业单位之间的造价管理目标对立，追求效益不一致，形成了“三高二低”的期望造价，这种利益关切的矛盾冲突造成了造价形成过程出现了一系列扭曲现象并引起了极大的社会关注。另一方面，现行制度环境下，政府公权力发生“寻租”的风险较大。交通涉及国计民生，既受到社会广泛关注，也是腐败的高发行业。

在权力制约与监督和提高政府公信力的政治体制改革背景下，信息技术在政务公开、社会参与、实时监控等方面的优势，使其作为公路项目限制和监督权利，预防腐败最有力、有效和低成本的工具，将扮演重要角色。因此，以权限管理和过程控制为核心，以造价管理薄弱环节和公路建设问题多发领域为着力点，寻找造价管理敏感环节，通过创新造价管理手段和工具，完善造价管理体制、设计造价管理体系，避免腐败发生，是公路工程造价全过程一体化管理对信息化提出的要求。

(3)积累公路工程造价历史资料，构建基于同一平台的造价数据库

公路工程造价管理改革的最终目标是实现合理造价，保护投资者合法利益，维护社会公平。要做到这一点，各造价管理工作参与主体要有通畅的信息渠道和丰富的信息来源，没有信息支撑将无法进行高效、科学的造价管理。工程造价管理控制和决策都必须以造价信息作为基础，如没有一定数量和质量的工程造价信息，工程造价控制和决策将成为无本之源。由此可见，工程造价信息积累是工程造价管理最重要的一项基础工作，工程造价信息可以从多方面为造价人员和决策者提供十分有价值的决策支持。经过认真筛选、整理和分析的造价信息是建设项目技术经济特点的反映，也是对不同时期项目建设各个环节技术、经济、管理水平和建设经验教训的综合反映。利用这些信息，可以为项目决策提供参考信息，为各阶段造价估算提供参考资料，为优化设计和限额设计提供比较客观的依据，为建设单位做好项

目管理提供借鉴意见，为施工单位投标报价提供参考依据，为咨询单位提供更高质的咨询服务，为各级行业主管部门测算造价指数、编制修订定额提供准确的基础数据。

由于造价信息在公路工程造价管理中的作用日益凸显，因此，各省造价管理部门针对造价信息的收集、整理、入库、指标分析、对比和信息发布等方面展开了多项研究。但是由于对信息的采集、加工和传播缺乏统一规划、统一编码和系统分类，信息系统开发和资源拥有之间处于相互封闭、各自为战的状态，无法达到资源共享和优势互补，对于信息的深加工也不够；信息的采集技术落后，信息分类标准不一，数据格式和存取方式不一致，使对信息的加工、处理非常困难，信息资源的内在质量很难提高，信息维护更新速度慢，不能满足不同用户对信息的需要等。因此，顺应公路工程造价管理改革方向，建立工程造价数据库系统，健全工程造价信息的动态管理机制，实现跨行业、跨地区数据共享、信息通畅、数据及时准确，以适应市场快速、高效、多变的特点，满足不同使用者的需求，是公路工程造价全过程管理一体化对信息化提出的要求。

(4)有效规范、管理从业人员及机构

造价从业人员及机构主要从事各种造价文件编制、审查，招标控制价的审查，接受委托对工程建设提出工程经济评价、成本分析、投资控制建议等工作，是实施合理确定和有效控制工程造价的具体操作者和各项工程造价管理政策的落实者。他们肩负着维护公路建设市场秩序，深化工程造价动态管理，履行工程造价监督和控制的职责。他们工作的优劣，直接关系到公路建设市场和公路工程造价深化改革的前景。因此，适时规范、监督其行为，努力提高公路工程造价从业人员的专业水平和从业道德水平，是十分重要的工作。当前，很多机构在日常经营活动中不重视行业自律管理，管理制度不健全，专业人员不到位，业务技术水平较低，甚至有些机构无专业人员，有项目时临时在社会上招人，这些人长期在外流动，无固定单位，业务不规范，编制的造价文件出现了工程数量不准确、项目漏计、费用多计、重复计算、定额套用不准确等情况，造成公路工程造价过高或过低，严重阻碍了公路工程造价管理的发展。此外，某些造价从业人员的职业道德素质偏低，不遵守国家有关规定，利用造价管理漏洞，在造价编制过程中故意多计费用、重复计算，收取回扣，在招投标过程中故意泄标，牟取私利，在施工过程中虚报材料价格，侵吞国家财产，造成了国家资源的大量浪费，导致社会对公路工程造价中介机构的不信任，使公路工程造价中介业不能进入良性循环的法制轨道。以上问题的出现与我国现阶段公路工程造价管理中，缺乏对从业人员及机构的准入和清出制度，缺乏对造价从业人员的责任追究机制无不相关。因此，利用信息技术建立造价从业人员及机构的管理体系，集市场准入、清出、入库、再培训等服务于一体，严把造价市场准入口，严格执行市场清出程序，减少人为行动，规避暗箱操作，同时建立造价编制质量与工作业绩的关联，公示造价编制人员编制成果，接受社会公众的监督，是公路工程造价全过程管理一体化对信息化提出的要求。

综上所述，公路工程造价管理信息化建设总体目标就是建立全方位、全交互、全动态的工程造价信息系统，实现集数据搜集、存储、分析、共享与再利用于一体，集项目管理、文件编制、监督审查、查询分析等功能于一体，满足不同阶段、不同业务、不同人员造价管理需求，以达到"日常工作高效化、过程管理规范化、造价监控实时化、数据分析科学化"的目标，其目的一方面是提高行业主管部门和造价管理部门工程造价审批、编制、审查工作的效率和质量；另一方面为造价管理参与群体提供优质的信息服务，增加造价管理工作的透明度和公正性。

6.2.3 公路工程造价管理信息化建设的原则

要实现上述目标，应打破管理业务限制，采用"总体规划，分步实施"的策略，保证信息化建设的计划性、持续性、系统功能的完整性、系统集成的可行性，主要遵循以下几方面原则。

(1)以行业标准、技术规范和质量管理体系为依据

在管理体系上，以公路工程造价管理标准化为依据来进行整个系统方案的设计，充分体现公路工程各阶段造价管理技术标准、规范和管理模式。保证系统的标准化和规范化，才能保证信息化建设有很强的生命力和可持续发展。

(2)以造价数据库的标准设计为基础

在国际上，对历史工程造价资料的收集、整理、分析十分重视，行业协会是通过对以往造价数据的收集、整理和分析，达到对工程造价确定和控制的指导作用。在国内，国家发展和改革委、住房和城乡建设部和交通运输部在关于工程造价方面改革的指示精神中，再三强调要重视对工程造价资料的积累，因此，造价数据库是通过对工程造价从估算、概算、预算、招标控制价(标底)、合同价、结算、决算等造价成果文件的审查，实现数据库的积累。

只有积累了大量的、不同时期的造价历史数据信息，对之按标准整理，合理设计数据库架构，才可能对造价数据分析与归纳，探索工程造价变化规律，编制造价指数，预测造价指数的走势，为造价决策提供辅助，最终实现科学合理地确定和有效控制工程造价。因此，建立海量存储的造价数据库，是公路工程造价管理信息化建设的基础。

(3)以造价文件编审为主线

对公路工程建设项目进行工程建设各阶段的造价成果文件的审查，是造价管理部门日常的主要工作，通过对建设项目的估算、概算、预算文件的审查，为项目的决策、后评估提供依据；对项目建设全过程中进度、费用支付、变更等进行监控，为投资控制提供数据基础。因此，通过审查这条主线，将估算、概算、预算、标底(或最高限价)、合同价、结算以及决算的造价成果文件导入造价数据库，形成系统的项目历史造价数据。

(4)以造价动态管理为核心

工程造价的动态管理不仅仅是对设备、材料价格动态因素、人工价格动态因素、工程质量标准和设计变更动态因素、隐蔽工程的动态因素等的动态管理，而且要对项目可行性研究阶段、施工设计阶段、项目实施阶段和竣工决算阶段的全过程实行动态控制管理。

项目在可行性研究阶段，要根据类似项目概算技术经济指标和造价指数等造价信息，合理确定投资规模，要对各种影响工程造价的动态因素予以全面考虑。

项目设计阶段在合理确定项目投资后，应提倡实行限额设计，按项目投资中的工程成本额进行设计，不能占用暂定金(不可预见费等)，否则设计就成了超额设计。设计时，要留有余地，要根据设计图纸及时编制出项目投资概预算，为设计图纸的审定和设计修改提供价格依据，要认真研究影响工程投资的各种动态因素。

项目施工阶段，应根据施工设计图纸按定额认真计算工程量和工、料、机的消耗量，认真监控公路工程每期计量的成本造价，及时对设计变更内容编制修改补充预算，把握好施工过程中工程造价的各种动态因素。

工程项目交工后，要严把工程结算关，认真审核工程量和套价取费。例如，某工程目前的材料费约占工程造价的65%，其中材料价差(补差费用)约占工程造价的12%。因此，认真确定材料价格和材料价差的调整，对合理确定工程造价具有十分重要的意义。

(5)以造价数据查询分析为手段

充分利用历史工程造价资料，需要运用先进、科学、准确的数据处理方法。常用的数理统计方法如方差分析等，采用移动平均预测法、回归预测法、线性回归预测或指数平滑预测法，结合报表、图形、图表技术，对公路工程各阶段造价指标进行纵向分析，对不同项目的造价指标进行横向分析，使这些历史数据发挥最大的价值，并通过形象、生动的计算机技术手段直观地展现出来。

(6)以全过程的造价监控为目标

对工程建设过程中的造价进行动态的、全过程的实时监控，避免造价审查的滞后性，为实现“及时发现问题，及时解决问题”的工作要求提供了可能。同时，在工程建设过程中做到严格细致的造价审查，工程结算、决算审查时就会减少相应的工作量，避免了工作量过于集中的现象，便于合理分配工作量。

6.2.4 公路工程造价管理信息化建设主要内容

基于以上目标、原则的分析，为实现公路工程全过程一体化造价管理，信息化建设的主要内容包括以下模块。

(1)造价文件标准管理模块

造价文件标准管理模块提供公路工程各阶段造价文件编制标准及管理流程。从构建管理系统运行规则的角度出发，在信息系统构建过程中建立造价文件项目及编号标准、各阶段造价文件格式标准、提取原则、对应关系等运行规则，规范其与全过程公路工程造价管理一体化信息技术设计中的项目、监督、价格信息、资质资格等管理模块的数据存储、运行、对比、交换程序。

(2)项目管理模块

项目管理模块实现项目基本信息、造价管理信息、项目档案的存储及相关分析功能。从工程造价的日常管理和工程建设的过程来看，参与或影响工程造价形成的机构、人员是多样的，而且对造价的信息、资料的需求也是不同的。因此，数据库访问构建的难点和重点在于如何给繁杂的公路工程造价数据确立一个唯一的“身份”标志，与该项目有关的各阶段的造价数据都可以按项目简称统一集中地组织起来，保证数据查询的准确性，同时建立行之有效的查询方式，满足不同阶层用户对造价数据的需求，既可以满足针对某一特定项目的所有该项目信息查询，也可以满足针对一项或多项特征(如所有概算、高速公路、沥青路面等特征信息)的多个项目信息查询等。

(3)造价文件编审管理模块

造价文件编审管理模块实现从投资估算到竣工决算的造价文件编制与审查功能。公路建设项目工程估、概、预、决算等编制和审查是建设项目合理确定和有效控制工程投资的重要环节，要求建立一套基于标准报表的具有编制(填报、导入)、审核功能的管理系统，同时满足不同管理部门对工程造价管理信息的需求。

对于编制而言，要有能够生成标准报表的编制软件，在编制预算文件时应体现三级清单体系的要求(与三级清单融合)，要灵活地与 EXCEL 软件实现双向数据交互；概预算软件既可输出 EXCEL 格式的造价数据文件，也能与综合管理系统平台通过网络联系，将造价数据上报（上传）到数据库。进入数据库的通用的数据要求以规范的项目名称为主线组织，方便管理人员查询、对比和分析。

对于概预算审查而言，管理人员可从综合管理系统获取欲审查的造价数据文件，再通过概预算软件完成审查过程，在审查过程中，要求概预算软件根据计量规则能反映清单与定额的标准对应关系，减少预算人为的随意性偏差，防止错漏项；要建立清单基准价信息库，提高编审效率与准确性。审查结果的造价数据应自动保存到数据库。对于决算审查而言，造价管理部门通过对决算报表的审查，使决算文件能够真实地反映项目费用形成，考核各项费用支出的必要性和合理性，与批准的概预算对比以反映概预算执行情况，从而达到规范管理、堵塞漏洞的目的；使竣工财务决算的编制有一个良好的基础；同时为进一步修订计价依据和建立造价数据库积累造价资料。

(4)造价监督管理模块

造价监督管理模块具有监督招标控制价、检查建设资金支付和工程变更情况的功能。根据监督管理，主要以对项目建设过程中进行现场检查、内业资料核查等方式开展该模块的信息化建设。目前建设单位每半年通过纸质或者电子邮件形式上报项目造价自检报告及台账信息，这些资料没有集中管理，而且格式差异大，导致对这些项目的造价监管困难，所以，需要对这部分资料进行系统管理，建立一套造价监督管理信息。

根据有关规定建立一套规范的管理报表格式，建设单位远程进入系统，使用标准格式的报表填写上报或者导入信息，造价管理部门对上报的信息进行格式和内容检查，检查通过的这部分文件即可以与概预算相关文件进行对比分析，造价监管人员进入系统以后，可以快速查询想要了解的项目信息报表，以及对比分析报表信息，使监督管理做到规范化。

(5)计价标准管理模块

计价标准管理模块具有实现编制办法、定额、其他计价办法等的管理功能。

计价依据管理包括定额管理、编制办法管理、其他计价办法管理三部分。

定额管理包括定额调查编制、定额核查。现在主要利用 EXCEL 完成测定分析计算、排版工作，EXCEL 计算功能灵活，排版调整与计算结合。

定额核查，主要是针对各地的特点，对部颁标准定额的适用性进行数据修正，依据为部颁定额附录的基础定额及综合系统中的历史项目数据。

要求将定额测定的原始文件、结论归档；管理不同时段增补的定额；开发定额测定、编制、核查软件。

编制办法管理包括对公路工程部颁有关编制办法信息的查询及本省新建、补充编制办法。

其他计价办法管理包括对公路工程其他计价办法文件的新建、删除、修改、复核、查询,对公路工程其他计费标准文件的新建、删除、修改、复核、查询。

(6)价格信息管理模块

价格信息管理模块具有发布材料价格信息、信息员管理、料场管理、材料价格管理和其他价格管理的功能。

由于以往的价格信息管理没有形成流程化、自动化,信息来源相对单一,一般由各地、市造价管理部门上报,价格信息都是通过邮件形式或者拷贝形式发送,价格信息的审核、收集整理、查询都是通过翻阅纸质材料,工作量大而且烦琐,需要人工做很多事情,所以急切希望能够借助信息化的手段来进行该项管理工作:

①建立材料信息标准。对公路建筑用材根据名称、编号、规格、单位、来源地等信息制订标准数据库,以统一各类材料采集、报送口径,确保信息的准确性。

②建立材料信息报送程序流程化,规范报送行为。各个地市造价管理部门每月通过网络方式上报地材和主材价格信息,系统提供材料价格审查功能,各地市造价管理部门通过系统上传材料价格信息,系统提供两种上传方式,即 EXCEL 直接导入方式和在线填写方式,填报人对自己进入系统的材料价格信息进行初审,没有问题后可以点击上报到省造价管理部门,省造价管理部门对地市上报材料价格信息进行再次审核,系统记录、修改日志信息,用户可以通过日志查询到什么人、什么时候对哪些材料的哪些信息进行了修改。对已审核后的价格信息对内每月发布一次,对外每个季度发布一期。系统提供对材料价格信息进行查询、对比分析、历史走势图、预测及档案管理等功能。

③扩展信息来源渠道并对之规范管理。更广泛地利用社会资源,增加信息采集面,如鼓励地材料场、材料生产厂家、供应商主动注册其材料价格信息,省造价管理部门对上述信息进行复核,复核后材料信息入库形成本省的信息库。造价管理部门人员可以通过已建立的信息库对具体料场分布情况进行查询、对料场中的材料价格进行查询,提取有用的价格信息,为造价审查提供参考。

④制订造价信息的采集、统计、分析、审核、发布的方法,结合信息技术和数学方法的应用,实现以上功能。

(7)从业资质、资格管理模块

从业资质、资格管理模块具有从业单位资质管理、从业人员资格管理功能。

虽然目前公路工程造价从业人员的资格认证考试已经全部实现网络报考机制,但是对于考试通过获得交通运输部从业资格的人员管理没有统一的管理平台,对其执业情况、继续教育、资格年审等更缺乏跟踪和管理。所以,需要利用信息化的手段来管理人员信息,对历史造价人员信息通过收集纸质的材料录入数据库系统,现阶段人员直接通过报考网站提取信息到数据库,建立人员资格数据库,人员数据库建立以后即可对人员进行资格查询、定期审验、成绩查询等功能,可以快速查询某个人员现阶段的所有信息,对人员的管理实现完全的信息化。

公路工程造价人员资格管理包括注册(登记)、资格考试、继续教育、资格年审等管理。公路工程造价机构和人员资格进行登记管理,并结合造价文件编审、监督等模块,记录公路工程造价从业人员的工作业绩。

人员及机构资格登记管理:在省内注册的公路工程造价机构及人员的相关信息,系统管理员可进行增加、修改、删除、查询、浏览、导入、导出、打印。

造价人员业绩管理:造价人员个人可从网上登录,添加、修改个人业绩信息,由省造价管理管理的监督管理人员进行审核。审核后的业绩信息作为该造价人员的正式业绩。

(8)综合查询模块

综合查询模块具有多条件查询工程数据信息的功能。

随着信息化建设的推进、数据库构建和分析功能的完善,会逐渐积累大量估算、概算、预算、标底、合同清单、计量支付、决算等工程造价数据、定额数据、材料数据、人员数据等,这些或多或少相互联系的数据对于工程项目的决策和后期的分析有着重要的作用。根据不同的业务需要,不同的业务部门、业务人员和领导可以多条件地查询出需要的工程数据信息。因此,需要设计一个面对所有用户的查询平台,在系统管理员授予的权限范围内,调用以上功能模块中形成并存入数据库中的数据。查询的方式应该切合造价需求,方式丰富多样,包括:按项目、标段查询;按时间段查询;按关键字查询。查询的结果中与其他子系统的数据项关联的,可在结果中二次查询或钻取查询。

(9)电子政务平台模块

电子政务平台对内是省造价管理部门各科室处理造价业务的协同工作平台,对外是与交通运输厅、地市造价管理部门、建设单位、设计、咨询等单位或从业人员等进行信息交互的门户。各类用户在此平台中完成造价相关信息的上报、检查、审查、监督、查询、分析等管理业务操作。

(10)系统维护模块

系统维护模块实现当信息系统发生故障或者局部不理想时,及时地进行维修和改进,保证信息系统正常工作以满足系统用户对系统的要求。

信息系统的运转,包括特定人群(如设计院、建设单位、行业主管部门等使用对象的上报、查询、浏览功能)和不特定人群(如社会公众的资格注册、申请、年审、查询,料场企业的注册、材价上报、查询等功能),因此,要求根据各管理模块自身的特点以及服务群体的不同做好系统维护。

6.3 公路工程造价管理信息化建设的技术重点

基于公路工程造价信息化的需求,从项目档案管理、造价文件编审、造价监督、计价依据、材料价格信息、人员管理、造价信息挖掘、信息交互等方面分析公路工程造价管理信息化重点。

在现阶段的信息化建设中,普遍存在只重视应用系统的研发,缺乏对数据环境建设的认识,造成数据环境混乱,缺乏统一的数据标准和规范,影响应用系统的整合应用,更难以进行数据挖掘、决策分析等高层应用,严重制约信息化发展。此外,公路工程造价管理信息系统不应只是一个简单的分析系统,而应是着眼于数据标准化与系统应用整合的关系,消除信息孤岛、资源整合的整体解决方案;应规划为一个解决公路工程造价管理和控制过程中资料的输入、存储、查询、统计分析的信息数据库整体解决方案;应兼备"管理部门的宏观调控需求"与"公众数据信息服务需求",通过权限管理,兼顾系统资料的安全性及易用性。因此,基于公路工程造价管理信息化建设重点,结合信息技术使用现状,从解决现阶段信息化建设在数据交互、核心分析应用、数据增值等方面存在的问题入手,分析公路工程造价信息化需要改进的重点才是切实可行的办法。

6.3.1 建立及维护造价文件编制和管理技术标准

全过程公路工程造价管理一体化信息技术的设计,需要以造价管理技术标准为依托,才能保证其他管理模块正常运行。基于此,从构建管理系统运行规则的角度出发,要求在信息系统构建前建立造价文件项目及编号标准、各阶段造价文件格式标准、提取原则、对应关系等运行规则,规范全过程公路工程造价管理一体化信息技术设计中项目、监督、价格信息、资质资格等管理模块的数据存储、运行、对比、交换程序。

制订所有造价文件的标准化表格及可拓展规则。

建立工程造价指标清单标准，三级清单标准，估、概、预、决算项目表标准格式及可拓展规则，规范并确定他们之间的对应关系。

制订公路材料价格信息数据库及可拓展原则。

6.3.2 建立项目别名管理和访问权限限制

公路建设项目建设周期长，从工可阶段到交、竣工阶段，造价确定、控制和管理参与部门多，管理方式不一，通过“别名管理”对建设过程中各阶段的造价信息统一组织起来十分必要；造价管理涉及的敏感因素多，针对不同参与主体，利益驱动不同，确定访问权限十分必要。

由于造价管理过程中各阶段的造价资料是分别上传的，项目名称不一致，给进行造价数据查询、横向比较、纵向比较等分析带来了很大的困难。所谓项目别名管理，指从首次采集到某项目的造价信息开始（无论该项目处于任何阶段），确定一个名称作为唯一的“身份”标示。当这个标示被确定后，与该项目有关的各阶段的造价数据、工作计划安排、项目收发文等文件和档案都可以按照项目简称统一、集中地组织起来，保持数据的连续性。

“别名管理”：实现项目各阶段关联

6.3.3 各阶段造价文件编审流程的建立

基于造价管理的特点，造价的核定主要在项目建设前期和初步设计阶段进行，实施过程主要是造价执行的监管。故设计造价文件编审流程的重点在从估算到招标控制价的确定阶段。而工程竣工决算作为最终核定工程建设成本的依据，也是编审流程设计应关注的重点阶段。

(1)估、概、预算的编审流程

估、概、预算编审流程见图 6-1。

(2)估、概、预算的编制管理

造价编制管理：结合交通运输部现行概预算编制办法与省补充规定编制公路工程造价。

以三级清单编制为例：以 EXCEL 格式为接口标准，能导入清单编制管理子系统生成的清单，实现三级清单的双向汇总定位。能进行三级清单基本的编辑。应具备与 EXCEL 良好的兼容性，系统可与 EXCEL 双向复制数据，以便进行更深入的数据分析。

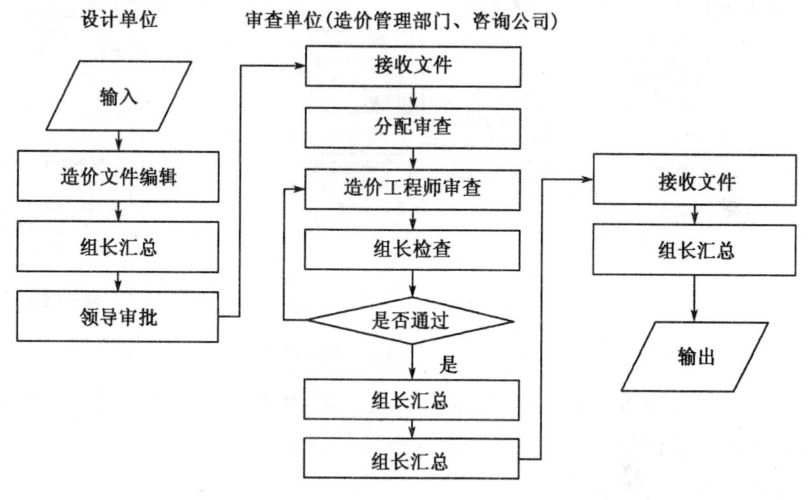

图 6-1 估、概、预算编审流程图

清单预算审查：能实现投标文件与数据库内基准文件单价对比、多标段单价对比等功能。审查结果能以两种格式直接上传到管理平台，其一为开放通用的 XML 标准格式，主要为项目名等基本信息与审查的计算结果，供管理平台直接读取分析；其二为清单预算编审子系统文件格式，作为档案，必要时重新调用子系统进行分析。

(3)估、概、预算的审查管理系统

审查单位可对接收到的造价审查任务进行分配，接到任务的审查人员可从综合管理系统获取各造价文件，通过估、概、预算文件审查管理系统开展审查工作。

(4)工程竣工决算的编制与审查

目前项目管理单位普遍依赖 EXCEL 文件格式编制、上报工程竣工决算文件，未能真正实现与项目计量支付系统的统一衔接使用，概预算执行情况难以及时更新，不便于各级管理者掌握各阶段造价的动态变化情况。

建立明晰的各工程决算表格的关系，是实现高效编审的前提。

工程决算各表格的关系见图 6-2。

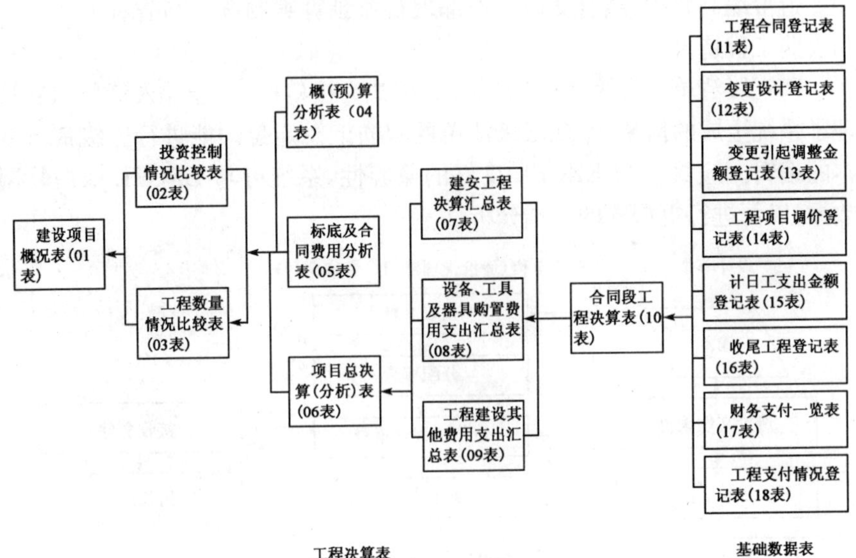

图 6-2 工程决算各表格关系图

按照工程决算编制流程和各表格关系图，拟设计的工程决算管理系统应主要包含项目信息维护、工程决算报表和企业施工数据采集三部分，其功能模块如图 6-3 所示。

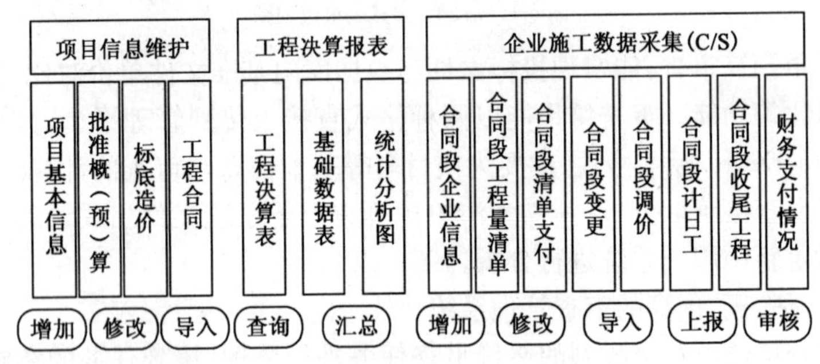

图 6-3 工程决算管理子系统功能模块图

施工企业数据采集：施工企业通过 C/S 系统录入或导入合同信息、工程量清单、清单支付、变更、调价。

工程决算审查：审查过程记录，包括查询单的统一建立发放和回收回复管理、重大疑难问题的处理管理(通过建立审查负责任制度、查询单签名制度、审查问题查询单回复制度、重大难点疑点问题会议讨论确定制度等完善流程及相应管理表格)。根据审查意见相应调整和完善报表，生成最终竣工决算表格并与批准的概(预)算对比。

6.3.4 造价监督实时跟踪的设计

对工程项目的造价监督一般是指从项目招标开始到工程完工结束的建设过程。在工程招标阶段，造价管理部门应对业主控制价(标底)的合理性进行监督；在项目开工后，造价管理部门对工程的造价动态进行检查，每半年要求业主单位上报一次自检报告，检查造价台账的编制情况，检查建设资金的支付情况，检查工程的变更情况，检查造价人员的到位情况；在项目完工阶段，造价管理部门应对业主上报的工程结算、决算文件进行审查。因而造价监督管理信息化设计包括：招标监督管理、实施监督管理和决算监督管理三部分，其拟设计功能如图 6-4 所示。

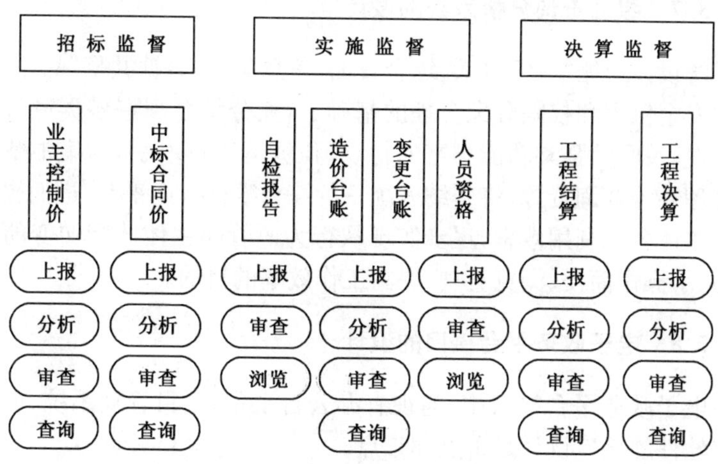

图 6-4 造价监督管理子系统的功能模块图

6.3.5 定额基础数据的测定调查、基础数据的取样分析方法的设计

根据预先拟订的数据调查手段、表格及分析模型，开发测定数据填报软件，由调查目标测定每条定额子目的消耗量，上报到数据库。

对海量的基础数据，通过软件预设的筛选模型，剔除不可用数据，进一步对可用数据进行计算，设计科学的计算方法，获得各定额子目初始消耗量及其定额基价。

6.3.6 材料价格信息数据流的标准设计

在公路工程建筑安装工程费中，据统计，材料费约占工程造价的60%～80%，可见材料费在工程造价组成中的重要地位。需要将庞杂的，种类、规格众多的材料信息进行整理，制订分类规则，建立材料信息标准库，才能确保材料价格管理获得成功。其设计重点如图 6-5 所示。

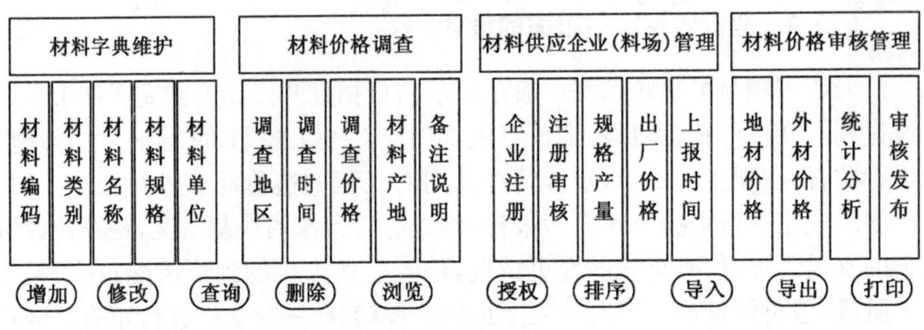

图 6-5　材料价格管理子系统功能模块图

6.3.7　综合查询分析系统的设计

系统设计遵循“一键进入、综合查询、信息集成、数据共享”的原则，在确保数据安全保密和权限分配合理的基础上，充分结合现有各类造价管理模块专业性、关联性强和功能丰富的特点，积极运用技术手段，集中整合各类造价管理系统查询资源，将其纳入统一的综合数据查询平台，进而提高各系统数据整体分析利用效率，逐步实现从行为监管向主体监管转变的工作理念，达到了操作简便、浏览直观、提高工作效率的目的。

6.3.8　电子政务平台接口的设计

在电子政务平台接口中，与现有办公自动化、项目管理系统、单机版造价编审软件的接口设计是重点和难点。

本章小结

当前我们已步入以数字化、网络化为基础的信息化时代，日新月异的信息技术快速地改变着人们的生活、工作和交往方式；同时现代管理思想和管理技术不断应用到交通建设领域。加快交通建设的信息化进程，促进行业管理和服务水平提高，高效的信息化技术和先进的现代管理理念的完美结合，是交通建设又快又好发展的必然途径。公路工程造价管理具有率先开展信息化建设的优势和需求，反之，信息化建设成果将推动公路工程造价管理技术和手段的现代化，推动管理效率的提高，提升造价管理水平和体系的完善。

本章在分析公路工程造价管理信息技术发展现状的基础上，依托广东省公路工程造价标准化和信息化建设实践，分析公路工程造价管理信息化需求、建设重点及未来的发展方向。

7 提高政府公路工程造价监管水平的主要方法

本章导读

7 提高政府公路工程造价监管水平的主要方法

毋庸置疑，作为具有公益属性的公路，政府应加强对其投资行为的监管，以维护人民的利益。通过以上分析，提高政府公路工程造价监管水平的重点是建立完善的公路工程造价管理体制，实施全过程造价一体化管理方法，在以政府为主导的参与各方的群策群力下，实现科学确定、合理控制工程造价。

7.1 完善公路工程造价管理体制

通过前面的分析，我国公路工程造价管理还存在定位模糊、管理架构不清晰、制度体系不完善等问题，从提高政府公路工程造价监管水平，保证工程造价相对合理、社会效益最大化的角度，应该从坚持公共利益主导，建立层次清晰、分工明确的行业管理组织架构，完善造价管理法律法规体系，加强造价管理的民主与公开等方面，完善公路工程造价管理体制。

7.1.1 坚持公共利益主导

改革开放后，随着国民经济发展的迫切需要，各级政府把解决公路“瓶颈制约”问题放在突出位置，开始了公路投融资体制改革。1984 年，国务院出台了“贷款修路，收费还贷”的政策，并允许国内外经济组织投资公路建设。这些改革措施极大地调动了各方参与公路建设的积极性，并产生了很多行之有效的公路投融资方式，加快了公路建设。由于收费公路里程越来越多，收费年限和收费标准成为社会普遍关注的热点和焦点问题。河南“天价过路费”、广东“华南快速一期 300m 收 3 元”等典型案例更是引起了社会和媒体的广泛质疑和热烈讨论。公路到底姓“公”还是姓“私”，一度成为街头巷尾热议的话题，引起社会广泛议论。公路收费期限和定价除与定价机制有关外，与公路建设成本直接相关。根据《中华人民共和国收费公路管理条例》的规定，公路收费标准和收费年限与公路工程造价正相关。公路是连接城市、农村和主要经济区域，并维持国民经济、社会机体正常运行的载体，构成了国民经济、社会的“循环系统”，沟通了各产业、各地区、各部门和社会生产、分配、交换与消费的各个环节，是国民经济大系统充满生机和活力、人民安居乐业的基本条件。高度发达的公路运输体系是一个国家经济繁荣、文化发达、国防巩固、人民生活富裕的重要前提。正是公路具有如此大的外部效益，关系社会发展、人民生活，公路建设管理当以坚持社会公共利益为主导，从社会效益最大化的角度，加强公路工程造价管理，保持工程建设成本相对合理，这将有利于公路定价相对合理，消除纳税人和用路人的不合理负担，降低社会运行成本。否则社会属性的公共服务，就将成为与民争利的工具，影响社会和谐和安定。

对于多元化投资项目，由于加强对地方政府融资平台风险管控，政府投资趋于谨慎，并支持民间资本进入基础设施领域。在未来一个阶段，多元化投资还将继续存在。但是由于引入了多元形式的建设资金，多种形式企业性质的投资主体成为项目的管理主体，多元化项目中投资主体追求自身利益最大化的目标与公路项目社会效益最大化的内在要求出现偏离，两种目标的冲突在项目实施管理中变现为利益冲突。对于民营资本、外资投资基础设施情况，按国务院关于投资体制改革的决定为核准制，不再经过批准项目建议书、可行性研究报告和开工报告的程序，但对于概算是否需要批复，决定中并没有明确。根据部分省外资、民营资本进行多元化投资公路项目的情况看，出现了一些问题，有些投资人甚至投资人与政府管理人员、设计单位、施工单位、监理单位合谋编制虚假概预算文件，恶意抬高成本，套取银行贷款或作为与政府进行收费年限谈判的条件，有些项目虚列成本进行转让，获取超额利润，这些行为最终结果都是加重了道路使用者的负担。虽然多元化投资属于市场投资行为，是利用市场这支"无形之手"优化资源配置，应该减少政府的直接干预，但是从维护公共利益的角度出发，政府必须从完善监督管理机制、规范投资行为的角度出发，对多元化投资公路项目造价进行严格管理。将多元化投资项目工程造价纳入政府监管的范围，实行全过程造价管理，最终实现对多元化投资项目总成本的有效控制，最大限度维护社会公共利益，降低道路使用者负担。

公路建设应以公共利益为主导

7.1.2 建立层次清晰、分工明确的行业管理组织架构

行业管理组织架构就是表现管理行为主体各部分排列顺序、空间位置、聚集状态、联系方式以及各要素之间相互关系的一种模式，它是执行管理的体制。管理系统的组织架构犹如人体的骨架，206 块骨头组成的骨架在人体起着支架、保护的作用，正是有了骨架，消化、呼吸、循环等系统才能发挥正常的生理功能。组织架构在整个管理系统中同样起“框架”作用，有了它，系统中的人流、物流、信息流才能正常流通，使管理目标得以实现。所不同的是，组织架构是管理决策人员有意识地创造，能否顺利实现管理目标，很大程度上取决于这种组织架构的完善程度。

要建立起层次清晰、分工明确的公路工程造价行业管理架构，关键是安排好层次结构的设置、部门结构的设置和职权结构的设置。层次结构即管理层次的构成，也就是行业管理在纵向上需要设置几个管理层级。部门结构即管理职能部门的构成，也就是行业管理在横向上需要设置几个职能部门。职权结构即各层次、各职能部门在权力和责任方面的分工及相互关系。目前，我国公路工程造价管理机构的设置，在国家层面上，管理主体比较模糊、管理职责还不清晰，行业指导比较薄弱，不利于行业宏观管理和对下级部门的业务指导，造成各省管理工作“各自为政”。省级层面，各省机构设置、职能权限有所不同，管理模式有所差异，管理深度有强有弱，管理效果有不确定性。从建立层次清晰、分工明确的行业管理组织架构出发，基于全过程一体化造价管理的需要，针对管理机构设置现状，结合水利和住建（住房和城乡建设）部门在工程造价行业管理组织架构上设置的经验，建议公路工程造价行业管理设立部—省—地市三级，交通运输主管部门（交通运输部、厅、局）、交通运输工程造价管理机构（交通运输工程造价站）、交通运输技术服务部门（交通运输工程造价协会）分工负责的造价管理体系。并由交通运输工程造价管理机构独立承担全过程造价管理的具体工作。组织架构如图 7-1 所示。各级交通运输主管部门和交通运输工程造价管理机构的职责划分参照第 5 章对交通运输部门公路造价管理职能的界定。交通运输技术服务部门主要负责公路工程造价从业人员和咨询单位行业自律，发展成熟时可将造价从业人员和咨询单位的资质管理和执业管理交其管理。

7.1.3 完善公路工程造价管理法律法规体系

制度是约束人们行为及其相互关系的一套行为规则。透明公正的制度可以为行为主体确定规范，减少行为预期的不确定性。通过制度确定行动的边界，确定行为主体的权利与义务。阻止行为主体去做在没有制度的情

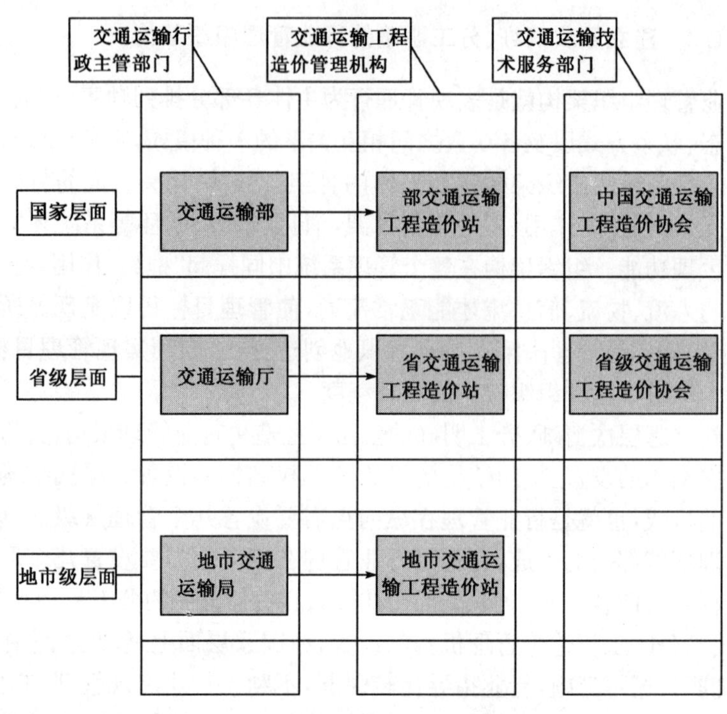

图 7-1 公路工程造价行业管理组织架构图

况下会做的事情，或者促使行为主体去做在没有制度的情况下不会去做的事情。制度化管理将优秀的管理智慧转化成为整个行业遵守的行为准则，形成统一的、系统的行为体系，有利于提升管理效果。当前公路工程造价管理存在虽有做法但少制度、忙于具体业务而在建章立制上进展缓慢的情况，造成好的经验不能普遍推广，管理行为缺乏规范，从业行为自由度大，资金使用不完全受控，管理效果还具有不确定性。因此，应该针对公路工程造价管理制度体系现状，从加强计价依据管理（如出台全国公路工程造价文件编制办法和各省公路工程造价文件补充编制办法、全国公路工程定额和各省补充定额）、强化造价监督（如出台公路工程造价监督实施办法、台账编制办法）、规范造价文件编审（如出台公路工程估、概、预、决算编制办法和各省补充编制办法）、严格从业人员和单位管理（如出台公路工程造价从业人员、咨询单位资格资质管理办法、诚信业绩考核办法）等方面建立起满足管理需要的管理制度体系。根据现阶段公路建设重点，公路工程造价管理制度体系建设应注重以下方面：

（1）目前及今后一段时期，高速公路建设仍是重中之重，公路工程造价管理制度体系建设应以高速公路建设监管为重点。与此同时，山区公路、公路(含高速)改扩建、跨海河江通道(桥梁)发展迅速,公路工程造价监管的范围和重点(政策出台密集的领域等)、技术引导(合同与工程量计量规则范本、定额以及相关费用标准等)与服务措施(清单预算各分项单价的准确合理确定等)也应该持续跟进。

(2)中部和西部欠发达省份公路建设投资中,国、省道建设(改扩建)投资占有相当大比例,国、省道建设的造价控制是这些省份管控的重点,需要加强与之相匹配的造价管理制度建设。

(3)农村公路建设的造价管理也是造价监管的重点。近年来,农村公路建设是我国公路建设的主战场,而且利用财政资金比例高,但是农村公路资金管理透明度不高,容易出现监管不到位的情况,应该完善相应的管理制度。

(4)目前,我国公路工程造价管理侧重于公路建设,在公路养护工程方面管理约束较少,缺乏相应的配套制度,造成资金使用不规范、漏洞较大的情况,公路养护工程资金来源基本是财政拨款,应该纳入监管范围,因此,养护工程造价管理的制度建设也是未来造价管理制度建设的重点。

公路造价:依规"定"价,依法"管"价

7.1.4 加强公路工程造价管理的公开和社会监督

首先来回忆与公开和社会监督有关的两段重要对话:

片段1:1945年7月,时任民国政府参议员的黄炎培到延安参观访问,他在与毛泽东谈论国家大事时曾说道:"我生60多年,耳闻的不说,所亲眼看到的,真所谓'其兴也勃焉'、'其亡也忽焉',一人,一家,一团体,一地方,乃至一国,都没有跳出这周期律的支配"。毛泽东自信地对黄炎培说,中共已经找到了跳出"历史周期律"的办法,那就是让广大人民群众来监督政府的作为，这样，才能够让政府不松懈，官员人人负责，才能够使中国跳出“其兴也勃，其亡也忽”的历史怪圈！

片段2：2010年2月27日下午15时，温家宝总理来到中国政府网和新华网，与广大网友在线交流。在回答“公款吃喝、公车私用等现象为什么管不住？治理‘三公消费’真的那么难吗？”的问题时，温总理态度坚决地说：“应该管得住，必须管得住。最根本的是两条，第一条就是公开透明，要让任何一项行政性支出都进入预算，而且公开让群众知道，接受群众监督；第二条就是民主监督”。

从这两段对话中可以看出公开与社会监督的重要性，公开与社会监督直接关系到政权稳定和人心向背。政府信息公开有利于破除权力运行的隐蔽性，为治理权力滥用和腐败提供预防机制。“阳光”是最好的消毒剂，政府信息公开将使整个行政系统透明公开，政府政策的决策和执行将完全暴露在阳光之下，并且使得权力运行从隐蔽变成透明，无疑切断了权钱交易的链条，包括其交易背后的利益共谋渠道。因此，信息公开是避免腐败、保证行政管理规范、高效的重要手段。

将政府信息向社会公开，原因在于政府管理权力是经由人民民意及授权而来，政府的权力源于人民，是人民权力的让渡和授予。既然人民权力高于政府权力，作为委托人的人民自然也就能要求政府作出符合人民意志的行为，有权参与国家及社会公共事务的管理，以防止其异化。人民是国家的主人，在国家权力机关工作的人是社会公仆，如果仆人知道一切而主人却什么也不让知道，不能有效地利用政府掌握的信息资源，这就颠倒了主仆关系，违背了我国国家性质。在我国，现在人民有权要求政府公开其运作过程，及时公布相关信息，以便公众了解行政权力的行使状况，让公众能充分发表言论，提出意见和建议，以直接影响政府决策，保证政府忠实执行民意。

既然政府有公开信息的义务，公民有依法获取知情的权利，这就要求政府客观、公正、及时地公布有关信息，以便更好地帮助公民对行使行政权的整个过程予以全面监督和客观评判。政府只有通过积极、主动的信息公开，才能有效提升民众对政府管理的认同程度，扩大民众的参与度，增加政府与民众行为取向的一致性，真正做到民主管理和科学决策。但是信息公开的实质是利益的共享与转移，信息公开意味着必然触及一些人的利益，会遭到一些人的反对或抵制，包括公开地反对和消极怠工式的反对。很多部门也就把信息当成自己的“特权”，既不愿主动公开信息，又对公民申请公开信息置之不理，将自己掌握的公共信息资源视为私有财产，不愿与其他部门、人员共享。

政府其实是最主要的信息生产者、控制者、使用者和发布者，掌握着主要信息传播渠道并基本垄断信息来源，公民很大程度上只能获得经过过滤和处理的信息。目前绝大多数地方对政府信息公开的要求还处于政策层面，信息公开程度不高，信息公开的随意性大，缺乏连续性，走形式问题较严重。信息公开多以行政权力为主导，而不是以信息权利需求为主导，想公开什么就公开什么，想什么时候公开就什么时候公开，行政部门执掌信息公开的主动权，广大人民群众只是政务信息公开的被动接受者。现在公开的信息大多仅限于办事制度，或众所周知的价值小适用性不强的信息。而对一些深度信息，如决策程序、决策依据的数据与资源、资金使用等方面的信息或公众关心的信息其实公开很少，如果进行"货真价实"的公示，就可能暴露其中存在的作弊与不公正行为，影响某些权势的利益，也令有关部门下不来台。因此，采取这种缺乏可监督性的公示方式，实际是逃避公众与社会的实质性监督，公示不过是做样子，只是停留在象征意义的呐喊阶段。公示的根本目的是为了引进公众和社会对相关工作的监督，促进公平公正，所以，可监督性应该是公示的最基本要求。公开的信息粗到无法解读，自然难以达到促进公平公正的目的，令公示的意义大打折扣。其实，所有涉及群众切身利益的公示项目都应当强化可监督性，有关方面都应当督促公示部门公开详尽的信息。与此同时，有关方面应对信息公示的相关法规与地方性立法作出修订，明确规定在对某项工作进行公示时，应尽可能详尽，尤其是应当公开全部相关信息，强化可监督性，才能有效引入社会监督，以在更大程度上发挥公示的作用，维护广大群众的利益、促进社会公平公正。

《信息公开条例》的颁布作为硬性制度约束规则，对于促进政府信息公开合法化、规范化和保障公民知情权无疑具有重要意义。公路工程造价作为直接关系社会公众切身利益的重要信息，应该向社会公开。例如在西方发达国家，公路规划与决策阶段，公众参与具体方案的设计选择，公路工程投资要接受公众的监督，项目因为当地居民的意见而改变设计方案的情况屡见不鲜。但目前，我国公路建设中公众参与的程度很低，公众参与公路交通发展的管理机制尚未形成，对于公路建设过程中公众参与的方式、方法、程序等都不完善，公众参与的范围、程度不能满足百姓需要，像公路工程造价信息这样与百姓切身利益相关的信息，目前能够公开提供的省份寥寥无几，即使提供了，也只是几个孤立的信息，百姓难以解读，没有形成真正意义上的公开。社会监督是最经济、最有效的监督方式，无论是从国家、政府的要求还是从提高造价管理质量的角度，都有必要将公路工程造价信息向社会公开，接受社会监督。需要注意的是，为了避免形式上的公开，实质上的保密，让百姓能真正读懂、看明白，需要公开的造价数据信息应当尽量详细，包括：各公路建设项目各建设阶段的造价数据信息；各阶段造价文件相互之间的对比分析；各建设项目工程造价与可比的其他建设项目之间的对比分析等。以百姓能读懂、看明白，同时还要考虑造价信息公开的途径和时间，必须是以社会公众最常见、最易获得的方式如在公共场所张贴公告，报纸、网络等较普及、常见的媒介，公开足以使社会周知的时间。目前政府信息公开责任缺失较为严重是信息公开不利的主要原因，加大由上至下的公开压力，对不公开进行追责是实现公开的关键。

信息公开非呐喊

7.2 实施全过程一体化造价管理的方法

全过程一体化造价管理能够将造价管理的各个阶段和各个环节有机衔接起来，形成贯穿工程建设的前期、中期和后期的完整历史过程，建立起工程造价的全寿命关系。通过实施前期目标控制、中期动态检查、后期计划与执行情况对照分析的资金管理方式，有利于分析各阶段的造价关系，容易发现造价存在的问题，抓住造价管理的薄弱环节和敏感环节，使造价管理工作富有针对性，能够有效提高公路工程造价管理效果，因此，必须坚持和贯彻这一基本方法和原则。

7.2.1 组织管理机构设置——实现主体

全过程一体化造价管理的目标是全过程管理，实现手段是一体化，通过一体化实现全过程。一体化包括专业化、标准化、信息化。前已述及专业化就是需要一支专业过硬的技术队伍承担公路工程造价全过程管理工作。实质就是在交通运输主管部门内部设立独立的公路工程造价管理机构，全面承担造价管理的具体工作。包括：造价文件编制办法、补充定额、工程量清单补充规定等计价依据的制订和发布；估算、概算、预算、决算以及工程变更预算等各阶段造价文件的审查；实施过程中工程造价的动态监督；从业人员和咨询单位的资格、资质管理和执业诚信管理；人工、材料、施工机械价格信息的采集和发布；历史项目造价信息的积累与挖掘等。设置一个独立的管理机构，全面负责造价管理工作，以达到统一、有序、规范、便捷的效果。

统一，在中国汉语中的意思是归于一致，消除分歧。建立一个专业的造价管理机构就是将过去分散于交通运输系统内部各部门的造价管理工作归于一处，由一个机构进行统一的规划和管理。从而避免公路工程造价管理业务在交通运输部门内部进行分拆，形成信息资源交流和沟通以及技术进步的壁垒，人为切断造价数据之间的内在联系，削弱造价管理的效果。

有序的意思是物质的系统结构或运动是确定的、有规则的。由一个专业机构进行统一管理，有利于行业管理机构根据公路工程造价管理各项业务之间的内在联系，进行具有前瞻性的思考和全局性的统筹谋划，有利于形成统一性的管理模式，避免不同管理部门因管理带来的认识不同、理念不同产生的造价数据和资源形式不同、接口不同，无法交流，无法衔接，无法利用，甚至掩盖了不同阶段造价数据之间本身固有联系的问题，有利于形成整合管理效果。

规范的意思是对某一工程作业或者行为确立标准。由一个专业机构进行统一管理，由于管理主体单一，容易将自己的管理思想、管理原则、管理行为形成标准体系予以实施，避免了不同管理者可能由于理念冲突和认识冲突带来的难以形成一致认识的弊端。

便捷的意思就是方便直接。由一个专业机构进行统一的造价管理，避免了多部门管理带来的相互沟通、协调、配合的问题。而这些问题是中国目前现行管理体制下，最复杂、最困难、也最难以解决，可能导致管理效果具有不确定性的重要问题。因此，专业化的管理避免了多头管理带来的管理资源消耗，提高了造价管理工作的效率。

综上所述，建立专门的公路工程造价管理机构是实现全过程一体化公路工程造价管理的关键，只有建立这样一支机构，才能避免公路工程造价管理业务和管理阶段的分割，有利于实行全过程一体化。当然，由一个独立的机构全面负责造价管理工作，从技术上说是先进的，但是由于缺乏监督，可能带来负面影响。西谚有云："绝对权力带来绝对腐败"，因此，要加大对这一行业管理机构的监督。

7.2.2 标准化规范——实现基础

在建立了专门的造价管理机构之后，要实施全过程一体化还需要对管理过程进行标准化的规范。从目前我国公路工程造价管理的过程来看，实施全过程一体化公路造价管理模式还存在以下难点：①公路工程造价管理没有形成统一的行业标准、技术规范和质量管理体系。②公路工程造价信息资源管理缺乏系统性和统一规划，“信息孤岛”效应凸显。③公路工程造价行业管理模式不统一，制约管理工作的推广。

解决以上问题的方法是建立标准的规范，尤其是建立公路工程各阶段造价文件格式、造价工程项目名称和编码、造价管理流程等标准。从公路工程造价标准化的定义出发，基于我国现阶段公路工程造价管理的现状，应人为地建立一套有序的、简化的公路工程造价管理组织模式。

从需要标准化管理的内容来分析，目前对全国已形成的估、概、预算编制办法和配套指标、定额标准，以推广和细化为原则进一步规范。但是还有很多尚未完善的标准，如设计变更、工程造价台账、工程决算等。因此，对涉及不同造价管理阶段的内容开展研发，制订配套的造价文件编制标准和管理流程，并兼顾从工程估算到工程决算全过程造价文件标准和管理流程的衔接，主要包括以下几个方面。

(1)公路工程各阶段设计文件编制格式标准。其主要包括两个方面：一方面，对造价文件编制格式进行标准化设计，从估算、概算、预算、招标清单、合同清单、变更费用、工程结算、造价台账、竣工决算各类造价文件格式上予以规范，形成标准格式；另一方面，对设计工程数量表进行标准化设计，以路基、路面、桥涵、隧道、交通工程、绿化、附属区房建等专业工程，实现公路工程常规工程的设计图纸工程数量表的标准输出。

(2)公路工程造价项目名称和编码标准。其主要从估、概、预算项目表工程或费用名称和项目节细目编号的标准化，建筑安装工程工程量清单子目和计量支付规则标准化，设计、监理、征地拆迁等专项费用的合同清单子目和编号的标准化三个方面开展。目的是对公路工程造价具体管理内容进行标准化设计，完善编制规则，建立统一的管理流程，实现公路工程造价全过程造价文件的有效衔接。

(3)公路工程造价管理流程标准化的目的是对公路工程造价管理工作的方式进行标准化设计。在统一、有序的管理方式下，对编审、监督、审核等工作进行规范。使得全过程造价管理得以实现，为全过程造价管理信息化的实现奠定技术基础。

综上所述，建立了统一规范的标准后，其明确地划分了全过程一体化公路工程造价管理的具体内容，使其具有了一定的操作性。所以标准化是实现全过程一体化公路工程造价管理模式的基础。

7.2.3 信息化设计——实现手段

当前已步入以数字化、网络化为基础的信息化时代，日新月异的信息技术快速地改变着人们的生活、工作和交往方式；同时，现代管理思想和管理技术不断应用到公路建设领域。加快公路建设中信息化进程,促进行业管理和服务水平提高,高效的信息化技术和先进的现代管理理念的完美结合,是公路建设又好又快发展的必然途径。公路工程造价管理在信息化建设中具有很大的优势和需求,反之,信息化建设成果将推动公路造价管理技术和手段的现代化,推动管理效率的提高,提升造价管理水平和体系的完善。

公路工程造价管理的发展过程也是信息化技术程度不断提高的过程。从最早的20世纪80年代后期估、概、预算的单机版编制工具软件的实现,到20世纪末21世纪初推行工程量清单计价制度和材料信息发布制度的工程造价管理软件的推行,都体现了信息化技术程度的不断提高。近年来,各级交通运输主管部门越来越重视公路工程造价监管,各省交通运输造价管理部门的机构定位逐渐明确,职能日益完善,均非常重视信息化建设,陆续开展了各类公路造价管理信息系统建设,各省造价管理信息化程度不断提高,以计算工程造价为核心的工具软件也日趋完善,为公路造价及相关活动提供信息和服务的网站不断增多,在一定程度上较大地提高了造价管理的效率和水平。公路工程造价管理由于其公益性特点,政府对其关注度和监管程度更高,需要综合、全面、准确地了解从工程立项、设计概算、重大设计变更到工程决算的造价信息和管理情况的全过程。单一的阶段性的或区域性的造价管理信息难以满足公路工程造价监管的需要。

全过程一体化公路工程造价管理就是通过信息化的手段建立综合的造价管理体系,实现对公路工程造价的有效控制。依据现行的公路建设管理流程、各阶段造价文件编制的管理技术标准和规范,采用先进的公路工程建设全生命周期的设计理念,提出科学的公路工程造价管理信息化解决方案。

(1)在管理体系上,以ISO 9001质量管理体系为依据来进行整个系统方案的设计,充分体现公路工程各阶段造价管理的标准、规范和管理模式。保证系统的标准化和规范化,具有很强的生命力。

(2)重视对历史工程造价资料的收集、整理、分析,达到对工程造价确定和控制的指导作用。通过对公路工程造价从估算、概算、预算、招标控制价(标底)、合同价、结算、决算等造价成果文件的审查,实现数据库的积累。通过对大量的、不同时期的造价历史数据信息的分析与归纳,探索工程造价变化规律,编制造价指数,预测造价指数的走势,辅助作出造价决策,最终实现科学合理和有效控制工程造价的目的。因此,建立海量存储的造价数据库,是公路工程造价管理系统的基础。

(3)对公路工程建设项目进行工程建设各阶段的造价成果文件的审查,为项目的决策、后评估提供依据;对项目建设全过程中进度、费用支付、变更等进行监控,为投资控制提供数据基础。因此,通过审查这条主线,将估算、概算、预算、标底(或最高限价)、合同、结算以及决算的造价成果文件导入造价数据库,形成系统的项目历史造价数据。工程造价的动态管理既包含对设备、材料价格、人工价格、工程质量和设计变更等动态因素的管理,还包含对项目可行性研究阶段、设计阶段、项目实施阶段和竣工结算阶段的全过程的动态管理。系统充分利用历史工程造价资料,运用基于数理统计的方法进行分析,如方差分析等。采用移动平均预测法、回归预测法、线性回归预测法或指数平滑预测法,结合报表、图形、图表技术,对公路工程各阶段造价指标进行纵向分析,对不同项目的造价指标进行横向分析,使这些历史数据发挥最大的价值,使形象、生动的管理手段得以实现。

(4)对工程建设过程中的造价进行动态、全过程的实时监控,避免造价审查的滞后性,为实现"及时发现问题,及时解决问题"的工作要求提供了可能。同时,在工程建设过程中做到严格细致的造价审查,工程结算、决算审查时就会减少相应的工作量,避免了工作量过于集中的现象,可合理分配工作量。使原来孤立的各阶段的造价信息相互关联,避免数据不能共享,使彼此之间处于"信息孤岛"状态。

综上所述,公路工程造价信息化设计是将抽象的管理转变为实际、直观、高效的计算机操作,让每一个使用人员都能按照系统分配的权限各司其职,轻松、规范地进行工作,真正实现造价管理工作规范化、体系化、科学化的管理要求。公路工程造价信息化设计充分地推动了全过程一体化公路工程造价管理模式的实行。信息化设计是实行全过程一体化公路工程造价管理模式的重要手段。

7.2.4 造价从业人员及咨询单位管理——实现保障

从业人员作为实施公路工程造价管理的直接参与者,其工作态度、职业道德、专业能力等直接关系到公路工程造价管理的成果质量,对于控制工程造价、提高投资效益、杜绝腐败现象具有重大影响。近年来,随着各省交通运输建设事业的飞速发展,公路工程造价人员及机构的需求量急剧加大,特别是公路建设单位、设计单位和施工企业,通过资格认证的造价人员的数量明显不足,同时随着造价管理技术的不断进步,计价体系的进一步完善,技术与经济相结合这一控制工程造价的有效手段要求更高层次的造价人才参与到公路工程造价管理中。但现阶段公路工程造价从业人员资质、资格管理中许多问题渐显突出,在一定程度上影响着各省公路建设的健康发展。一是资格管理法规制度严重滞后,原交通部发布的对从业人员的管理规定是1996年出台的,时间较久远,亟待修订;二是造价咨询单位监管失控,其资质由建设主管部门核发并进行年检,交通运输主管部门不具备处罚权限,难以对造价咨询单位形成约束力；三是造价咨询单位的持证人员的专业性不强。由于建设主管部门对公路工程造价资格证不认可，绝大部分造价从业人员来源于建筑行业，对公路工程造价业务不熟悉，难以保证质量；四是造价从业人员数量严重不足。由于公路工程有较强的专业特性，虽然经过近几年的集中培训，数量有了一定的提升，但与各省交通发展的需求相比，依然有很大差距。因而，如何加强资质、资格管理，不断提高工程造价从业机构及人员的综合素质已成为公路工程造价管理的当务之急，加强造价从业人员和咨询单位的管理要做到以下方面。

(1)进一步完善工程造价咨询行业的相关法律及法规

现行的法律法规不完善使造价咨询单位无权无责，各中介单位对咨询成果文件所负责任甚微。目前我国现有法律中没有直接涉及工程造价行业的有关规定，只是依据原建设部令和省有关管理办法，如《工程造价咨询企业管理办法》、《注册造价工程师管理办法》等，对造价咨询单位的资质等级、业务范围及执业人员的注册管理及法律责任等进行了规定，但对造价行业的法律地位、强制实行造价咨询的工程范围及咨询服务的法律责任、成果文件的法律效力等都缺乏明确规定；对违背诚信原则的咨询单位和执业人员缺乏有效制约和处罚规定，所以，在当前造价咨询市场快速发展的情势下，完善相关法律、法规势在必行。首先，对原有规章制度应结合实际尽快进行修订，将公路工程造价工程师纳入人力资源和社会保障部认可的统一的国家执业资格体系中进行管理；其次，参照公路监理从业单位资质管理制度，出台公路工程专业造价咨询单位的资质认证条件，并由交通运输主管部门核发。

(2)建立资格准入与清出，推行持证上岗制度，加强执业继续教育

①对造价从业人员和咨询机构，一方面，要完善市场准入制度，严格按照资质、资格标准，规范评审程序，严把准入关；另一方面，要健全清出制度，对现状不符合资质、资格标准的企业和个人，坚决清出市场。加强对咨询企业资质及造价执业人员的动态管理，对违规及不讲信用和情节严重的咨询企业依法撤销其资质。

②目前，公路工程造价人员资格考试以过渡方式进行，造价职业资格的执行情况不容乐观。造价从业人员并没有使用执业资格证，没有一套完整的职业资格审验制度。由于公路工程行业造价管理有其固有特点，对从业人员专业化程度要求较高，建筑专业的造价执业资格要求难以满足公路行业造价管理工作的需要。建议继续加强公路工程造价工程师执业资格的管理工作，实施执业资格和签证制度，使之制度化、规范化，实现从建设项目立项直至竣工验收全过程各阶段的造价工程师签字制度，在公路工程造价中

介组织的管理中,明确行业造价从业资格的资质要求,真正发挥公路造价从业人员的业务能力和水平,推动公路行业造价管理工作的发展。

③省级造价管理部门应根据公路工程造价管理技术发展情况,结合自身公路建设发展特点,经常性地组织造价执业人员的继续教育或交流,为造价执业人员素质的全面提高提供一个好的平台。

(3)建立公路工程造价信用管理体系,引导公路工程造价咨询市场良性发展

市场经济是信用经济,信用是现代市场经济的基石,没有信用,就没有良好的市场经济秩序。工程造价咨询行业是我国近来适应市场经济发展而崛起的新兴行业,它在我国建设领域中发挥着越来越重要的作用,但目前造价咨询市场存在着一些问题,如部分企业存在违规操作现象、咨询企业信用意识缺失、从业人员综合水平不高且信用意识淡薄。信用已成为制约咨询行业发展的瓶颈,因此,工程造价咨询市场的信用问题成为我们必须十分重视的问题。

建立、健全造价咨询市场信用体系包括立法、执法、加强行业自律建设等方面。目前我国造价咨询市场信用体系尚未完善,缺乏有效的监督和失信、惩罚机制。为加强咨询市场信用建设,应从以下几方面进行完善。

①建立、健全信用评价体系和信用档案。

信用评价包括企业的保障体系、竞争力、服务质量、信用记录等内容,将工程造价咨询企业信用等级分为相应等级,同时造价管理部门组织开展公路工程造价咨询企业信用评价工作,确定评定周期及有效时间,对信用评价结果实行动态管理。

②建立责任赔偿制度。

我国工程造价咨询企业尚未建立国际通行的"专业人士负责制"。从行业自律和信誉意识角度看,要做到公正、公平,不损害委托人的利益,必须建立责任赔偿制度。一旦由于自身原因造成雇主损失,要承担赔偿责任,使造价咨询企业为出具造价成果文件的失误承担相应后果,以外界压力迫使其具有较高的业务能力和良好的职业操守。

③建立信用信息平台。

造价管理部门应建立咨询市场诚信平台,运用现代信息化网络技术,采集咨询企业诚信信息数据,在政府网站上不定期地发布企业诚信记录,及时对企业失信行为进行曝光,对信用良好的企业进行宣传,并方便社会各界查询,建立完善的信用信息交流平台,使信用信息在造价咨询市场内充分流通和共享,并对信息平台内容实行动态管理。完善信用信息平台将有助于加强信用监管,有效遏止失信行为,对解决当前信用意识淡薄和信用缺失问

题、构建公平竞争的市场秩序有十分重要的作用。

④加强诚信激励与建立失信惩戒机制。

建立诚信激励、失信惩戒制度，将政府监管(包括企业资质、评优创优等方面内容)与企业及个人的信用等级挂钩，积极运用激励和惩戒手段，对企业和个人信用行为进行引导和规范。造价主管部门应当严控有失信记录的市场主体行为，对有失信行为的企业承揽业务时将受到一定的限制，如建立黑名单制度等，用行政处罚及经济制裁等手段对信用缺失企业给予惩戒，提高失信成本，形成诚实、守信的良好环境。

(4)加强从业人员和咨询机构的信息管理

利用信息化技术，以资质资格信息、业绩诚信信息为核心，建立造价从业人员和咨询单位的相关信息平台，方便查询和管理。

本 章 小 结

本章揭示了如何才能够提高政府对公路工程造价监管的水平这一问题，为广大的公路建设管理者提供解决目前所遇到的一些与公路工程造价息息相关的问题提供一个新的解决思路，同时指出实践全过程一体化公路造价管理模式的必要条件，为我国未来公路工程造价管理提供新思路、新想法。

8 在探索中发展 在改变中前行——公路工程造价管理展望

本 章 导 读

8.1 全过程一体化造价管理在广东省的开展情况

8.2 广东省公路工程全过程一体化造价管理效果分析

8.3 广东省公路工程全过程一体化造价管理的发展方向

8 在探索中发展 在改变中前行

——公路工程造价管理展望

8.1 全过程一体化造价管理在广东省的开展情况

针对广东省投资体制多元化、公路建设市场化程度高的特点，广东省交通运输厅从规范市场秩序、着力提高交通运输市场监管能力入手，在实践中，完善造价管理与监督制度，重视计价依据的制订，强化造价审查，严格进行造价监督，提供信息服务，逐渐形成了从省级到地级市“事前控制、事中监督、事后核定”的全过程动态管理机制。从管理体制、运行机制、管理方法和管理技术上已逐步形成一套较系统的融交通运输财政公共管理与市场化运行于一体的造价管理体系。为广东省交通运输建设市场有序发展和交通运输投资的合理控制，发挥了重要作用，也为全国交通运输造价管理起到了“先行先试”的示范作用，主要体现在以下几个方面：

(1)以强化省级公路工程造价管理机构职能为基础，地市级造价管理机构均衡发展，各级机构职责清晰、分工明确。

公路工程造价管理实行统一领导，分级管理。省交通运输厅负责全省公路工程的造价管理和监督；省交通运输工程造价管理站负责全省公路工程造价管理和监督的具体工作；地级以上市交通运输主管部门及其设置的造价管理机构负责其职责权限内的公路工程造价管理和监督的具体工作。

(2)广东省已逐步形成了从地方法规、行业规范性管理文件到各类造价管理技术标准的制度体系，全面、配套地覆盖了公路工程造价管理的各方面。

①造价监督制度写入了地方法规性文件。2008 年 7 月，广东省第十一届人民代表大会常务委员会第四次会议审议通过了《广东省公路条例》修订稿，明确规定公路建设项目应实行造价监督管理制度，为我省公路建设项目开展造价监督管理提供了法律保障。

②陆续出台并及时修订造价管理行业规范性文件。早在 2001 年，广东就已发布《广东省公路工程造价管理办法》、《广东省公路工程造价文件编制办法》等行业规范性文件。近年来，造价管理规范性文件的发布进一步深

入，包括《广东省高速公路建设标准化管理指南》、广东省执行交通运输部《公路工程标准施工招标文件范本》(2009 年版)的补充规定及广东省公路工程三级清单体系，为规范造价管理活动提供了规范和标准。其中广东省公路工程三级清单体系的建立，实现了公路设计计价和市场计价的有效结合，使全过程造价管理得以具体实现。

③针对造价控制重点或难点，出台了一些行业标准和政策指导性意见。其中 2003～2008 年间，针对市场材料价格波动幅度较大的情况，先后出台多项水泥、钢材、油料、地材等"材料价差调整指导性意见"，有效应对了材料上涨对交通建设市场的严重影响。

(3)以全过程造价管理为核心，完善各项造价管理机制。

全过程造价管理，就是以"事前控制、事中监督、事后核定"的动态管理机制，建立项目前期阶段有效控制、设计阶段严格造价审查、施工阶段对造价动态监督检查、竣工决算阶段详细造价审定等多阶段控制体系，合理确定和有效控制造价。变过去传统的被动确认为主动控制，由事后确认转到事前控制、事中控制。全过程造价管理使我们从制度上确立了造价管理的基本模式，从而奠定了造价管理的改革发展方向。

广东省交通运输工程造价管理站以全过程造价管理为核心，以造价管理法规、政策建设作为突破口，不断创新和完善三级工程量清单体系的应用与实践，坚持审查与监督并重、探索造价监督新方法、将造价监督制度写入法规性文件等，不断完善全过程造价管理制度，使全过程造价管理制度发挥了重要作用。

①三级清单计价体系的不断创新。创新和完善三级清单计价体系，提高了审查效率，并为后续的造价管理发挥着重要作用。"公路工程三级工程量清单"计价体系已成为广东省公路工程招标阶段、实施阶段、交(竣)工阶段编制造价文件的基本格式，"广东省三级清单编制系统"和"广东省清单预算编审系统"已成为编制公路工程招标清单和预算文件的基本工具，三级清单的推广为造价监管提供了有力的技术支持。

②形成完整成熟的竣工决算审查机制。经过几年来的实践应用，总结形成一套完整、成熟的竣工决算审查机制，丰富和完善了全过程造价管理，为标准化、精细化的造价管理发挥了重要作用。竣工决算审查制度的创新和实践一直走在全国同行的前列。

③造价管理标准化初显成效。根据广东省交通运输厅标准化建设管理活动的统一部署，完成了《广东省公路工程造价管理办法(修订)》初稿，《广东省高速公路建设标准化管理(造价文件标准化)指南》(试行)报批稿的编制工作。结合公路工程造价管理规范化、标准化、信息化的需求，启动了《广

东省公路工程造价综合管理系统研究》专项课题攻关，为“十二五”期间全面实现造价管理标准化夯实了基础。

(4)广东省交通运输工程造价管理注重科技创新，系统地开展社会主义市场经济体制下的交通运输造价管理信息技术的研究和应用，有力地促进了造价管理的可持续发展。

在省交通运输厅的支持下，省级交通运输工程造价管理部门重视先进理论和先进技术的研究，积极研究相关政策及技术，把交通运输工程造价管理作为一项系统工作，从体制、机制、制度、理论、技术等方面系统研究，针对造价管理技术、办法、计价体系、信息化建设及相关政策等关键课题，结合社会主义市场经济的特点，开展了长期的系列研究和开发，目前公路造价综合管理信息系统及配套单机软件已初具模型，具体体现在以下几个方面：

①按照全过程造价管理一体化信息技术体系的主要内容，公路工程造价综合管理信息系统模块体系已建立完毕，系统格式的标准、提取原则、对应关系等运行规则，以及各模块基本功能、模块之间的数据流转模式等功能已全部实现，部分模块现已进入实验应用阶段，后续主要是丰富、完善各模块功能，减少系统漏洞，增强综合管理系统的适用性和实用性。

②单机版编审软件作为配套设施，目的是通过提供标准的格式文件，实现与综合管理系统无缝衔接，减轻编审人员工作量。根据公路造价文件编审的需要，开发了造价编审软件、决算文件编制软件和图标算量软件(从图纸中直接提取工程量，减少二次导入的麻烦)，目前造价编审软件、决算文件编制软件已经开发完成，并投入使用，图标算量软件中的提取规则、方法还处于研究开发阶段。

8.2 广东省公路工程全过程一体化造价管理效果分析

8.2.1 造价监管机制取得的成效

广东省实行统一领导、分级管理、均衡发展的管理方式，公路行业造价管理机构设置健全、职能清晰，造价管理部门在负责全过程、各阶段的造价管理工作过程中，能够将各阶段造价文件呼应起来，同时通过大量实践项目积累的经验，可以更好地开展新项目的造价控制，形成一个技术过程闭环、反馈，管理水平不断提高，台阶式上升的过程，造价管理工作取得了各司其职、各负其责、效率提升、成果优良的效果，有效杜绝了多部门参与导致管理壁垒、信息流通不畅、权限交叉、职责不明等现象的出现，为有效开展全过程造价一体化管理创造了条件，促进了交通建设项目的规范、有序、顺利实施。

8.2.2 造价管理标准化工作取得的成效

首先，造价管理地方法规的出台，为广东省公路建设项目开展造价管理提供了坚实的法律保障，明确了公路工程造价管理的地位与方式，规范了公路建设市场和工程造价管理的秩序。

其次，《广东省公路工程造价管理办法》、《广东省高速公路建设标准化管理指南（造价文件标准化）》等共 30 多份行业规范性文件的颁布，确立了公路工程造价管理过程中编制、审查、监督、审定的统一的准则，为今后全面实现造价管理标准化、信息化和造价管理一体化打下了坚实的基础。

再次，广东省发布实施《广东省公路工程造价文件编制办法》、《广东省交通建设项目主要建筑材料价差调整的指导性意见》、《气泡混合轻质土预算补充定额》、《公路工程基本建设项目概算预算编制办法》补充规定、《关于调整我省公路工程概算预算人工工日单价的通知》等一系列计价文件，不断完善和发展了交通运输工程造价计价体系，规范了符合市场变化的计价行为，有效应对了材料上涨对交通运输建设市场的严重影响。

8.2.3 造价信息化工作取得的成效

由于公路工程造价综合管理信息系统还未得到全面应用，仅从单机版编审软件的利用情况来看，首先，在软件设计过程中紧密切合造价编审人员的工作需求，并考虑了造价文件编审过程中可能遇到的问题，进行人性化设计，使软件的适用性得到大大提高，无论新手、老手均能较快开展工作，同时造价文件编审的工作量和错误率也得到有效降低，其中，估、概、预算阶段的编审工作量，被减轻了 30%以上。以软件定额选择方式为例，针对刚开始接触公路工程造价编制的人员，对公路工程清单的计量规则应该套用哪些定额也不是很清楚的情况，设计了一个参数化的自动选择定额工具，将某一清单可能用到的施工工序提炼出来，这对新手编制造价文件提供了很大的帮助，也减少了错误率。

其次，软件作为综合管理系统的配套设施，在软件内部嵌入造价标准化模块，因而，软件生成的造价文件格式符合造价标准化的要求，可以直接上报综合管理系统，避免了由于格式不符合要求而造成的时间浪费。

8.2.4 实行全过程管理模式的总体成效

为充分发挥造价审查在投资管理中的作用，广东省交通运输工程造价管理站积极协助省交通运输厅完成高速公路项目的各阶段造价审查工作，全过程造价审查管理模式全面推行。“十一五”期间，共完成约 6 000 亿元的高速公路项目各阶段造价审查，核减约 180 亿元，平均核减比例约 3%，取得很好的全过程控制效果，为合理确定工程造价，做了大量基础性的工作；进一步规范各阶段造价文件的审查程序，使大部分项目后阶段造价可控制在前阶段的控制范围内，为省交通运输厅做出科学决策和审批提供有力的技术支撑，为维护正常的市场秩序和推动行业发展发挥了重大作用。

在监督检查方面，根据项目建设周期特点，广东省开展监督检查工作，对拟开工项目，以前期造价文件审查为重点；对在建工程项目，以工程造价台账检查为重点；对拟竣工验收项目，以合同决(结)算为重点，这样就形成了“三重点”模式。坚持主动监督、事前介入、事中控制，共对 151 个在建重点项目进行了监督检查，形成监督检查报告报交通运输厅，着力加强和规范计价管理，及时发现和解决概算执行中存在的问题，有效抑制了项目“三超”(概算超估算、预算超概算、决算超预算)现象，切实控制了超规模、超标准、扩大投资的现象。

8.3 广东省公路工程全过程一体化造价管理的发展方向

8.3.1 公路工程造价管理周期从全过程向全寿命转变

1956 年，美国建立了“公路信托基金”，其主要来源是汽车燃料税。联邦政府资助公路计划，侧重于各州的重点公路改造项目，同时兼顾环境影响、安全，并考虑缓解交通拥挤。美国公路养护的资金主要由联邦和州政府投资建设，主要来源有三种，包括公路税收、发行债券和公路收费。公路税收是美国公路建设的主要资金来源，约占公路建设资金的 70%，其他两项分别占 20%和 10%左右。2009 年 1 月 1 日，我国政府决定实施成品油税费改革，取消原在成品油价外征收的公路养路费、航道养护费、公路运输管理费、公路客货运附加费、水路运输管理费、水运客货运附加费共六项收费，逐步有序取消政府还贷二级公路收费。这种变革对于交通运输行业的管理者提出了一个新的需要思考的问题，那就是在通过全过程管理解决建设期的问题之后，在建设项目的运营期就不存在与建设期相类似的问题了吗？众所周知，一个项目的建设期和经营期构成了这个项目的“生命周期”，而相比较而言，经营周期无疑是一个更为漫长的时期，在这个时期也会存在着许多的问题和矛盾。项目进入了经营期意味着要对建设期所花费的成本进行回收，无论项目所带来的是直接的经济利益还是间接的社会利益，都要偿还建设期所花费的成本。因此，单一割裂的将建设期与经营期分开的做法需要调整。建设期与经营期之间本身就存在着相当多的因果联系，因此对于公路工程造价的管理就不能只着眼于建设期的“全过程”，而应该对建设项目进行全寿命的管理。

全寿命造价管理模式运用多学科知识，采用综合集成方法，重视投资成本、效益分析与评价，运用工程经济学、数学模型方法，从建设项目全寿命（包括建设前期、建设期、使用期和翻新与拆除期等阶段）出发来考虑总造价最小而总价值最大的问题，从而达到使项目建设成本和运营成本最小的目的，实现效益的最大化。

相对于全过程造价一体化管理而言，从时间跨度对比来讲，当前的全过程造价管理模式把工程项目的建设和运营与维护割裂开来，不仅阻碍了信息传递，也给未来的运营与维护带来困难。相比之下，全寿命造价管理则从整个项目寿命出发进行思考，侧重于从项目决策、设计、施工、运行维护各阶段项目全部造价的确定与控制。两者主要区别在于时间跨度和指导思想的不同，全寿命工程造价管理理论比全过程工程造价管理理论更为先进，内涵更为深刻，也更合理。从决策依据科学合理性对比来讲，全过程工程造价管理强调建设项目的建设造价，而对工程造价管理的重要环节——设施在移交后的运营和维护成本，不予考虑或即使考虑，也考虑得很粗略。全寿命工程造价管理不仅考虑了建设项目的建设造价，而且对设施在移交后的运营和维护成本也有所侧重。

从设计优化难易性对比来讲，由于全过程造价管理局限于前期概算、设计阶段、招投标、合同签订、施工阶段和竣工结算等阶段，对于之后的运营成本和维护成本实际中常常疏于考虑，难以达到优化最初工程设计的目的。而全寿命造价管理的思想和方法可以指导设计者自觉地、全面地从项目全寿命出发，综合考虑工程项目的建设造价和运营与维护成本，从而实现更为科学的建筑设计和更加合理地选择建筑材料，以便在确保设计质量的前提下，实现降低项目全寿命造价的目标。确定施工方案的科学合理性对比，全寿命造价管理的思想和方法可以在综合考虑全寿命造价的前提下，使施工组织设计方案的评价、工程合同的总体策划和工程施工方案的确定等方面更加科学合理。

总体上看，全寿命造价管理模式是公路工程造价管理历经全过程工程造价管理模式的下一阶段。由于建设项目的全寿命造价在建设项目初期、建设阶段以及管理阶段不确定的因素太多，不能直接准确估算建设项目造价与成本。因此，目前全寿命造价管理模式在我国仅处于探索研究阶段，这种工程造价管理模式至今主要是作为一种指导建设项目投资决策的方法而存在，只有将先进成熟的全寿命过程造价管理理论与我国的实际相结合，才能建立符合中国国情的全寿命工程造价管理模式。

同时，经营期本身不单单是收回成本的过程，在经营的过程中，建设项目会发生损耗，需要定期对其进行养护，而目前我国公路工程造价管理对于养护费用的管理还是存在着巨大的空白。与公路建设造价管理、投资节约相比，公路养护工程造价管理工作现状却不容乐观，科学、高效的现代化管理体系还未完全建立起来，公平竞争、规范有序的市场还没有得到充分发展，法规制度建设还不健全，资金的投入还相对不足，使用过程不透明、使用效率不高，养护工程造价管理还未形成科学体系。目前公路养护工程造价管理的整体水平与公路交通运输的发展需求是不相适应的，不能适应公路交通运输科学发展观要求。

因此，对公路工程养护费用的管理控制成为了未来广东省公路工程造价管理的发展方向之一。未来广东省希望从以下内容开展对公路养护费用的管理工作：加强公路养护工程造价管理，规范造价计价行为，合理确定投资，有效控制养护工程造价，形成统一、开放、竞争、有序、公平的公路养护市场，要建立一套符合市场经济条件并与之相适应的养护工程造价管理办法。要基于养护工程造价管理的现状和趋势，明晰公路养护工程造价管理的需要；要基于养护工程的特点，规范养护工程造价的主要内容、管理程序与准则。

8.3.2 完善的行业协会管理机制的建立

目前来说，我国公路工程造价行业管理工作相对主要是由各级交通运输主管部门负责，但是在实际的造价编制过程中，实际的执行单位往往是造价的中介机构。特别是在2000年之后，各地的造价从业机构如雨后春笋般地发展起来。中介从业机构混乱，没有完整的“准入清出”的机制，管理制度不明确，很多从业单位没有从事造价编制工作的资质。在造价编制过程中，由于编制依据和编制技术的不同，造成了造价文件编制的质量难以保证，需要从制度和技术手段方面进行管理和约束，以保证技术服务质量。首先，要保证由技术能力过硬、信誉可靠的中介机构来承担技术服务业务，需要建立关于中介机构的市场准入、清出、登记备案和年审制度，规范市场进入条件。并建立造价技术服务质量评价标准和业绩信用管理系统，客观评价中介单位的技术能力和信用程度，引入优秀的中介参与造价技术服务（审查）事务；其次，要制定统一、规范、细致的造价技术服务业务标准和工作流程，如造价文件编审标准和流程，规范和保证技术服务业务的规范性和质量深度；再次，要制定造价技术服务委托项目的管理办法，从委托业务定价方法、中介服务机构选择、工作过程监督、结果审核验收、违约处理等方面规范对委托项目的管理，确保业务委托过程公平、合理，委托业务质量受控；最后，造价管理机构要尽可能提供历史项目造价数据资料、各种计价依据和市场价格信息资源、辅助或帮助中介机构更好地开展技术服务工作。只有通过建立完善的中介机构服务管理机制，逐步实现对交通造价中介机构的有效管理，才能使造价管理机构从审查具体业务中逐渐退出，重点做好造价监督和服务工作。

同时，还要大力培育行业协会，成立交通运输工程造价行业协会，发挥交通建设从业单位的企业自律作用，以及在提升造价管理水平方面的技术、人才、经验、管理优势，调动其共同参与行业管理的积极性。突破行业管理单一依靠交通运输主管部门通过行政手段制订规章制度的局限，逐步将交通造价从业企业和人员资质、诚信管理交由造价协会进行管理，使造价管理机构专注于主业。这也是建设、水利等其他行业的普遍做法。

8.3.3 扩大公路工程造价的定义外延

公路工程造价，一般是指建设一条公路（或一座桥梁等）工程预期开支或实际开支的全部固定资产投资费用，即该项目有计划地进行固定资产投资及其形成相应无形资产和铺底流动资金的一次性费用总和。公路工程造价只是建设项目建设期投入资金的总和。然而正如前文所述，将一个公路建设项目割裂为建设期和经营期是不正确的，是人为的割裂关联事物之间的联系。每一事物都存在着外在普遍联系。割裂联系就是孤立事物之间的因果构成，我们常说公路建设是一件系统工程，然而系统工程就要用系统的方法进行研究，割裂联系就是独立于系统之外，所以被割裂的事物很可能就不会找到正确的结果。

因此，对于公路工程造价的外延需要进行一次调整。公路工程造价的定义在某些范围内应包括建设项目所有固定资产投资和无形资产投入的总和，不一定是一次性费用。对于公路工程造价的管理，不应该只停留在决算之后，完全可以把所有与公路建设有关且和资金有关的问题都纳入公路工程造价的范畴，这样，看到的可能就不是一个单独的问题，而会成为一个更为宏观的系统。比如公路养护的费用，前文已经认识到了公路养护费用对于公路建设成本的重要性，对公路养护费用的使用情况管理就是应用全过程一体化公路造价管理模式的又一次创新。

8.3.4 工程造价管理与财务管理的融合

如果将公路工程造价定义的外延再一次扩大，会发现可以把所有与公路建设有关且和资金有关的问题都纳入公路工程造价的范畴，这个范畴中应该包括财务管理。财务管理是在一定的整体目标下，关于资产的购置（投资），资本的融通（筹资）和经营中现金流量（营运资金），以及利润分配的管理。它是根据财经法规制度，按照财务管理的原则，组织财务活动，处理财务关系的一项经济管理工作。项目的财务管理也应是项目管理的一个组成部分，因此，对于公路建设项目的资金流动情况在之前的公路工程造价管理中并不涉及，这就存在着很多问题。如项目投资 100 亿元人民币，但是我们目前的交通运输行业管理者并不知道这 100 亿元中实际应用到公路建设项目的费用是多少，企业赚取了多少利润。既然我们建立了一个专门从事公路工程造价管理工作的机构，能够对公路建设的投入资金进行有效管理，那么必然可以对建设单位的财务情况进行监督。既然公路工程造价管理要打造一个可持续的交通运输体系，就应当深入地去对建设资金的使用情况进行全面管理，从真正的源头上保证建设投资的资金使用效率。当然在这个过程中会遇到很多的问题，但是作为财政资金实际决策者的政府管理部门，应该为广大的社会公众当好“财务总监”的角色，确实保证纳税人每一分钱都能够带来实际的效益。

8.3.5 政府对公路工程造价管理的定位需要进一步明晰

我国政府对公路工程造价管理的体制改进方向主要集中在对公路工程建设项目投资成本的控制管理上，其针对政府投资的公路工程建设项目主要依靠行政手段进行调控，但是针对多元化投资的公路工程建设项目，政府过分干预则无法发挥市场的调节能力，会为“暗箱操作”提供可能，但是没有政府的干预会造成市场失灵，因此，对于多元化投资的公路工程建设项目，政府应该定位为监督管理。政府对公路工程造价管理的定位应该归为行政序列和监督序列。政府对于公路工程造价管理主要是通过建章立制，规范、主导、监督整个交通运输行业的运行。政府监督绝不是单指政府或政府部门出面进行检查、管理的具体做法。在我国，行政领导意识要大于行业监督意识，造成这种现象的原因是因为长期以来我国公路工程建设的管理者过分关心公路建设的具体环节，限制了市场、行业和企业的自由发展空间，发展过程基本上沿着特定的方向在前进，在管理模式上很难突破创新。对于未来我国公路工程造价的体制如何发展，应结合党中央对于未来发展方向的定位，积极探索本着退出具体事务性的操作层面，转而建立政府监督体制的发展，划分行政意识和监督意识的职责，明确哪些是政府的监督管理范畴，哪些是政府的行政管理范畴，在市场和行政管理之间建立纽带关系，降低交通运输行业主管部门决策的风险，保护公路建设行业有序地发展。同时，出台相应的监督管理的法律、法规，建立、健全监督内容和公路工程建设行业新的监督管理体系。逐步理清政府对公路工程造价管理的明确定位，促进市场繁荣和稳定。

本章小结

广东省对公路工程造价管理已经进行了十多年的探索,广东省交通运输工程造价管理站秉承着“在探索中发展,再前行中进步”的决心,对于公路工程造价管理工作积累了一些经验,同时对我国公路工程造价发展进行了深思。在这个基础上,其提出全过程一体化公路工程造价管理模式对于整个交通运输行业带来的是一种新思路、新探索。

本章主要对广东省全过程一体化公路工程造价管理模式的实践情况进行了简单的介绍,并且对其实施效果进行了简单的评价,同时展望了公路工程造价在未来的发展方向。本章作为本书的结尾,只是对广东省目前所开展的工作进行了简单的介绍,其具体情况将会在之后的几本书里进行详细介绍。

附　录

本章导读

附录1　工程造价管理计价依据典型示例

附录2　水利工程项目建设管理流程图

附录3　公路工程各阶段造价文件关系示例

附录1 工程造价管理计价依据典型示例

(1)美国工程量清单示例

UNIT-IN-PLACE(部分单价格式)一级代码工程细目划分 附表1

工程划分	说明	工程划分	说明
1	基础	7	传输部分
2	下层结构	8	机械部分
3	主体结构	9	电器部分
4	外檐	10	一般条件
5	屋顶	11	特殊结构
6	内部结构	12	现场作业

UNIT-IN-PLACE(部分单价格式)一级、二级、三级代码划分 附表2

一级代码	二级代码	三级代码	名称
01			地基
01	01		地基和基础
01	01	120	扩展基础
01	01	140	带状地基
01	09		挖方和回填
01	09	100	建筑挖方和回填
…	…	…	…
06			内部结构
06	01		隔墙
06	01	210	混凝土砌块隔墙
06	01	870	卫生间隔板
06	04		门
06	04	100	特种门
06	05	100	墙体材料
06	06		地面装饰

续上表

一级代码	二级代码	三级代码	名　　称
06	06	100	瓷砖和覆盖物
06	07		天花板装饰
06	07	100	石膏天花板
…	…	…	…
12			现场工作
12	03		公共设施
12	03	110	开槽
12	05		公路和停车场
12	05	110	道路

MASTER FORMAT(标准格式)一级代码工程细目划分　　附表3

工程划分	说　　明	工程划分	说　　明
1	总体要求	9	装饰工程
2	现场工作	10	特殊产品
3	混凝土工程	11	设备
4	砖石工程	12	室内用品
5	金属工程	13	特殊结构
6	木材及塑料工程	14	运输系统
7	隔热防潮工程	15	机械工程
8	门窗工程	16	电气工程

MASTER FORMAT(部分单价格式)一级、二级代码划分　　附表4

一级代码	二级代码	名　　称
01		一般要求
01	10 00	概要
01	20 00	价格和程序性支付
01	30 00	管理要求
02		场地建设
02	05 00	基础场地材料和方法
02	10 00	现场清理
02	20 00	现场准备、平整
02	30 00	土石方工程
…	…	…

续上表

一级代码	二级代码	名　称
07		隔热和防潮
07	10 00	防潮和防水
07	20 00	过热保护
…	…	…
15		机械
15	05 00	基础材料和方法
15	10 00	建筑服务设施管道
15	20 00	加工管道
…	…	…
16		电气
16	05 00	基础电气
16	10 00	配线
16	40 00	低压配线
…	…	…

附录

(2)日本建筑工程步挂示例

日本建筑工程步挂示例　　附表 5

主体支护工程								
名称	摘要	单位	层高(m)					
			5.0～5.7	5.7～7.4	7.4～9.1	9.1～10.8	10.8～12.5	备注
立框	1 200mm×1 700mm	支脚	0.27	0.54	0.81	1.08	1.35	
板布框	500mm×1 800mm	枚		0.12	0.24	0.36	0.48	
斜撑		根	0.47	0.94	1.41	1.88	2.35	
承重基础		根	0.53	0.53	0.53	0.53	0.53	
圆形管		m	1.31	1.31	1.31	2.14	2.14	
夹钳		个	0.5	0.5	0.5	0.64	0.64	
链接件		个	0.26	0.26	0.26	0.43	0.43	
脚手板	胶合板 240mm×4 000mm×25mm	枚	0.75	0.75	0.75	0.75	0.75	
架子工		人	0.07	0.09	0.11	0.15	0.17	
其他			一套	一套	一套	一套	一套	

(3)我国香港特别行政区工程量清单示例

我国香港特别行政区工程量清单示例 附表6

清单5 主体结构 清单5.1 混凝土					
编号	说明	数量	单位	单价	总价
A	普通型	33	m^3	1 093.1	36 072.3
	楼梯				
B	普通型	1	m^3	1 093.1	1 093.1
	钢筋混凝土,强度等级20/30				
	地基				
C	平均厚200	61	m^3	1 179.8	71 967.8
	悬吊式平台板				
D	厚150	1	m^3	1 179.8	1 179.8
E	厚80	1	m^3	1 179.8	1 179.8
	连杆、箍筋、联系筋和特殊定位钢筋				
F	直径16	1 280	kg	9.55	12 224
G	直径12	2 680	kg	9.55	25 594
	普通钢筋				
H	直径40	24 680	kg	9.55	235 694
…	…	…	…	…	…

附录 2　水利工程项目建设管理流程图

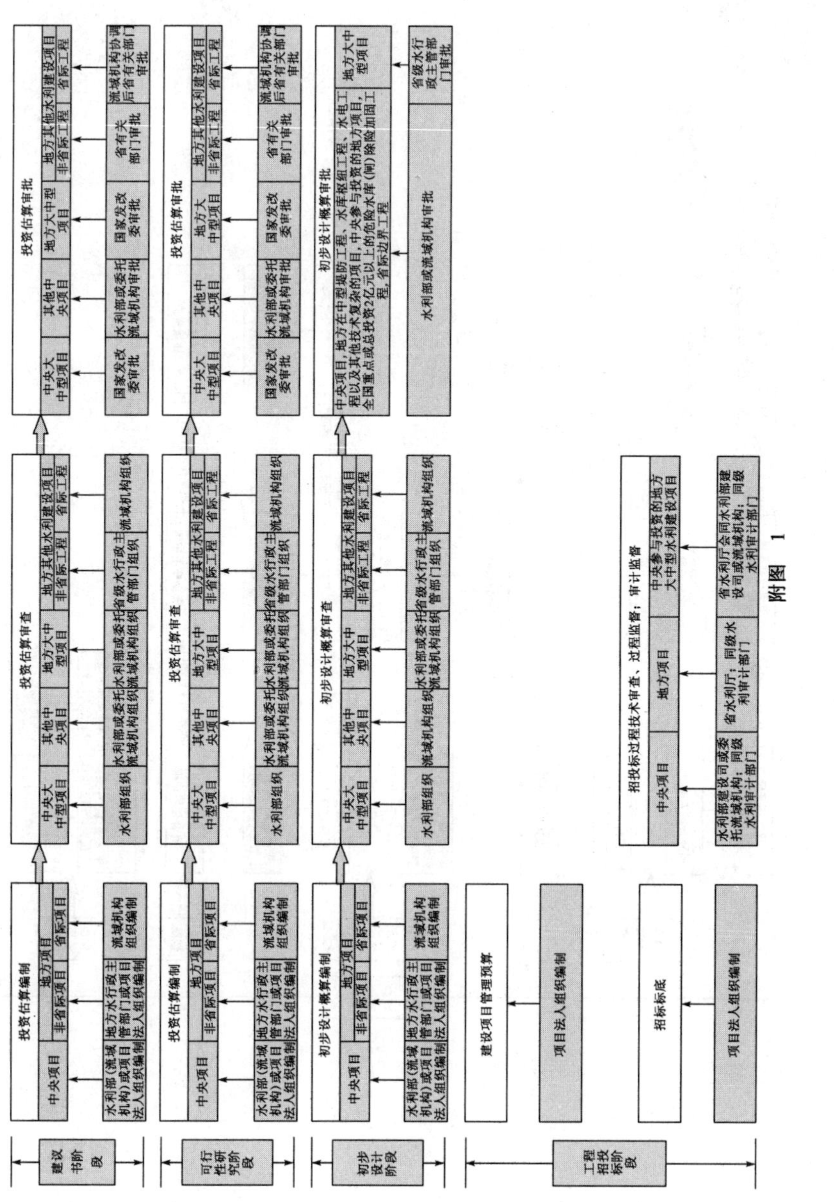

附图 1

项目实施阶段
中央项目投资计划
项目年度投资建议计划
上报水利部
中央项目年度投资建议计划
上报发改委
中央项目水得基本建设投资计划
抄发改委备案
下达水利部
项目投资计划
下达流域机构、部直属单位或项目法人
报水利部备案
项目法人编制
水利部综合平衡后编制
国家发改委批准
水利部按照项目分解
流域机构下达项目法人的年度投资计划文件
下达
项目法人
流域机构编制
地方项目投资计划
流域机构提出
其中一级、二级堤防和列入国家计划的大中型项目年度建议计划
报流域机构
审核意见
省计划、水行政主管部门报送国家发改委水利部
地方项目年度投资建议计划
报发改委水利部
地方项目水利投资计划
联合下达省计划和水行政主管部门
项目投资计划
下达
项目法人
省计划和水行政主管部门组织编制
国家发改委水利部批准
省计划和水行政主管部门按照项目分解
资金核拨
项目法人提出资金使用申请
报水利主管部门
水利主管部门提出资金使用申请
报同级财政部门
财政部门核拨资金
资金使用监督
投资计划执行情况检查
中央项目、中央参与投资的地方项目
中央补助地方项目、地方项目
流域机构
省级水行政主管部门

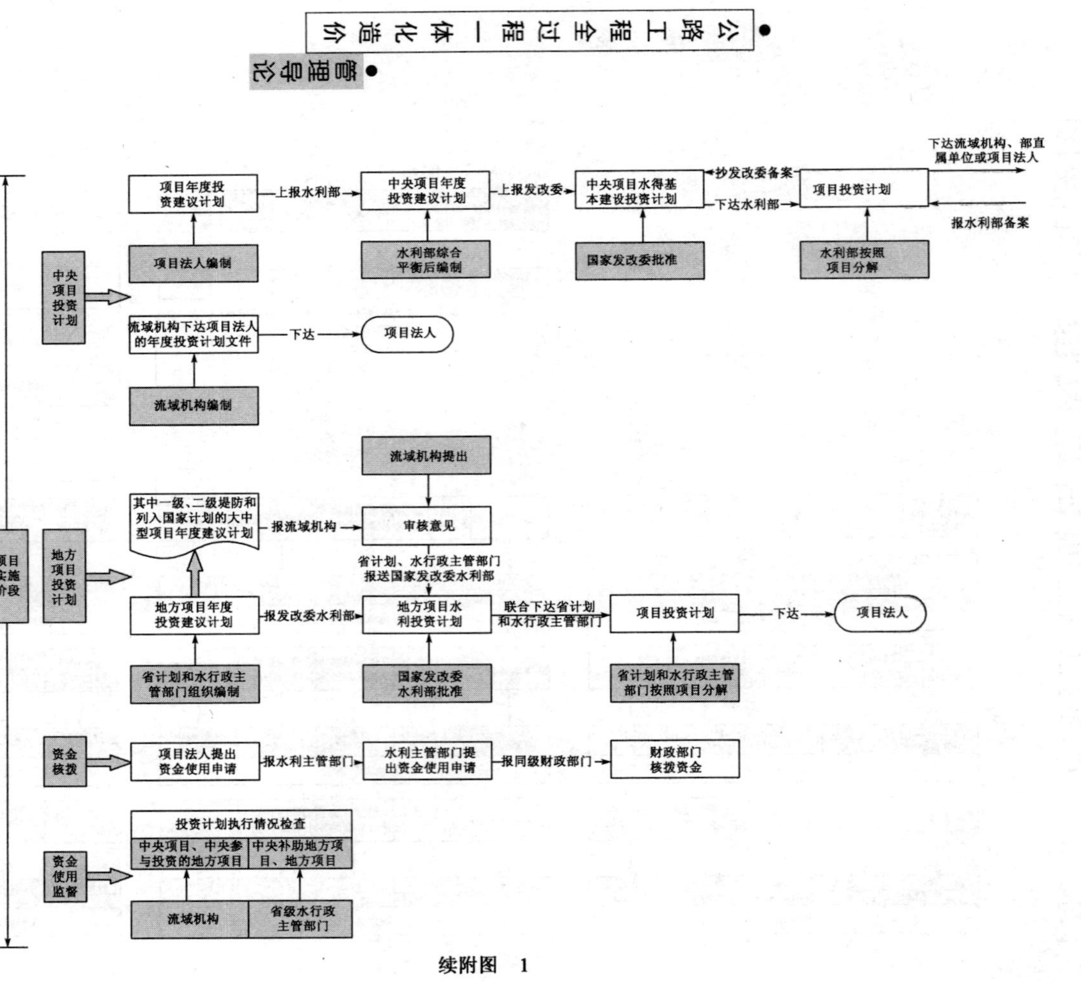

续附图 1

竣工验收阶段
竣工结算
承建单位编制
竣工结算审查
中央项目
地方项目
水利部组织
省级水行政主管部门组织
竣工决算
项目法人组织编制
竣工决算内部审计
水利部及相关部门组织或主持验收的项目
其他项目
水利部审计室组织
主持该项目竣工验收的水行政主管部门的同级水利审计部门
竣工决算审计确认意见
主持竣工验收部门的同级审计部门
竣工决算审批
中央项目
一亿元以上项目
一亿元以下项目
地方项目
水利部审核后财政部审批
水利部或授权所属单位审批后报财政部备案
地方财政部门审批

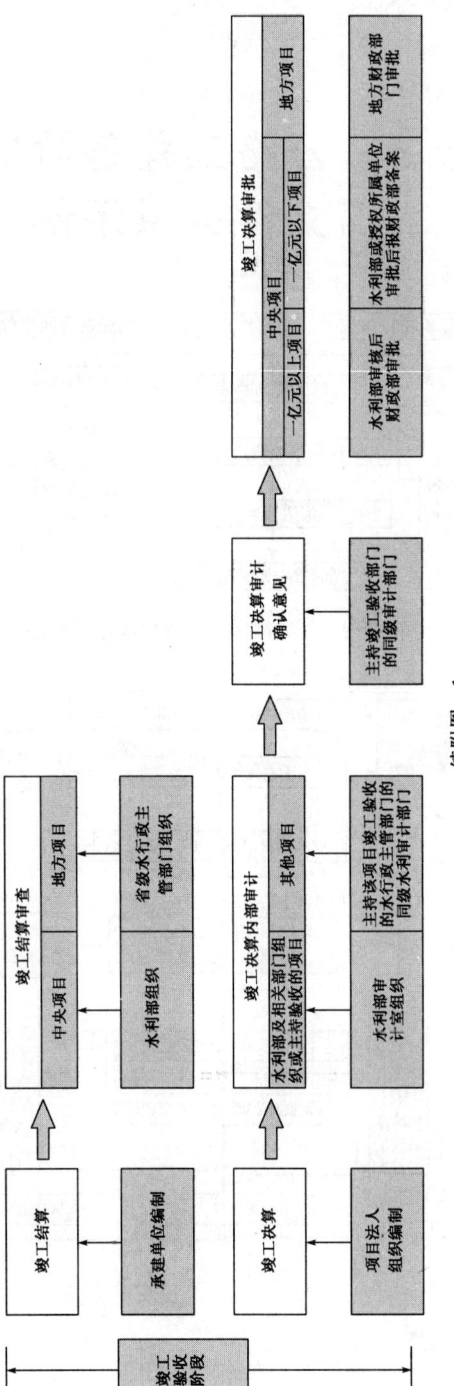

续附图 1

附录3　公路工程各阶段造价文件关系示例

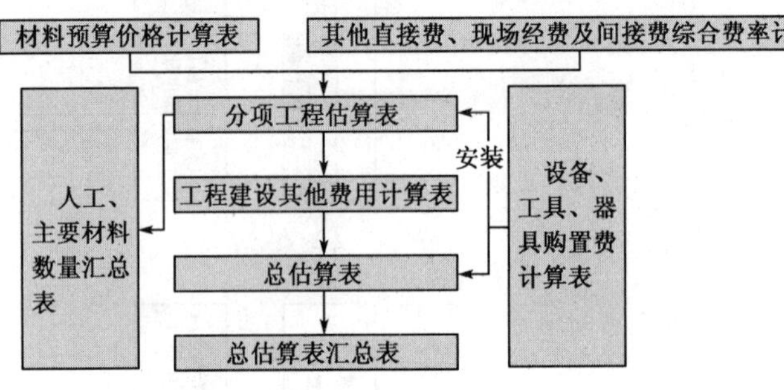

附图2　项目建议书投资估算文件关系图

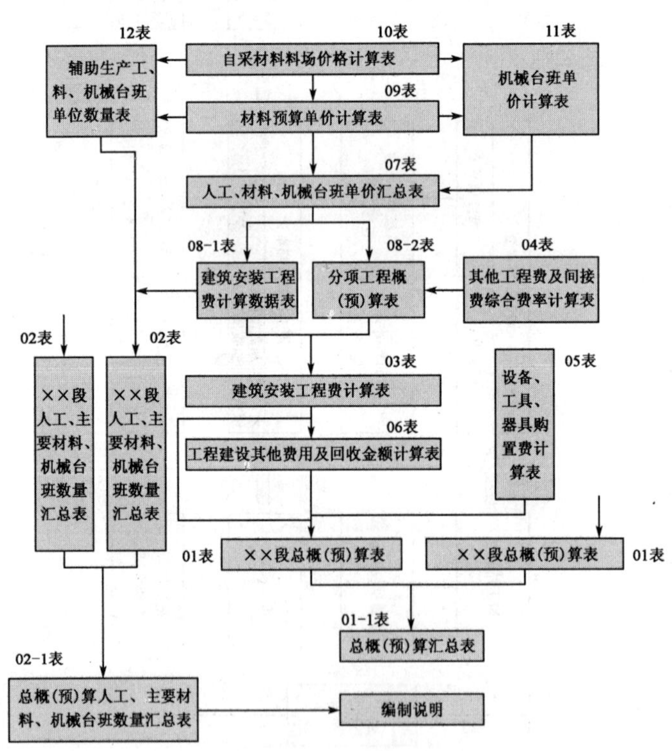

附图3　项目初步设计概算文件关系图

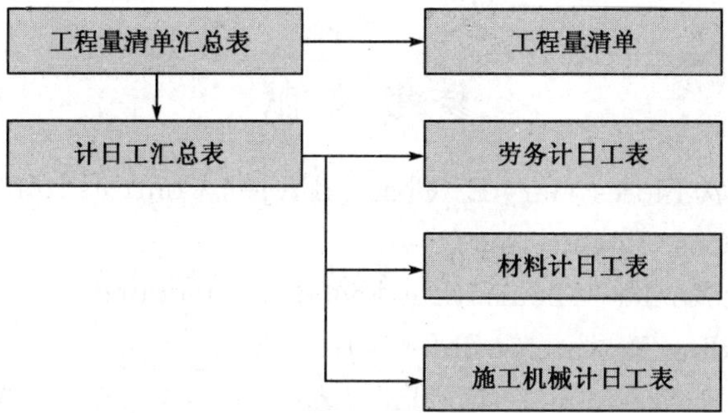

附图 4　某合同段招标工程量清单组成关系图

参考文献

[1] Victoria A Flores, Gary E. Chase. Project Controls from the front to End[J]. Cost Engineering, 2007.

[2] Niklaus Kohler, Thomas Lutzkendorf. Integrated life-cycle analysis [J]. Buliding Research & Information, 2002.

[3] Richard E. Westney, P. E.: The Engineer's Cost Handbook, Marcel Mekker, Inc.

[4] The Associated General Contractors of American: Construction Estimating & Bidding, Publication No. 3505.

[5] 中华人民共和国行业标准 JTG/T B06-01—2007 公路工程概算定额[S]. 北京:人民交通出版社,2007.

[6] 中华人民共和国行业标准 JTG/T B06-02—2007 公路工程预算定额[S]. 北京:人民交通出版社,2007.

[7] 中华人民共和国行业标准 JTG/T B06-03—2007 公路工程机械台班费用定额[S]. 北京:人民交通出版社,2007.

[8] 中华人民共和国行业标准 JTG B06—2007 公路工程基本建设项目概算预算编制办法[S]. 北京:人民交通出版社,2007.

[9] 中华人民共和国交通运输部. 公路工程标准施工招标文件. 北京:人民交通出版社,2003.

[10] 王元庆,贾绍明,周伟,等. 公路造价管理与信息化[M]. 北京:人民交通出版社,2009.

[11] 贾绍明,王元庆,等. 广东省公路建设造价管理模式研究[R]. 广州:广东省交通工程造价管理站,长安大学,2002.

[12] 广东省交通运输厅. 广东省高速公路建设标准化管理指南(试行). (粤交基[2011]158 号).

[13] 广东省交通运输厅. 广东省执行交通运输部《公路工程标准施工招标文件范本》的补充规定. (粤交基[2011]355 号).

[14] 广东省交通厅. 广东省公路工程造价管理办法(试行). (粤交基[2001]842 号).

[15] 广东省公路养护工程造价管理与招投标管理研究[R]. 广州:广东省交通工程造价管理站,长安大学,2007.

[16] 广东省农村公路养护工程技术经济研究[R]. 广州:广东省交通工程造价管理站,长安大学,2007.

[17] 广东省山区高速公路定额与造价指标研究[R]. 广州:广东省交通工程造价管理站,广东云梧高速公路筹建处,长安大学,2008.

[18] 广东省多元化投资体制的公路造价管理体系研究[R]. 广州:广东省交通运输工程造价管理站,长安大学,2010.

[19] 广东省高速公路工程造价管理情况报告[R]. 广州:广东省交通运输工程造价管理站,2011.

[20] 王燕平,贾绍明,何江陵. 构建交通造价管理体系[J]. 公路,2006.

[21] 王燕平,管培,黄成造. 交通造价管理体系建设实践[J]. 中国交通信息化,2011.

[22] 郭卫民 ,王燕平,黄成造,谭玉堂. 广东公路工程三级清单的编制原理和应用软件简介[J]. 第二十届中南片区造价联络网会,2010.

[23] 周伟,李绍岩,王元庆,等. Web环境下公路工程造价管理信息系统开发的总体目标设定[J]. 公路,2004.

[24] 周伟,付建广,王元庆,等. 造价管理信息系统开发策略研究及其应用[J]. 公路,2004.

[25] 黄燕琴,陈同生. 三位一体的公路工程清单造价系统构建及其应用[J]. 广东公路交通,2007.

[26] 广东省交通工程造价综合管理系统初步设计[R]. 广州:广东省交通运输工程造价管理站,上海中交海德交通科技股份有限公司,2010.

[27] 丁永灿. 公路工程造价[M]. 北京:人民交通出版社,2007.

[28] 宋德福. 中国政府管理与改革[M]. 北京:中国法制出版社,2001.

[29] 王伟. 政府改革与制度创新[M]. 郑州:郑州大学出版社,2007.

[30] 卫静. 中国公路建设市场化与政府监管问题研究[J]. 长安大学,2009.

[31] 郝建新. 美国工程造价管理[M]. 天津:南开大学出版社,2002.

[32] 王振强. 英国工程造价管理[M]. 天津:南开大学出版社,2002.

[33] 尹贻林. 中国内地与香港工程造价管理比较[M]. 天津:南开大学出版社,2002.

[34] 邓蜀娟,王月明. 国内外工程造价管理模式之比较[M]. 重庆:重庆建筑,2006.

[35] 丰景春,陈洁钊,施国庆. 水利工程造价管理对策的研究[J]. 水利经济,2001.

[36] 张永红,邓抒豪. 浅谈我国建筑工程计价模式改革[J]. 人民珠江,2001.

[37] 周述发,李清和. 建筑工程造价管理[M]. 湖北:武汉理工大学出版社,2000.

[38] 周直.工程项目管理[M].北京:人民交通出版社,2000.
[39] 冯文生,等.四川省公路工程项目造价控制问题研究[J].陕西:长安大学,2001.
[40] 侯波.公路工程造价管理体系及确定方法与控制模式研究[D].陕西:长安大学,2010.
[41] 尹贻林.厦门市工程造价管理的改革实践[M].天津:南开大学出版社,2002.
[42] 刘浪.影响高等级公路造价的因素研究[J].重庆交通学院学报,2006.
[43] 董士波.全生命周期工程造价管理研究[J].哈尔滨工程大学,2003.
[44] 李泉,徐红.工程造价管理的对策研究[J].建筑,2001.
[45] 丰景春.工程造价管理对策的研究[J].建筑技术开发,2000.
[46] 刘燕,涂忠仁,沈其明,等.公路工程造价编制与管理[M].北京:人民交通出版社,2009.
[47] 郭俊飞,古建宏.公路工程造价指南与清单项目案例分析[M].北京:中国建筑工业出版社,2009.
[48] 周中意.公路工程招投标与合同管理[M].重庆:重庆大学出版社,2006.
[49] 张兴强.公路工程概预算[M].北京:清华大学出版社,2011.
[50] 李更新.市场经济条件下政府公路建设造价管理职能研究[J].长安大学,2001.
[51] 张晓波.公路工程施工定额的编制和应用[M].北京:人民交通出版社,2000.
[52] 杜可可.重庆市工程造价信息及指数系统平台建立与应用研究[D].重庆:重庆大学,2007.
[53] 姚沅.公路工程造价资料数据库系统简介[J].广东公路技术经济信息,2002.
[54] 付建广.公路工程造价管理信息系统开发及应用研究[D].陕西:长安大学,2003.
[55] 李绍岩.Web环境下公路工程造价管理信息系统优化研究[D].陕西:长安大学,2004.
[56] 周方.工程造价信息管理系统的构建问题研究[D].天津:天津大学,2010.
[57] 王潇洲.工程造价动态快速预测的模糊数学方法[J].基建优化,2001.
[58] 戚安帮.工程项目全面造价管理[M].天津:南开大学出版社,2000.